TONGDAO JINGJI XIETONG
YU QUYU KAIFANG GEJU GOUJIAN
YI CHANGJIANG SHANGYOU DIQU WEILI

张瑞 / 著

通道经济协同与区域开放格局构建

——以长江上游地区为例

中国财经出版传媒集团
中国财政经济出版社
·北京·

图书在版编目（CIP）数据

通道经济协同与区域开放格局构建：以长江上游地区为例／张瑞著．--北京：中国财政经济出版社，2025.1.--ISBN 978-7-5223-3671-8

Ⅰ.①F127.5

中国国家版本馆CIP数据核字第2025AM0947号

责任编辑：彭　波　　　　责任校对：胡永立

封面设计：卜建辰　　　　责任印制：史大鹏

通道经济协同与区域开放格局构建

——以长江上游地区为例

TONGDAO JINGJI XIETONG YU QUYU KAIFANG GEJU GOUJIAN

——YI CHANGJIANG SHANGYOU DIQU WEILI

中国财政经济出版社 出版

URL：http：//www.cfeph.cn

E-mail：cfeph@cfeph.cn

社址：北京市海淀区阜成路甲28号　邮政编码：100142

营销中心电话：010-88191522

天猫网店：中国财政经济出版社旗舰店

网址：https：//zgczjjcbs.tmall.com

涿州汇美亿浓印刷有限公司印刷　各地新华书店经销

成品尺寸：170mm×240mm　16开　18印张　278 000字

2025年1月第1版　2025年1月河北第1次印刷

定价：78.00元

ISBN 978-7-5223-3671-8

（图书出现印装问题，本社负责调换，电话：010-88190548）

本社图书质量投诉电话：010-88190744

打击盗版举报热线：010-88191661　QQ：2242791300

序　言

“巫山七百里，巴水三回曲。”长江上游巴山渝水壮美秀丽，却也导致西部内陆出海巨大的时空物流成本。2024年4月，习近平总书记在重庆考察时强调“要以敢为人先的勇气，全面深化改革，扩大高水平对外开放”，要“积极融入全国统一大市场建设，主动融入和服务国家重大战略，在推动共建“一带一路”、长江经济带、西部陆海新通道联动发展中发挥更大作用。”长江上游地区发展，除了铺展生态画卷，还要以大开放促进大开发，在实现高质量发展中谱写中国式现代化新篇章。陆海内外联动、东西双向互济的开放格局正在加速构建，全链条、大平台、新业态，重庆、四川、贵州和广西等西部陆海新通道建设参与地区，不断创新运营组织模式，加快基础设施建设，牵引带动产业转型升级，将独特区位优势更好转化为开放发展优势，更好服务构建新发展格局。

本书根据2015年我主持的国家社科基金项目“长江上游通道经济协同与区域开放格局构建研究”（批准号：15CJL059），以及主持和参与的“通道经济”相关课题的研究报告内容编撰而成，项目立意来源于时任重庆交通大学经管学院院长的许茂增教授带领下完成的“中国（重庆）—东盟商贸物流大通道建设”系列研究，着眼于国家多重战略叠加的长江上游区域，作为中国西南向东、向西、向南内陆开放型通道经济体系衔接地带（共建“一带一路”、长江经济带、西部陆海新通道），行政区协同融入通道经济体系是新时期西南地区发展动力转变和结构升级的重要途径，也是进一步深入推进西部大开发的重要举措。

该书创新定义和建构了通道经济发展理论体系，指出“通道经济的基础是通道连通，动力是市场需求，表象是产业走廊，过程是流量经济，导向是开放经济，本质是经济系统”科学论断；基于系统动力学理论与方法，解构通道经济体系，结合耗散结构理论和协同学理论，建立内外“双协同”经济系统，对长江上游地区通道子系统、经济子系统、社会子系统、环境子系统和通道经济系统进行分析和仿真；基于流量经济的长江上游地区通道经济时空评价与影响因素，揭示了长江上游区域经济联系的空间格局演变规律；基于空间计量方法分析了长江上游地区通道经济协同机制与影响因素，从全球价值链网络视角分析了长江经济带产业嵌入与协同发展策略，从多维邻近视角分析了信息化发展水平对长江经济带现代经济集聚影响机制；最后，以重庆为案例分析提出通道经济发展与内陆开放格局构建策略，总结凝练了瞄准“两个市场”、内外“双链协同”、供应链、产业链和价值链“三链融合”的新型开放思路。

本次出版得到研究团队专家和本课题组成员的大力支持，感谢重庆市人民政府参事、重庆口岸物流管理与航运经济研究中心主任许茂增教授，以及重庆交通大学继续教育学院院长万宇副教授在研究过程中的共同调研与咨政建议商讨，课题组成员李静芳、邹兴、刘姝含、杨晓琴完成部分研究内容，并以此形成自己的硕士学位论文，祝他们在新的工作岗位继续秉承严谨认真的工作态度，取得更多更好的成绩。刘名武教授主动关心和联系出版事宜，在此表示感谢。本书出版得到了中国财政经济出版社领导和编辑同志的大力扶持，彭波编辑给予了专业的出版指导和帮助，在此特表衷心的感谢。

鉴于本人的理论水平和实践经验所限，目前的研究成果仍有诸多需要深化和提高之处，书中的不足与错漏在所难免，期待各位关心通道经济理论与实践的同仁和朋友们给予批评指正。

张　瑞

2024年12月于重庆交通大学

前　言

长江上游腹地是中国西南向东、向西、向南内陆开放型通道经济体系衔接地带（长江经济带、新丝绸之路经济带、西部陆海新通道），行政区协同融入通道经济体系是新常态下西南地区增长动力转变和结构升级的重要途径，也是深化西部大开发战略的重要举措。受地缘架构、区域竞争、资源禀赋、经济权利和功能定位等因素制约，长江上游区域产业存在结构趋同、层次较低等问题，在贸易通道管理上的行政分割更是制约了区域协同和经济区联动。在国际环境日趋复杂、中国东西差距不断拉大的背景下，西部地区依靠产业梯度转移的区域均衡增长战略作用有限，必须以创新的政策设计推进跨行政区、跨流域、跨境的经济协作。面对实现现代化新征程和全面建设小康社会的倒逼压力，新阶段面对新挑战，必须以新思路解决区域经济协同机制问题，实现新常态下的质量提升和均衡发展。本书立足于长江上游内陆开放型通道经济格局，构建基于通道网络的经济协同理论，系统设计通道体系协调运行、产业发展协同共进的政策机制，提出了瞄准两个市场，实现双链协同，推动三链融合的通道经济构建思路，推动形成中国西南内陆开放型经济新格局。

第一部分通过文献综述和理论溯源，构建了通道经济的理论体系，并对国内外典型实践进行了经验借鉴分析。通道经济是建立在交通通道、产业链纽带基础之上的，立足于区域经济一体化的发展选择，以经济扩散、互补发展的市场化为特点的开放型经济发展模式。通道经济的基础是通道连通，动力是市场需求，表象是产业走廊，过程是流量经济，导向是开放经济，本质是经济系统。研究从动力、模式、布局和表现四个方面概括通道经济的发展模式；从亚欧大陆桥、莱茵河、泛亚通道分析借鉴了国外著名的经济通道；从京杭运河、茶马古道、“一带一路”和京沪高铁分析了国内的经济通道。

第二部分是通道经济协同发展理论构建和通道经济系统构建与仿真。从点轴理论、枢纽经济、增长极理论、核心边缘理论、流量经济理论、经济系统理论等方面构筑通道经济理论基础；概括通道经济发展模式，即流动动力、开发模式、产业布局、现实体现，论证通道经济协同与自组织、网络化、开放性之间的关系；解构通道经济体系，对体系包含的协同机制进行理论与机制研究，结合耗散结构理论和协同作用学理论，建立内外“双协同”经济系统；并基于系统动力学理论，对长江上游地区通道子系统、经济子系统、社会子系统、环境子系统和通道经济系统进行分析和仿真。

第三部分是长江上游通道网络体系与经济空间格局。定性和定量相结合分析长江上游地区的自然地理和经济社会发展概况，既有通道网络体系的客运和货运状况，指出通道经济集聚扩散效应、对外开放格局、产业分工布局、区域协同政策方面存在的问题；以产业发展和贸易流通为目标，着重研究长江上游地区对内对外通道网络协同规划、协同建设、协同管理机制与政策设计。

第四部分是基于流量经济的长江上游地区通道经济时空评价与影响因素。基于流量经济的视角，从长江上游地区的空间联系出发，以川渝滇黔为研究单元，利用动态因子分析法和DEA超效率模型，在测度2005~2014年省域流量经济发展水平综合评价值的基础上，测定各省（市）流量经济效率值，分析长江上游流量经济发展水平的时空演进特征，并通过构建面板数据计量模型分析长江上游流量经济发展效率的影响因素，揭示长江上游区域经济联系的空间格局演变规律。

第五部分是长江上游地区通道经济协同机制与影响因素研究。使用面板数据分析研究了川渝滇黔 1998 ~ 2017 年各地级市及自治州人均 CDP 的收敛性及其影响因素，结果显示川渝滇黔在空间上存在正的空间相关性且存在显著的绝对 β 收敛，在不考虑空间自相关的情况下，分区域回归结果显示川滇黔本身区域内部也存在 β 收敛，各地区的经济增长主要取决于本地区的要素积累。探索 β 收敛机制结果显示：①人力资本、工业化率、进出口额、固定资产投资和公路货物周转量对区域经济收敛都存在一定的影响；②区域存在较强的空间依赖性，固定资产投资额、公路货物周转量、进出口额、工业化率、人力资本的空间溢出效应较为显著。

第六部分是基于全球价值链网络的长江经济带产业嵌入与协同发展策略。运用增加值贸易法估算长江经济带五大产业全球价值链地位指数，将其作为竞争力指数，进一步构建计量模型，分行业和区域视角观察，运用 PCSE、系统 GMM 和纠偏 LSDV 方法重点分析了长江经济带地区竞争力影响因素，结果显示创新驱动、市场开放、资本存量、绿色发展等因素对产业竞争力的影响在总体上较为显著，创新驱动、开放发展能够促进全球价值链地位提升，但上中下游提升路径存在差异。

第七部分是基于多维邻近的信息化发展水平与长江经济带现代经济集聚。基于 2000 ~ 2017 年的长江经济带省际面板数据，采用空间计量的方法，探究了信息化条件下，地理邻近、认知邻近、制度邻近、产业邻近、技术邻近对经济集聚的影响机制及效果。借助空间滞后模型（SLM）与空间误差模型（SEM）探讨了动态信息化水平下多维邻近对经济集聚的影响；采用空间杜宾模型（SDM）进一步验证了动态信息化发展水平下多维邻近对经济集聚的深层作用。

第八部分是基于重庆视角的通道经济发展与内陆区域开放格局构建。重庆位于“一带一路”和长江经济带“Y”型联结点上，具有沟通南北、承东启西、通江达海的独特战略地位。立体通道网络通过水陆空的有机结合，将分散的开放节点有机串联起来，有效填补对外开放格局中的“灰色地带”，形成一张多层次、全方位的对外开放网络，有利于构建沿海、沿边与内陆开放有效衔接和陆海内外联动、东西双向互济的对外开放新格局。

第九部分是长江上游区域新型开放格局构建策略。一是提出长江上游的通道协同策略，包括区域间通道互联互通、枢纽衔接高效、物流网络集成、枢纽开放功能完备等；二是提出长江上游的开放格局构建策略，瞄准国内国外两个市场、国内价值链和国外价值链“双链协同”发展、推动“供应链＋产业链＋价值链”三链融合、协同通道经济；三是保障措施与政策建议，规划政策引导、建立市场机制、强化省域协同和优化开放环境。

作者

2024年8月

目　录

第1章 绪　论

1.1 研究背景

2019年，长江上游川渝滇黔拥有近2亿人口，占全国总人口的14%，国内生产总值达到110214.68亿元，占全国经济总量的11%，是西部大开发的主战场，也是长江重要的生态屏障。新时代，伴随“一带一路”倡议和长江经济带战略深入推进，该区域作为中国西南向东、向西、向南内陆开放型通道经济体系衔接地带（长江经济带、新丝绸之路经济带、西部陆海新通道），行政区协同融入通道经济体系是新常态下西南地区增长动力转变和结构升级的重要途径，也是深化西部大开发战略的重要举措。《西部陆海新通道总体规划》中提出“西部陆海新通道位于我国西部地区腹地，北接丝绸之路经济带，南连21世纪海上丝绸之路，协同衔接长江经济带，在区域协调发展格局中具有重要战略地位。”

然而，受地缘架构、区域竞争、资源禀赋、经济权利和功能定位等因素制约，长江上游区域产业存在结构趋同、层次较低等问题，在贸易通道管理上的行政分割更是制约了区域协同和经济区联动。在中国东西差距不断拉大的背景下，西部地区依靠产业梯度转移的区域均衡增长战略作用有限，必须以创新的政策设计推进跨行政区、跨流域、跨境的经济协作。同时，行政分割体制下以经济目标为重的行政绩效考核体系加剧了地区间低层次、同质化的竞争，分割的通道管理体系制约了通道经济发展，必须建立公平、开放、统一的市场经济体系。

面对全面建设小康社会的倒逼压力，着眼于未来西部地区要完成20世纪中叶中等发达国家战略目标要求，在经济新常态的宏观背景下，新阶段面对新挑战，必须以新思路解决长江上游地区经济快速发展和区域经济协同问题，实现新常态下的质量提升和均衡发展。本书立足于长江上游内陆开放型通道经济格局，构建基于通道网络的经济协同理论，系统设计通道体系协调运行、产业发展协同共进的政策机制，从而构建中国西南内陆开放型经济新格局，实现长江上游区域“五位一体”可持续发展。

1.2 研究意义及目的

本书创新构建跨行政区多通道经济体系协同理论与研究框架，提出了通道协同、流量经济、枢纽经济、通道经济发展的理论与模式，从经济系统的角度构建通道经济系统模型，融合系统动力学、协同学、交通经济学、资源环境经济学等多个学科的研究方法，拓展和丰富区域经济学理论；同时，将研究视域锁定在新丝绸之路经济带、长江经济带和中国东盟贸易通道衔接区域。基于通道经济视域资源环境约束下欠发达地区协同机制与可持续发展战略路径选择和制度政策设计，必将有助于长江上游地区经济新常态下的动力转变，面向两个市场，推动双链协同，构建以“双循环”为基础的经济格局，有利于西部开发开放战略纵深推进和全面建设小康社会的顺利实现。

长江上游通道经济协同发展是西部欠发达地区在全球经济格局中嵌入国际分工谋求跨越式发展的战略路径。当前，世界正处于大发展、大变革、大调整时期，中国的发展仍处于并将长期处于重要战略机遇期。“一带一路”等国家开放型经济战略的实施将西部内陆推向开放前沿，沿海开放和内陆开放共同构筑全方位开放的新格局和新阶段。更加注重内外需协调，进出口平衡，引进来和走出去并重，引资和引技、引智并举，发展更高层次的开放型经济，深度嵌入和提升全球价值链和国内价值链水平，融入和参与全球经济治理和公共产品供给，构建“命运共同体”。

长江上游通道经济协同发展是西部欠发达地区在国家发展格局中塑造比较优势提升发展能力的战略举措。由于地理架构、基础设施、市场规模、要素质量、环境制约等方面的因素，长江上游物流成本高昂、发展权利缺失、对外开放度低、经济欠发达，但随着通道经济发展，基础短板逐渐补齐，高端要素逐渐集聚，发展动力逐渐激活。长江上游通道经济协同，通过构建通道有效支撑、战略有机衔接、南北相互促进的发展新格局，探索以开放发展促进欠发达地区发展难题，形成西部地区开发开放新动能。

长江上游通道经济协同发展是西部欠发达地区以枢纽经济推动产业转型升级增强城市发展活力的战略模式。依托贸易物流通道构建陆港经济区、水港经济、临空经济区，强化口岸功能建设，强化商贸流通服务功能，推动“枢纽+”产业生态体系发展。以枢纽经济发展，促进区域间分工和协作，打造差异化、特色化、高质量、可持续的高端产业集群，形成通道经济中强有力的增长引擎。

1.3 研究观点及创新

1.3.1 主要观点

（1）通道经济系统是符合耗散结构理论的系统，包含通道系统、经济系统、社会系统和生态系统等子系统；通道经济系统发展就是以通道网络畅通降本增效发展流量经济，以枢纽功能完善集聚要素发展枢纽经济，以经济枢纽联动强化辐射发展通道经济。通道是经济联系的纽带，多通道衔接区域尤其需要协同道路建设、规划和管理，才能将产业协同的路径打通。

（2）长江上游地区是传统的西部欠发达地区和少数民族集聚区，同时肩负生态涵养功能重任，需要促进区域、产业、环境、政策多维度协同；另外，东部地区是我国对外开放的前沿，东西部差距也在不断拉大，在全面建设小康社会和现代化新阶段的倒逼压力下，适应新常态经济增长动力转变，长江上游地区必须以创新的政策设计推进跨行政区、跨流域、跨境的经济协作，构建中国西南地区对外开放新格局。

（3）通道经济的基础是通道连通，动力是市场需求，表象是产业走廊，过程是流量经济，导向是开放经济，本质是经济系统。通道经济系统是一个需要“协同内外”的开放系统，需要从流量经济、区域协同、区域价值链、数字经济等维度研究长江上游地区（西南地区）“双循环”经济格局，为“一带一路”、长江经济带、陆海新通道沿线通道经济发展提供了理论保障基石，推动西部欠发达地区新情势下实现跨越发展。

1.3.2 创新之处

（1）研究视角创新：将通道经济作为区域经济体系内外协同发展的切入视角，构建长江经济带上游地区通道经济体系分析的全新理论框架，同时突出通道经济网络对区域经济发展的协同作用。研究以流量经济视角探讨了要素流动对区域经济的影响；以收敛理论探讨了通道经济协调发展机制；以价值链视角探索了通道产业嵌入的路径；以多维邻近探讨了经济集聚机制，最后提出了区域开放格局构建路径。

（2）实践应用创新：以重庆为典型案例，深度分析长江水运、中欧班列、陆海新通道、航空通道、渝滇缅通道的现状、问题，并针对性地提出通道经济的发展对策建议；基于理论和实践分析，通过长江上游川渝滇黔地区通道经济协同构建面向国内外两个市场的新型开放格局，提出长江上游通道经济协同策略和开放格局构建策略。

（3）方法运用创新：将自组织理论、耗散结构理论、系统动力学方法、价值链分析方法、流量经济理论、经济趋同理论、空间计量方法等方法综合运用到长江上游经济带上游地区的通道经济系统构建中，具体体现在流量经济测算、产业嵌入分析、经济协同分析、数字经济赋能等方面。同时，理论联系实际，通过大量实地调研、走访座谈，构建西南地区通道经济协同政策体系和内陆开放型经济格局。

1.4 研究路线及内容

第一部分，通道经济理论体系构建。

通过文献综述和理论溯源，构建了通道经济的理论体系，并对国内外典型实践进行了经验借鉴分析。通道经济是建立在交通通道、产业链纽带基础之上的，立足于区域经济一体化的发展选择，也是以经济扩散、互补发展的市场化开放型经济发展模式。通道经济的基础是通道连通，动力是市场需求，表象是产业走廊，过程是流量经济，导向是开放经济，本质是经济系统。本书从动力、模式、布局和表现四个方面概括通道经济的发展模式；从亚欧大陆桥、莱茵河、泛亚通道分析借鉴了国外著名的经济通道；从京杭运河、茶马古道、“一带一路”和京沪高铁分析了国内的经济通道，如图 1.1 所示。

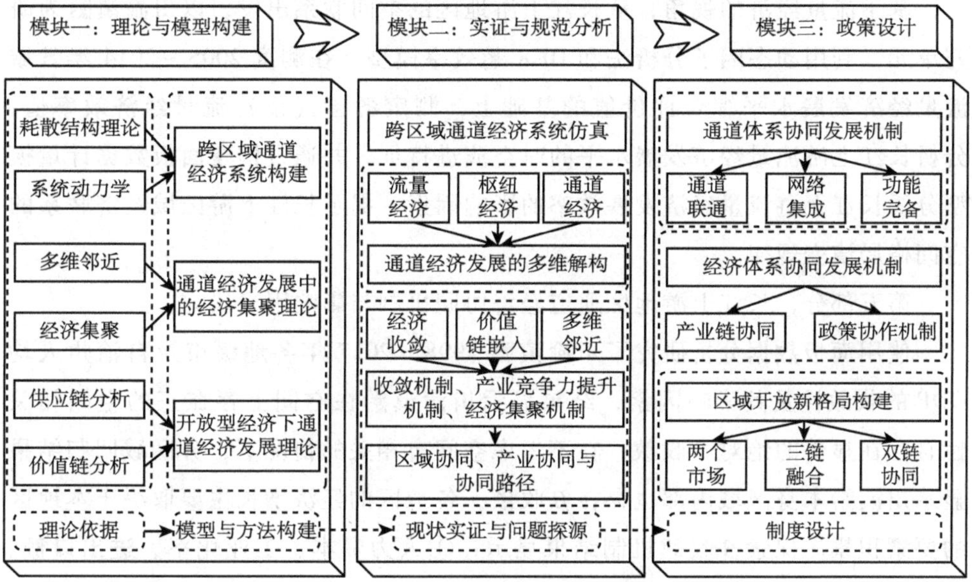

图 1.1 研究的技术路线

第二部分，通道经济协同发展理论构建和通道经济系统构建与仿真。

从点轴理论、枢纽经济、增长极理论、核心边缘理论、流量经济理论、经济系统理论等方面构筑通道经济理论基础；概括通道经济发展模式，即流动动力、开发模式、产业布局、现实体现；论证通道经济协同与自组织、网络化、开放性之间的关系；解构通道经济体系，对体系包含的协同机制进行理论与机制研究，结合耗散结构理论和协同作用学理论，建立内外“双协同”经济系统；并基于系统动力学理论，对长江上游地区通道子系统、经济子系统、社会子系统、环境子系统和通道经济系统进行分析和仿真。

第三部分，长江上游通道网络体系与经济空间格局。

定性和定量相结合分析长江上游地区的自然地理和经济社会发展概况，既有通道网络体系的客运和货运状况，指出通道经济集聚扩散效应、对外开放格局、产业分工布局、区域协同政策方面存在的问题；以产业发展和贸易流通为目标，着重研究长江上游地区对内对外通道网络协同规划、协同建设、协同管理机制与政策设计。

第四部分，基于流量经济的长江上游地区通道经济时空评价与影响因素。

基于流量经济的视角，从长江上游地区的空间联系出发，以川渝滇黔为研究单元，利用动态因子分析法和 DEA 超效率模型，在测度 2005 ~ 2014 年省域流量经济发展水平综合评价值的基础上，测定各省（市）流量经济效率值，分析长江上游流量经济发展水平的时空演进特征，并通过构建面板数据计量模型分析长江上游流量经济发展效率的影响因素，揭示长江上游区域经济联系的空间格局演变规律。

第五部分，长江上游地区通道经济协同机制与影响因素研究。

使用面板数据分析研究了川渝滇黔 1998 ~ 2017 年各地级市及自治州人均 GDP 的收敛性及其影响因素，结果显示川渝滇黔在空间上存在正的空间相关性且存在显著的绝对 β 收敛，在不考虑空间自相关的情况下，分区域回归结果显示川滇黔本身区域内部也存在 β 收敛，各地区的经济增长主要取决于本地区的要素积累。探索 β 收敛机制结果显示：①人力资本、工业化率、进出口额、固定资产投资和公路货物周转量对区域经济收敛都存在一定的影响；②区域存在较强的空间依赖性，固定资产投资额、公路货物周转量、进出口额、工业化率、人力资本的空间溢出效应较为显著。

第六部分，基于全球价值链网络的长江经济带产业嵌入与协同发展策略。

运用增加值贸易法估算长江经济带五大产业全球价值链地位指数，将其作为竞争力指数，进一步构建计量模型，分行业和区域视角观察，运用 PCSE、系统 GMM 和纠偏 LSDV 方法重点分析了长江经济带地区竞争力影响因素，创新驱动、市场开放、资本存量、绿色发展等因素都对产业竞争力影响总体上较为显著，创新驱动、开放发展能够促进全球价值链地位提升，但上中下游提升路径存在差异。

第七部分，基于多维邻近的信息化发展水平与长江经济带现代经济集聚。

基于2000～2017年的长江经济带省际面板数据，采用空间计量的方法，探究了信息化条件下，地理邻近、认知邻近、制度邻近、产业邻近、技术邻近对经济集聚的影响机制及效果。借助空间滞后模型（SLM）与空间误差模型（SEM）探讨了动态信息化水平下多维邻近对经济集聚的影响；采用空间杜宾模型（SDM）进一步验证了动态信息化发展水平下多维邻近对经济集聚的深层作用。

第八部分，基于重庆视角的通道经济发展与内陆区域开放格局构建。

重庆位于“一带一路”和长江经济带“Y”型联结点上，具有沟通南北、承东启西、通江达海的独特战略地位。立体通道网络通过水陆空的有机结合，将分散的开放节点有机串联起来，有效填补对外开放格局中的“灰色地带”，形成一张多层次、全方位的对外开放网络，有利于构建沿海、沿边与内陆开放有效衔接和陆海内外联动、东西双向互济的对外开放新格局。

第九部分，长江上游区域新型开放格局构建策略。

一是提出长江上游的通道协同策略，包括区域间通道互联互通、枢纽衔接高效、物流网络集成、枢纽开放功能完备等；二是提出长江上游的开放格局构建策略，瞄准国内国外两个市场、国内价值链和国外价值链“双链协同”发展、推动“供应链＋产业链＋价值链”三链融合、协同通道经济；三是保障措施与政策建议，规划政策引导、建立市场机制、强化省域协同和优化开放环境。

第2章　国内外相关研究评述

2.1　关于通道经济的研究综述

国内外对于通道经济的研究局限于点轴开发中的单个经济带和独立行政区的研究，没有将大区域行政区联动和产业协同发展作为通道经济的重要研究对象，尤其是多通道经济协同耦合研究更为匮乏。传统的通道经济是指以交通干线为依托，以经济合作为纽带，在交通干线的省际之间、城乡之间、各产业之间建立的密切经济联系。通道经济区协调分工，形成一个主线支线相互融合、产业全面发展的新的经济网络。新通道经济理论弱化了地理环境相联结的前提，将网络经济纳入“通道”范畴。通道经济理论可以追溯到佩鲁和布代维尔的增长极理论以及沃纳·松巴特的“点—轴”开发理论，国内外对于通道经济的相关研究大致分为三个阶段：第一阶段，交通线路与经济发展关系研究阶段。经济地理学家塔费、莫雷尔和古德（1963）以西非的加纳与尼加拉的区域为背景，提出著名的交通线与区域发展模型。豪伊尔与劳里斯（1973）则通过研究与加拿大圣劳伦斯流域相邻的魁北克省的开发，提出了基本相同的模型，论述了水运线路的发展与城市发展的相互推动作用。上述研究描述了交通线路扩展与区域开发的空间过程，基本属经验性分析，对线路的结构与区域经济的内在联系未予关注。中国的施欣（1993）通过交通运输与外向型经济的分体相关关系分析，指出交通运输与外向型经济的分体相关关系主要有时序、结构、规模和布局四个方面。第二阶段，经济开发与交通建设融合研究阶段。借鉴点轴模式思想，中国在20世纪90年代提出“基于沿海、沿江、沿边划分，产生了三沿战略、四沿战略和三环战略”。陆大道（1995）指出，产业的聚集与扩散往往是沿着“阻力”最小的方向——轴线（含动力线、水源线、运输线）展开，但并未深入解释和论述“最小”的具体内涵。轴线开始起因于交通线，进而产生能源供应线、通信线等，因而又称为开发轴线、发展轴线，这说明了交通线的基础地位。王雪峰（1992）从山西煤炭运输视角研究了交通运输与国民经济的协调发展。张梅荣（1997）应用分形论描述区域交通经济协调性中的应用。第三阶段，通道经济带深化研究阶段，体现在区域细化和通道深化上。柳新华、刘良忠（2006）认为，日本一系列跨海通道的建设，对实现经济腾飞和地区均衡发展起到了积极推动作用。方煜东（2014）提出贵州需要融入“西南新丝绸之路经济带”，打造国内主要、国际闻名的长大交通经济带。莫晨宇（2012）、曹茉莉（2007）基于通道经济研究视域，提出广西北部湾、钦州地区产业发展的措施。高新才（2014）认为，新丝绸之路经济带通道经济发展中，西部地区要发展壮大民族特色优势产业，增强贸易集聚中心的极化效应和扩散效应，拓展和强化交通、信息、人才和贸易服务通道。

目前，从系统论角度对通道经济体系协同发展进行研究，国内外尚没有建立起一个完整公认的理论体系和研究框架，经济体系协同发展的研究多从产业、集群、区域之间单一角度进行，亟须建立一套基于通道经济体系的协同理论模型与方法。胡传华（1981）以布鲁塞尔学派的耗散结构理论为出发点，结合西德哈根学派的协同作用学原理，提出关于建立一个“内部子系统间协同作用、对外大开放的经济体系”的建议。曾绅生（2000）从经济系统动力学、现代协同论、经济系统引力论观点出发，提出区域间的动态协调是保持区域经济系统在非线性状态中有序运行的必要条件。江世银（2003）、曾国安（2004）否定了单纯市场调节的协调机制，指出政府通过计划指导纠正了区域市场缺陷与弥补区域市场失灵，并认为政府应有意识地引导培育“非完全意义”上的产业集群。李同升（2006）以渭河流域关中段为例，以SD方法分别建立PRD系统线性增长模型、反馈增长模型和调水耦合模型，通过系统仿真研究了流域水资源—社会经济系统时空协同分析。徐浩鸣（2014）构造了包含现代服务业、先进制造业与城市三个子系统的区域中心城市非线性经济系统，并在此基础上运用非线性系统协同度模型对珠三角双中心城市各自的协同发展问题进行了定量比较分析。郭燕（2012）、王瑛（2011）、钟铭等（2011）、孙鹏等（2010）、涂智寿（2010）把协同理论引入区域物流与经济系统协同发展研究中，但只采用物流行业中简单的几个指标来表征区域物流或单一地使用 GDP 来代表经济系统，缺乏对系统整体特征的把握。

长江上游地区具有特殊性，既是传统欠发达西部地区，又肩负生态涵养环境保护的重任。已有研究大多从这两个角度出发，缺乏对长江上游区域的综合性系统化研究。刘茂才（1993）较早指出了长江上游经济发展对我国完备对外开放体系的重要性。姚寿福（1998）基于长江上游沿江产业带产业结构演进背景，对本区产业结构演进的历史进程和目前所处阶段进行了分析和判定。孟卫东（2008）、关丽丽（2008）、丁瑶（2005）、彭劲松（2005）、田代贵（2005）、曹玉华（2004）、赵曦（2003）、邓玲（2002）对长江上游经济带产业发展、城市建设及发展中存在的区域性问题进行了深入系统的研究。孙尚志（2003）提出了长江上游地区新世纪初交通运输网络"三纵两横"交通运输网络格局建设构想。左良栋、徐艳（2014）提出以成渝为首的港口城市群建设发展港口物流的相关建议。在长江上游区域协调发展上，饶光明（2006）提出需要创建长江上游地区地方政府间跨区域合作与发展联盟，实现联盟内部各次区域的兼容、整合与对外开放，并以学习型政府建设推动联盟的生长和繁衍，使之成为跨区域合作，实现跨区域市场一体化的巨大推进器。王西琴（2010）在对长江上游地区 1991～2007 年三次产业结构的演进特征进行分析的基础上，研究了其与经济协调发展的关系。陈德敏、谭志雄（2010）认为，对长江上游地区的综合开发，需要根据流域各区段特征对各分区进行合理的功能定位，有目标、分层次、有重点地推进长江上游流域综合开发治理工作顺利进行。肖金成（2013）提出长江上游经济区是成渝经济区的外延扩展，而成渝经济区是长江上游经济区的支撑，长江上游经济区区域合作的主要方向则是西南及东南亚地区。综上所述，已有研究没有将长江上游地区作为内陆向西、向东和向南开放的交会区。在新时期国家推进开放型经济促进经济增长的战略背景下，协同该区域通道体系发展至关重要。

2.2　关于流量经济的研究综述

流量经济发展的重要性在 20 世纪末就已经引起重视，周振华、韩汉君（2002）对流量经济及其结构体系、运行机制进行了界定，并将其划分为范围扩张、能级提升、主导流的演进三个发展阶段。肖现平（2002）通过对流量经济五大要素的内涵把握和五大要素中条件和成果两个层面的设计以及对流量经济统计指标设计的科学性和可操作性进行分析，设计了涵盖 131 个指标的流量经济统计指标体系。韩伯棠、艾凤义等（2003）全面论述了流量经济的内涵和要素分类，认为聚散效应理论和区域空间结构理论是流量经济的理论基础。任胜钢、孙业利（2003）对流量经济增长模式进行了分析，提出在流动性、集聚与扩散以及产业结构三方面共同推动流量经济增长。孙希有（2015）通过对"一带一路"倡议构想的研究，对原有流量经济理论概念进行了理论和定义的更新，并创造性地提出"差序增长率理论"和"增长决堤率理论"。

此外，流量经济常被用于解释或指导城市或区域经济发展状况，如浦东新区、江西、广州、关中—天水经济区等。王红霞（2011）从要素流动和空间经济集聚的研究视角，借助一系列关系数据，对长江三角洲地区要素空间集聚与扩散进行了定量研究，指出长三角时空格局的巨大改变来自人口、资本、物流等要素的不断交流。沈桂龙、张晓娣（2016）针对上海流量经济发展存在的问题提出树立"流量"思维理念，打造"功能性、国家级、国际性"融合的流量发展平台，完善硬件载体、提升服务能级、增强节点辐射功能等战略思路。杨彬（2008）将"C－P－C 通道"经济与深圳转型结合，指出 C－P－C 通道连接南北经济大动脉，辐射中国南部以至东部的大区域经济圈，其最大特色在于流量经济。

区域之间的空间联系和空间相互作用已经成为国内外研究的热点，国外主流经济学派 Parr 和 Nigel 等（1987，1997）将城市与区域发展的空间区位问题代入经济学理论的核心。随着流量经济研究的不断深入，对区域间联系的探讨更加侧重和强调定量模型的综合运用和协调机制的探索。刘雪妮（2009）将来自2005年我国客货吞吐量排名靠前的18个机场的吞吐量、生产总值及距离数据代入贸易引力模型，分析了临空经济区流量经济发展的影响因素。

从对以上文献分析评述中可以看出，流量经济相关研究发展至今大多立足于理论探讨、指标评价和政策设计几个方面，缺少对流量经济的系统分析和定量评价。

2.3 关于经济收敛的研究综述

区域经济发展已成为当今学者们研究的重要议题，通常研究区域经济增长即转变为研究区域经济收敛问题。1956年，Solow和Swan提出经济增长模型，面对新经济增长理论的质疑，学者们进一步把经济收敛分为σ收敛和β收敛，β收敛再分为条件β收敛、绝对β收敛和俱乐部收敛。围绕各个区域的不同经济情况，学者们做了大量的实证研究。杨开忠（1994）用人均国民收入研究中国省域经济差异情况发现我国从1978年开始省域经济存在倒“U”型变动，即1978年以前我国省域经济差异在缩小，但从1978年后我国省域经济差距在扩大；沿海地区与内陆地区经济差异呈“V”型，表示20世纪60年代前两区域经济差异在缩小，60年代后两区域经济差异在扩大。宋学明（1996）基于新古典增长理论研究我国区域经济增长发现无论从静态还是动态角度都存在收敛，但从经济增长点角度发现因为存在外部规模经济，导致某些区域经济收敛时还存在经济差异扩大的现象，造成这种现象的因素主要是由于各地区基础设施、投资和知识积累存在差别。魏后凯（1997）利用新古典增长模型并应用一些反映经济增长的指标验证了中国区域经济的收敛性。刘强（2001）认为中国地区之间的经济收敛存在阶段性和区域性。林毅夫等（2003）验证了中国区域经济在1990年发生了收敛特征性的变化，并基于新古典经济增长模型采用计量方法检验影响区域经济增长因素，同时分析了中国城乡差距问题。林光平等（2005）使用25年的人均GDP值证明了中国28个省区经济发展存在σ收敛情况。陈晓玲等（2006）通过建立经济距离空间权重矩阵，基于1978～2004年省域面板数据，研究了我国省际区域经济β收敛情况。张晓旭等

（2008）运用探索性空间数据分析方法研究了中国30个省份人均GDP之间的空间相关性，结果表明，自改革开放以来，中国各地区人均收入的空间相关性逐年增强并存在β收敛。何江（2006）以1985～2004年中国省域经济面板数据为研究对象，运用空间固定效应模型验证了中国省域经济确实存在收敛，并且经济在增长的过程中存在外溢现象。

面对新理论的兴起，学者们提出“俱乐部收敛”，将收敛理论进一步细化。蔡昉和都阳（2000）在研究中国区域经济增长趋同与差异时发现东中西部出现了“俱乐部收敛”及条件收敛的现象，意味着西部地区存在着许多不利于向东部发达区域趋同的因素。沈坤荣等（2002）把中国省域分为东中西部，研究发现在东中西三大地带出现显著的俱乐部收敛特征。潘文卿（2010）运用空间计量模型发现中国从改革开放以来全域经济存在绝对β收敛，在1990年前存在着显著的绝对β收敛特征，并且东部和中西部地区还存在俱乐部收敛，在1990年后绝对β收敛特征已不显著，过去两大俱乐部收敛也演化成东、中、西三大地区分别存在俱乐部收敛。彭国华（2008）应用时间系列的方法研究了我国东中西部存在的俱乐部收敛问题。

在分析区域经济收敛问题时，研究对象划分越细致，区域间收敛机制越接近现实情况。徐现祥等（2004）采用标准趋同模型分析中国216个及以上地级市的区域经济增长问题，结果发现我国地级市趋同与省域趋同有差异，我国地级市经济增长存在δ趋同和绝对β趋同，并且我国城市经济趋同同时符合新古典增长理论和新增长理论机制。吴玉鸣（2006、2007）分别运用截面数据采取空间计量模型，并基于新增长理论和新地理学理论对省域经济进行空间β趋同效应的分析，并对全国2030个县域进行空间计量分析，结论发现不论是省域经济还是县域经济都存在较大的空间依赖性和空间集聚性，且省域经济存在β趋同。陈芳等（2010）以县域经济为研究对象运用面板数据等其他方法实证研究中国县域经济存在的差异和收敛性问题。洪国志等（2010）基于1990～2007年面板数据，以中国240个以上的地级市作为研究对象发现地区在空间上存在绝对β收敛机制。周文和赵果庆（2016）基于全国2136个县域1999年和2010年人均GDP增量数据进行空间自相关检验和位置相关性的显著性检验，并采用空间计量模型进行实证分析，发现我国人均GDP增量具有空间依赖、地理位置、初始水平和区域政策的联合效应。张强等（2017）基于经济增长理论并选取2000～2004年多变量省际面板数据考量影响丝绸之路经济带的因素，结果发现发达的综合交通网络布局和互补性的区域产业分工是经济带发展的重要条件和基础。众多学者也分别采用不同的计量方法对京津冀区域、珠江三角区域、长三角以及长江中游城市群的经济增长和空间差异水平做出了研究（武剑等，2010；张馨之等，2012；杨上广等，2007；龚胜生等，2014；刘炳炳等，2012；靳诚等，2009；冯俊诚等，2016；李佳佳等，2016；潘文卿，2010；孙晓华等，2018；吴福象等，2008）。而对于长江上游地级市及自治州的区域经济增长研究文献尚有空缺。

2.4 关于全球价值链的研究综述

随着信息化和全球化的加深，便利的交通和发达的通信在很大程度上降低了运输成本和交易费用。各国从专业化生产某一特定商品变为从事某一特定的生产环节参与全球产业分工，由此推动全球价值链的形成。全球价值链表现为全球经济的新格局，跨国产品生产不断加强，生产工序不断细化，生产链条不断拉长，中间产品游走多个国家，最终产品的价值也不只属于一个国家。近年来，关于全球价值链的研究主要围绕理论和应用两方面展开，理论研究主要包括价值链的理论演化、治理、升级和融合等方面，Michael E. Porter（1985）、Kogot（1985）和Gereffi（1994、2001）对全球价值链理论的逐渐形成作了很大的贡献。通过全球价值链的治理可以协调价值链内部不同环节，一般有五种治理结构，主要分为市场型、关系型、层级型、模块型和俘获型，也可以从过程、产品、功能和跨价值链四个类型对价值链进行升级，以期更好地参与国际分工。

应用研究主要基于增加值核算扩展。文东伟（2018）从增加值贸易和总值贸易的角度，测算中国增加值出口比率，并进行深入对比分析了中国贸易失衡问题，发现与增加值贸易统计相比，传统总值贸易统计明显夸大了中国的贸易失衡程度。基于此，传统贸易统计方法已脱离时代发展的步伐。由此以来，建立以增加值为基础的贸易测算规则就拉开了帷幕。国内外对增加值贸易核算的全球价值链测度方法研究主要分为四种方法：第一，David Hummels 等（2001）打开了研究增加值贸易核算方法的通道，提出“垂直专业化指数”以及如何计算某个国家确切产业的垂直专业化程度。平新乔（2005）采用垂直专门化比率的方法，从不同角度测算了中国12年总出口贸易对美国出口贸易的来料加工程度，结果发现中国出口品中的产业内贸易比率约为22%，比通常计算的加工贸易比率高达47%，降低一半。文东伟等（2009）基于垂直专业化分析框架，通过投入产出表，测算中国制造业的垂直专业化水平。表明高技术制造业的垂直专业化水平及其增长速度都显著高于低技术制造业，但发现垂直专业化会夸大一国的出口规模，国家的垂直专业化水平越高，其更依赖于国际市场，更易受到世界经济和金融市场波动。于津平等（2014）利用分离加工贸易和一般贸易视角，测算出中国出口商品国内技术含量，发现一般贸易的垂直专业化对出口商品国内技术含量的提升具有积极作用，而加工贸易垂直专业化却相反。此方法（HIY）虽对国际贸易领域产生了极大的影响，但其他学者也陆续发现其不足。HIY 方法成立建立在两个关键性假设之上，一是国内市场产品生产与出口产品，两者对中间品具有相同的投入密度，二是进口中间品不再包括国内附加值。假设一很难满足加工贸易国家如中国，假设二又忽略了一国中间品通过第三国加工后又返回第三国的情况。第二，Robert Koopman 等（2008）在前者研究的基础上，进一步提升 HIY，系统地区分传统贸易中重复计算的部分，填补了传统数据计算的缺陷。第三，Koopman（2010）构建了贸易价值增值分解系统框架，将一国总出口分解为五个部分。国内学者李昕（2013）、樊茂清等（2014）、王岚等（2014）学者运用 KPWW 方法进行相关研究分析，但此方法未能解决国外增加值的来源及中间品贸易的纯重复计算问题。第四，Wang 等（2013）在 KPWW 的基础上将一国总出口分解为16部分，提出对多个层面的总贸易流量的分解法，建立了从官方贸易总值统计到贸易增加值统计的一套完整核算法则。高运胜等（2015）基于王直的总贸易核算法，从国家、行业及双边贸易部门三个角度对中国制成品出口欧盟的增加值结构进行分解，发现我国制成品出口国增加值率整体呈下滑趋势，资本技术密集型行业国内增加值率均值要低于劳动密集型行业，这与文东伟学者用 HIY 方法得出的结论相反。尹伟华（2016）对中美两国制造业双边贸易进行研究，得出中国制造业融入全球价值链程度逐渐升高，表现在其高技术制造业参与全球价值链环节越来越多，但依旧远低于同期美国的水平。以上研究成果为贸易增加值问题的研究奠定了实证研究的理论基础。

近几年，很多学者对中国全球价值链地位从不同角度进行了应用研究。刘琳（2015）、周彦霞等（2017）、王江等（2017）、王英等（2018）学者从产业层面测算了中国产业全球价值链地位指数。李建军等（2018）以丝绸之路经济带沿线国家为基角，从国家、区域、产业三个维度对比分析其地位指数，均得出中国全球价值链地位仍比较落后，但在全球价值链分工地位却不断上升。现有文献中，直接研究全球价值链对区域产业的影响并不多见。基于已有文献将价值链分工下的增加值贸易对产业影响归纳为三种。其一，以李萍等（2015）、康淑娟等（2018）为代表的学者研究我国制造业影响因素，研究发现技术水平对制造业全球价值链分工影响为正；其二，以陈仲常等（2012）为代表的学者，研究我国高技术产业 GVC 升级的因素，结果表明“三资企业”所拥有的技术条件对价值链升级呈现负向作用；其三，符瑛等（2016）为代表的学者以产业集群为视角发现，服务化水平、政策支撑力度等因素对集群升级呈现积极影响，而 FDI 强度在升级中呈现消极影响。现有文献结果显示，中国全球价值链总体分工地位和发达国家相比差距明显，这一结论得到了大多数学者的认可，但相对于一国内区域从全球价值链视角切入探讨参与全球分工的研究相对匮乏。

2.5 关于经济集聚的研究综述

经济集聚通过企业集聚、产业集群引导资源要素与经济活动在空间上集中，已经是当前经济发展的普遍事实。经济集聚对经济发展主要产生“虹吸效应”与“空间溢出效应”两种影响，而两种效应的发挥依赖于共享、匹配、学习三种途径的距离远近及畅通程度。多维邻近对经济集聚的影响主要表现在企业合作、产业集群、经济协同三个层面，而地理邻近通常被看作影响经济集聚的基础因素，知识交流、技术共享、制度衔接、产业布局等其他邻近因素对经济集聚影响的表现也越来越显著。自20世纪90年代法国邻近动力学派提出多维邻近概念后，学者先后围绕多维邻近进行多方探讨。Storper（1997）首先从地理邻近的角度探讨了邻近区域创新的作用机理，随后将邻近的研究扩展到了其他邻近维度，李琳和雒道政（2013）、夏丽娟和谢富纪（2014）相继对西方文献与现有研究进行总结、评述。曾德明等（2014）、夏丽娟等（2017）学者分析企业对多维邻近的敏感度与邻近状态下对合作创新的促进作用，韩宝龙等（2010）、李琳和杨田（2011）研究了多维邻近对产业集群知识溢出的促进作用及创新发展的关系，王缉慈（2005）、Nikos（2014）等基于不同行业从多个邻近维度辨析了经济发展的邻近作用机制。

信息化发展通过影响区域之间的地理邻近、认知邻近、技术邻近、制度邻近等多维邻近影响经济集聚，信息化与工业化的持续推进有利于深化物质联系垂直一体化，有助于通过加强企业或产业之间的横向一体化沟通发挥集聚效应（周文，1999）。首先，信息化带来的共享效应促进了经济集聚。符淼（2000）研究发现，技术外部性随地理距离增加而衰减是导致技术和产业局部集聚的主要原因，然而通过加强信息化建设以及高技术人才的流动可以打破地理距离对技术溢出的限制，增强经济集聚的扩散效应。张光南等（2013）采用地理邻近与“竞争矩阵”两种方法构建空间权重矩阵，辨析了包括信息基础设施在内的基建投资对空间集聚效应的积极影响。其次，信息化通过改变组织形态重构产业，从而影响经济集聚。杜传忠等（2008）在关于产业集聚力的研究中发现，由于信息技术不断发展、交通运输逐步便利，形成了电商产业供应商与消费者在空间上的集聚。王如玉等（2018）辨析了信息技术的网络效应及其影响，发现信息化直接改善了地区认知差异与市场距离，为信息产业实现网络“虚拟集聚”奠定了基础。再次，基于信息化的产业融合发展能够促进产业集聚，但需要通过产业集聚发挥比较优势。蔡跃洲和张钧南（2015）着眼于产业结构调整与产业高质量发展，指出信息技术存在巨大的渗透效应，主要通过影响要素结构投入与全要素生产率实现信息化与工业化的深度融合，升级传统产业，催生新生制造业集群。赵玉林和汪美辰（2016）基于湖北省先进制造业与信息产业融合的实证研究发现，在产业融合发展的基础上提高产业集聚程度，能够借助集聚效应提升产业竞争优势，这主要是源于上下游关联产业“邻近”布局能够形成集聚规模经济。

根据上述研究发现，信息化不仅影响了经济集聚的形态与途径，还直接作用于多维邻近，但当前关于多维邻近对经济集聚的间接影响方面的文献不足，且缺乏多维邻近视角下信息化对经济集聚作用机制的研究。另外，当前关于信息化对集聚的研究缺乏来自省际区域层面的实证分析，忽略了不同研究尺度下信息化对经济集聚的差异化效用，不足以清晰地表明多维邻近对经济集聚的影响效应。

为填补上述研究空白，本书以长江经济带为研究对象，尝试以多维邻近为视角，捕捉影响区域经济集聚的内在因素，剖析信息化快速发展背景下多维邻近对经济集聚的空间作用机制，探索动态信息空间影响下多维邻近对本地经济集聚与空间经济集聚的“双集聚”机制，讨论信息化空间集聚对区域经济集聚的影响，挖掘依靠信息技术进步、产业融合、市场开放等可持续发展的可行选择，提出关于信息化水平提升与多维邻近促进经济集聚发展的政策建议。

第3章 通道经济体系发展理论构建

3.1 通道经济理论

3.1.1 基础理论溯源

(1) 点轴开发理论

点轴开发模式是社会经济主体在节点上的集聚，通过线（束）状基础设施而形成的一个有机空间结构体系，由主要交通线、交通线上或交通线间的交会点构成的中心节点上的不同等级的枢纽、园区、城镇或发展中心组成。根据集聚规模可将中心节点区分为初级中心节点、次级中心节点、非中心节点，由主轴线与次轴线将这些节点相连。点轴经济系统强调的是社会经济要素在空间上的组织形态，由“点”到“点—轴”再到“点—轴—集聚区”的空间扩散过程和扩散模式。点轴理论是在增长极理论和生产轴理论基础上形成的一种非均衡区域开发理论，基于空间开发结构可以用点轴理论用于经济带的形成和演进。

(2) 枢纽经济理论

枢纽在《辞海》中是“要冲，事物关键之处”的意思。一般来讲，枢纽的形成与发展受到自然地理、资源禀赋、技术条件、区域经济、交通网的既有基础与发展条件、城市或区域的发展等因素的影响。最早的社会经济活动从枢纽起始，未来的经济活动也离不开交通基础。枢纽经济是一种以交通枢纽、信息服务平台等为载体，以聚流和辐射为特征，以科技制度创新为动力，以优化经济要素时空配置为手段，重塑产业空间分工体系，全面提升城市能级的经济发展新模式。枢纽不是一个点，而是点线结合的一张网，如图 3.1 所示。统计显示，全世界 35 个国际大都市中有 31 个是依托交通枢纽发展起来的，全球财富的一半集中在交通枢纽发达的城市。通过枢纽，内陆城市与全球供应链实现了有效连接，形成了高效的区域竞争力和发展效率。枢纽经济是新经济、新业态的典型代表，是交通与经济融合模式创新的重要体现，也是培育发展新动能的重要来源，有利于促进区域经济发展新旧动能的转换。

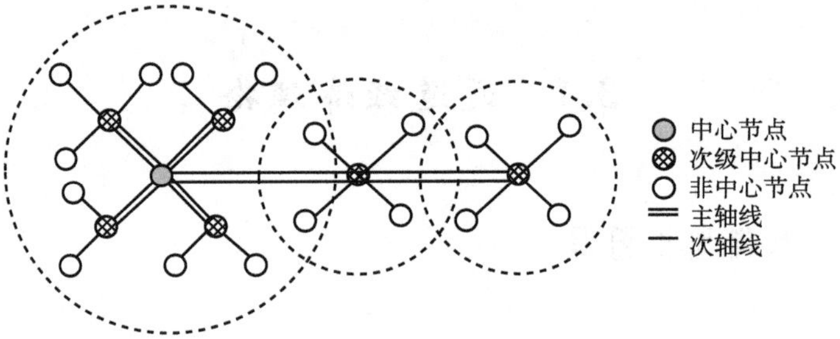

图 3.1　点轴系统空间结构

资料来源：唐德彪、方磊．宏观框架与微观运作：湘黔高铁经济带合作建设的思考。

（3）增长极理论

增长极概念由法国经济学家佩鲁提出，之后在《经济空间理论的应用》《略论发展极的概念》等著述中，提出以增长极为标志的非均衡增长理论。该理论认为通常情况下经济增长是以不同的强度通过不同的渠道，由中心向周边地区扩散，最终带动关联产业和毗邻地区的发展，从而促进整体经济的发展，主张将稀缺资源要素集中投入主导产业部门当中，形成规模经济效益并优先增长，强化极点集聚作用。同周围区域形成势差之后，发挥辐射带动作用，通过乘数效应引导和推动周边地区发展。

区域经济中的增长极围绕具有推进性的主导产业和创新行业，或是能够产生较强的集聚辐射作用的经济中心。从发展条件看，一个地区成为增长极需具备具有规模经济和创新能力的企业集群，良好的投资生产环境和基础设施条件为其吸聚要素提供支撑条件。增长极的发展阶段会经历极化效应到扩散效应的转变。作为通道经济发展重要的理论基础之一，增长极理论对政策制定者而言更容易接受，对欠发达地区发展产生了很大影响，这不可避免的造成地区差距的增大，形成“飞地经济”“孤岛经济”等。

（4）核心—边缘理论

核心—边缘理论由美国地理学家弗里德曼在其 1966 年发表的论著《区域发展政策》中提出，用来解释区域间经济发展关系和区域空间结构演变，后来将核心—边缘理论适用对象由空间经济扩展到各个层面，即这种模式可以在不同类型产业部门之间存在。核心—边缘理论可以概括为：①区域分为核心和边缘区，生产要素聚集于核心区并不断向边缘区扩散，两者组成严整的空间系统，经济联系十分密切；②中心区吸引边缘区的生产要素向中心区聚集，同时，中心区的生产要素又不断地从中心区向外扩散，其实质是对有限的资源要素重新进行空间配置；③区域经济空间结构随经济增长而变化，这种变化分为四个阶段，要素流动状态由前工业化阶段的较少流动逐步发展为核心区与边缘区之间相互流动，最终成长为空间经济一体化阶段的全方位频繁流动。中心城市和区域将成为经济发展中最重要、最具活力的经济增长点和集聚地，并辐射和带动周围区域的发展，形成一个完整的通道经济空间系统。

（5）流量经济理论

流量经济是基于经济资源要素流动引致经济效益，促进经济发展的经济形态总称。根据流量经济空间组织形式，区域通过自身比较优势，来集聚和扩散人才、物资、资金、技术等要素，通过优化资源要素时空配置、内外流通，从而实现区域协同发展。流量经济概念最初由周振华教授提出，是指在一定的区域内依托相应的资源和平台，吸聚区域外经济要素流向区域内，通过要素的重组及优化，然后与当地产业及经济要素相互融合，带动产业部门的发展，再以倍增的能量带动周边地区的发展。在要素流动的过程中，要素因快速、有效、频繁地流动而实现经济价值，并经过持续的循环流动，要素流量规模不断增大，最终能够促进区域经济规模的扩大和区域经济的高速、持续发展。关于流量经济的要素种类，可概况论述为以下八种，包括人流、物流、资金流、资产流、商品流、人才流、信息流、技术流。各要素的流动在实际的经济运行中相互交织在一起，任意一种要素的流动都有可能带动其他要素的流动，如图 3.2 所示。

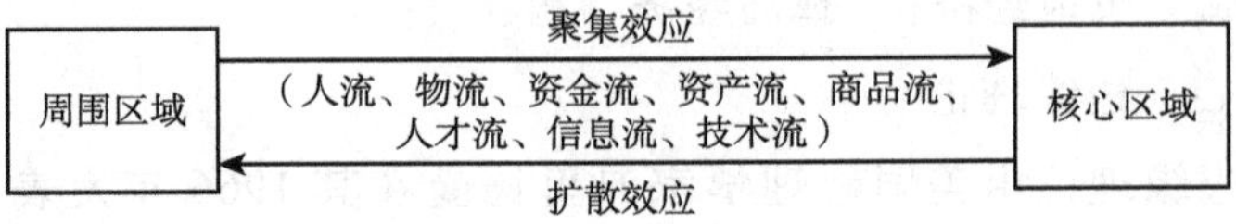

图 3.2　流量经济效应

流量经济具备以下特征：①流动性，流量经济本身就是通过中心区域发挥其集聚和扩散功能，实现人才、物资、资金、技术在不同区域、领域之间的高效流动来促进经济发展；②规模化，由以上流量经济的概念可以看出，流量经济发展过程中要素的流动不是单一的、少量的，只有通过流动实现要素集聚的规模化，才能充分实现各个要素的功能，否则会因为其作用极其微小而无法对整个区域的经济发展起到推动作用；③开放性，流量经济的流动性特征必然要求空间区域内、区域与区域之间乃至全球范围都是互动的、开放的，这种互动开放程度伴随着区域的影响力、经济能量、交通发达程度逐步提升；④协作性，协作性一方面表现在内部要素之间的互相协作和补充，另一方面表现在流量经济内部运作系统和外部环境之间的协调、融合；⑤信息化，流量经济属于新兴的经济学范畴，基于现代网络信息技术，通过网络化操作、沟通、指挥、协调能够实现流量经济的八大要素之间，区域内部和外部之间及时、顺畅的沟通。

（6）经济系统理论

“系统”一词，来源于古希腊语，通常定义为：由若干要素以一定结构形式联结构成的具有某种功能的有机整体。在这个定义中包括系统、要素、结构、功能四个构成要件，表明了要素—系统—环境三方面的关系，系统论认为整体性、关联性、层次结构性、动态平衡性、时序性等是所有系统的共同的基本特征。经济系统是由相互联系和相互作用的若干经济元素结合成的，是具有特定功能的有机整体，实际的经济系统是一个复杂的巨系统。广义的经济系统指物质生产系统和非物质生产系统中相互联系、相互作用的若干经济元素组成的有机整体。狭义的经济系统指社会再生产过程中的生产、交换、分配、消费各环节的相互联系和相互作用的若干经济元素所组成的有机整体。

3.1.2 通道经济理论

通道经济属于区域经济学范畴，其理论基础可以追溯到佩鲁和布代维尔的增长极理论以及沃纳·松巴特的“点—轴”开发理论。通道经济是建立在交通通道、产业链组带基础之上的，立足于区域经济一体化的发展选择，以经济扩散、互补发展为特点的市场化的开放型经济发展模式，如图3.3所示。

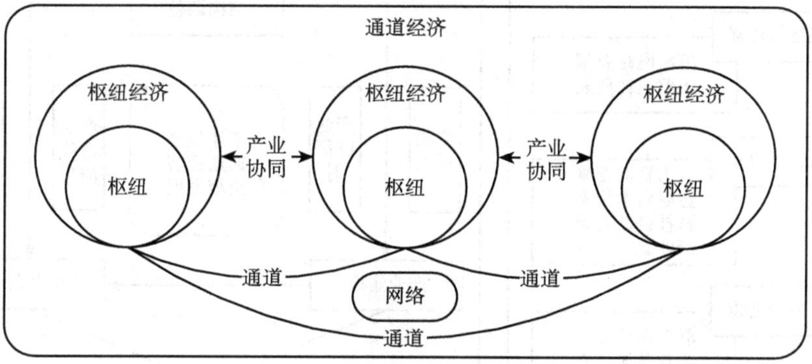

图3.3 通道经济概念

通道经济的内涵包括四个方面：第一，通道沿线各省、区、市在互惠互利的前提基础上，实行互相开放、经济合作，通道中资源优化配置，技术广泛交流，信息互相流动，在工业、农业、能源、交通、生态以及信息服务等方面进行全面合作。第二，通道沿线的省、区、市要进行职能分工，形成不同类型、不同特色的区域经济圈。要发挥地域优势、资源优势，发展特优产业，并构建通道内外协同的产业链网。要把企业搞大、搞活、搞强，培养区域间的“单打冠军”“领航的旗舰”，不断提高通道内各个行业在开放的条件下自主发展的能力和在国内市场的竞争力。第三，通道沿线省际之间、城乡之间要建立起密切的经济联系，实行城乡分工。城市应当成为经济的中心、交通运输的中心、信息的中心，乡村则应当成为城市的外围区域。通过城乡分工形成城乡结合、工农结合、产销结合的经济网络。城市之间应该自由开放，通过交通沿线的城市经济，由原来的地区割据、行业封锁的封闭式的系统，向社会化的、区域一体化的经济体系转变。第四，通道沿线省际之间、城乡之间要在发展经济的情况下，联合行动、连片开发、联动推进，共建社会主义精神文明，不断发展社会主义先进文化。广泛进行人才、技术、教育、文化的交流合作，推进文化产业发展，推动通道经济的快速健康发展。生产力和文化力是通道经济发展的车之两轮、鸟之双翼，一定不可失之一边。具体如图 3.4 所示。

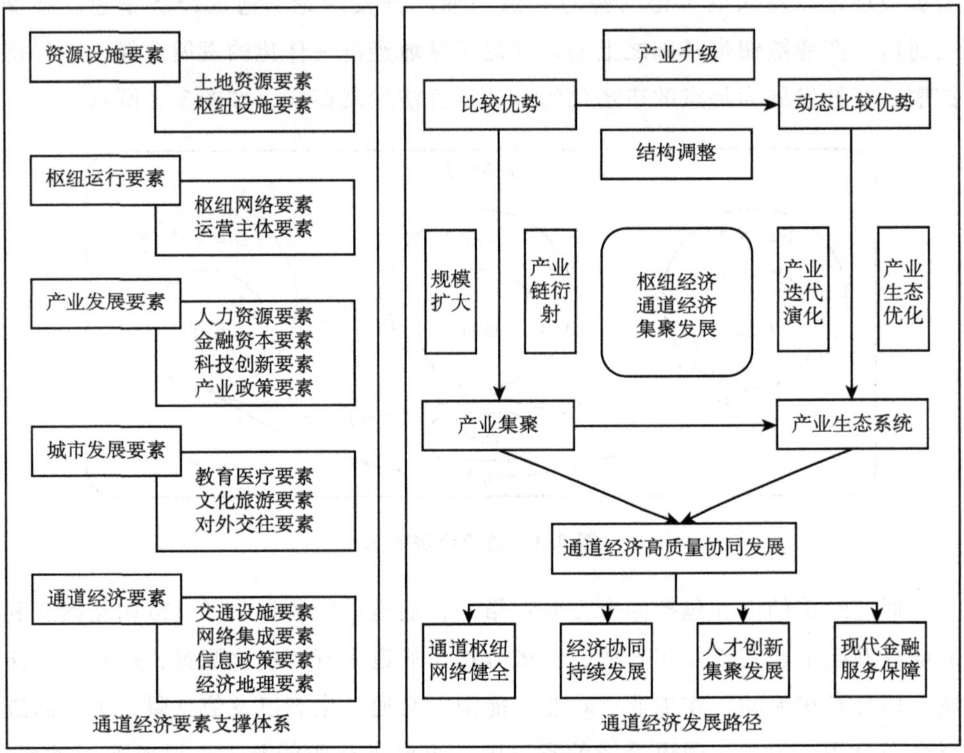

图 3.4　通道经济支撑要素与发展路径

通道经济具备以下特征：

(1) 通道经济的基础是通道连通。交通通道基础设施是贸易流通的物理载体，是要素流动的物质通道。从最早的舟马经济，到车船时代，再到管道、航空和网络通道，都体现出通道对经济发展和城市形成的重要性，运河、流域、航海、铁路、航空以及综合交通，往往是经济命脉，是城市、城市群形成和发展的条件。

(2) 通道经济的动力是市场需求。通道区域的市场需求是贸易流通的根本动力，带动着通道经济发展。国内需求和国际需求是经济增长“三驾马车”

中的消费和进出口，通过“乘数”效应作用于GDP的增加；同时，要素市场资源要素的空间配置，也通过通道流通，更大效率地实现“趋优效益”。

（3）通道经济的表象是产业走廊。产业走廊实际上是产业沿通道的集聚和辐射，由于人流、物流、商品流、资金流汇聚而成为集聚区，集聚区通过产业共生融合形成产业高地，发展到一定阶段通过空间分工协作“辐射”，因为通道周边具有综合比较成本优势，成为辐射重点区域，最终形成产业走廊和经济带，比如大河流域经济带等。

（4）通道经济的过程是流量经济。通道作为人流、物流、资金流、技术流、信息流等要素流通的载体，通过提高区域之间的流通能力，降低要素资源配置成本，促进要素在区域间合理、有序地流动，最大限度地提高流通的经济效益。就通道经济形成过程来看，流量经济的配置效应、规模效应功不可没。

（5）通道经济的导向是开放经济。跨区域要素配置和市场布局在通道经济发展中更有效率，所以运作高效的通道网络体系使区域内外互联互通，经济发展的空间得以拓展，区域壁垒和行业分割被打破，促进区域间相互开放与协作，形成沿通道的区域经济一体化的开放经济格局。沿边开放，或是内陆开放都必然以发展通道经济为战略路径。

（6）通道经济的本质是经济系统。通道经济本质上是以“经济系统”“通道系统”作为主要要素，以“环境系统”“社会系统”等作为环境要素而构成的经济系统；从区域层面来讲，通道经济系统是由多个“区域系统”衔接而成，通道经济协同发展就是要是带动通道沿线“区域经济系统”的协同发展，发挥比较优势，完善通道经济产业布局和结构，从而带动区域经济的增长。

3.2　通道经济发展模式

3.2.1　通道要素流动动力

（1）区域梯度力

区域发展差距造成区域势能差，势能差造成区域间梯度力，经济要素得以借助区域梯度力在区域之间流通，区域梯度力是区域发展梯度下的要素流动的直接原因。从长期的发展来看，区域发展的动力是生产力；而从短期的演变看，其动力应为梯度力。各区域间发展的不平衡是产生区域梯度力的根本原因。区域梯度产生区域势能，使生产要素在区域间流动并形成区域扩张和收缩的作用力，从而形成区域梯度力。基于要素流动的产业集聚过程就像是滚雪球，地心引力重力和斜坡提供了雪球滚动的内在机制，恰如产业集聚过程中源于市场接近效应和生活成本效应及生产成本效应的循环累积因果机制，雪球由坡顶滚向坡底类似于区位因素的最初差异决定了产业集聚的方向，而坡度在某种程度上则类似于梯度。

根据比较优势理论，经济制度、市场规模、生活成本、生产成本、要素禀赋、技术条件等方面的权衡或博弈决定了产业集聚方向，区域梯度力从弱势区域指向具有综合比较优势区域。根据要素禀赋理论，国际贸易的基础是由生产技术的相对差别产生的相对成本的差异，要素资源总是流向利用效率更高的区域（趋优效益），产生从高成本流向低成本的区域成本梯度力。在通道经济中，凭借地理位势带来的综合比较成本优势，城市群更有可能在通道附近形成，进而发展为增长极，通道经济发展随之存在由外向内的产业集聚方向。

（2）区域要素流动

从生产要素的构成和区域经济运动特点来看，要素流动主要表现为劳动力、资金、信息、技术、商品、物质、产业与制度等的流动。区域梯度力是要素在区域内流动的直接原因，交通通道、信息网络是要素流动的必要条件，且梯度力的大小、方向决定着要素流动的流向。劳动力和资本的流动是产业集聚机制形成的核心环节。劳动力流从低工资区流向高工资区、从不发达地区流向发达地区；资本流由低收益投资回报区流向高投资回报区；技术流从技术核心区向周边区域扩散；信息流通过信息通道由信息源向四周传播；商品流经由交通通道从低价区流向高价区、从低需求区流向高需求区；高技术产业流由区域增长极流向周边区域；制度流由发达地区流向发展中地区。具体的产业向哪里集聚则要取决于不同区域在经济制度、市场规模、生活成本、生产成本、要素禀赋、技术条件等各个方面所拥有的优势的权衡或博弈，即由此产生的区域梯度力的流向。从效率角度，具体地，从边际报酬递减规律来看，要素资源存在由发达地区流向欠发达地区的可能。

即使是兼顾公平与效率的开放经济系统，也必然存在区域之间的不平衡，导致区域梯度力客观存在。在发展的不同阶段，随着区域内外极化、扩散、回波及涓滴在时间上重叠、空间上交错发生，专业化分工不断进行，系统功能与结构进一步完备有序，区域系统等级提升、质量升级，区域梯度力指向更为明确，要素流动更加频繁。

3.2.2 通道经济开发模式

（1）组织开发模式

通道经济的组织开发或者组织动员，遵循国民经济动员模式，是在政府引导下的市场经济动员模式，以企业为主体，优化配置资源要素，在现代经济中呈现网络化的趋势。当然我国的经济组织开发模式，也经历了均衡和非均衡的探索。全球化产业扩散模型中，经济发展不会在多个国家齐头并进，一个国家的产业发展也不会是齐头并进的，而是有先有后地进行发展，具体的发展顺序取决于当时当地的情况。新中国成立初期，由于多年的战争创伤，为尽快恢复破败的国民经济，我国选择利用优势资源建立起了一套国民工业体系，为之后国家的整体发展奠定坚实基础。党的十一届三中全会后，国家提出“两个大局”，即首先内陆要服从沿海优先发展的大局，而后沿海要服从带动内陆发展的大局。虽然这使我国经济快速发展，突破了贫困国家的“恶性循环”，但是根据“威廉姆斯区域收入趋同假设”，城乡经济发展差距达到倒“U”型变化的顶点之前绝不会缩小，这意味着我国的城市和农村的发展在长期内都会呈现出较大差距。为此，近几年我国提出国有体制改革，转变经济发展方式等一系列政策。这些不仅使我国经济发展从关注“量”到重视“质”，也切实缩短城乡差距，促使我国的经济发展轨道逐渐转到“平衡发展”上来，以创新作为经济发展的动力源泉。这体现了政府引导下的我国经济动员力量，“政府搭台、企业唱戏”，国家动员模式下的组织开发与国家战略导向和政策倾斜力度相契合。通道经济组织开发将围绕国家战略导向，依托枢纽城市节点，培育企业集群和产业走廊而进行。

（2）产业发展模式

产业发展模式的理论基础应包括产业结构、产业组织、产业集群和产业生命周期等理论，产业集聚的模式主要包括产业转移、自发产业、产业园区模式等。产业转移模式是一种外源型产业集聚，利用政策和区位优势，集聚企业、研发机构的创新主体，外源型嵌入式集群，主要是基于降低成本和获取资源，与当地经济网络的联系相对松散，嵌入程度有限，产业关联度较低，企业间缺乏紧密的分工协作体系，相互依赖程度小，这就需要招商引资后通过“补链成群、强链固链”形成稳定的产业集群。采用产业自发模式的大部分企业都是地区植根性强自发产生的企业，各企业员工都具有相同的价值观和行为规范，一般具有高度专业化分工，集群中的企业通过高度专业化分工或转包结成一种长期的稳定生产关系，以平等的地位参与区域性生产体系。尤其值得一提的是，很多自发性产业集群都是在家族团体基础上发展起来的，以血缘、亲缘为纽带的人文网络是产业集群的无形精神脉络，这种家族团体的产业集群更具灵活应变能力，往往既具弹性又富效率，使小企业拥有顽强的竞争能力。产业园区模式，是一种由政府主导的为实现产业发展目标而创立的有地理界限的特殊环境，政府给予包括用地、税收、金融、财政、海关、外经贸、人才等优惠政策，产业园区形成快速吸引外资或建立主导产业的政策工具，被广泛应用于区域开发中。

（3）空间拓展模式

基于增长极或者点轴开发理论的扩散效应可大致分为点对点、点对线、点对面三种模式。首先，确定点对点中的生长点。作为增长极模式的扩展，发展轴模式是由先期发展的增长极间的交通线路的产生而成型的。所谓轴，就是指交通通道，这里有五种交通运输方式，铁路、公路、水运、航空和管道。在长江经济带发展战略中，长江就是整个战略的发展轴心，在长江上游地区，长江是连接成渝城市群的重要通道。沿长江建立经济带，其极化效应和扩散效应会比单一的增长极更强。点到线，线到面，面到体，这个“体”就是网络型模式，这是发展轴继续演化的结果，当网络型模式真正形成时，网络本身同时也是一个超级增长极。从网络型模式到区域经济一体化，再到全国经济一体化，最后到经济全球化，这是一条以网络型模式为最初增长极的高层次经济发展路径。大量可互动的跨越文化的网络信息以高速度传向全球其他网络，信息壁垒越来越低，在经济全球化的大背景下，过于封闭的经济发展模式注定失败，至少很难成功，这已经数次被历史证明。现代信息网络覆盖面之广是以前难以企及的，在自然资源、地理位置和技术资源等要素作用的必要性下降的前提下，信息通道已经和交通运输通道一样，成为区域发展中相当重要的产业聚集元素。

3.2.3 通道经济产业布局

产业布局是实现产业在空间上合理分布的过程。企业在空间上的不断聚集，会对自然资源、生态环境、政策条件、科技禀赋以及包括交通条件在内的诸多因素要求越来越严格，其中的联系也越来越紧密，有利于构成具有紧密联系的产业集群。产业布局受到自然、技术、市场、社会、经济等众多因素的影响，而社会因素中基础设施的交通条件是影响产业极化和扩散的基础且重要的元素。

(1) 产业布局因素

如图3.5所示，影响区域产业布局的因素被区分为两级，一级因素指标为自然因素、社会经济因素、体制因素和技术因素，二级因素指标为自然条件、自然资源、经济位势、基础设施、市场情况、生态因素、经济政策、管理能力、组织水平、产业结构、技术禀赋和科研能力。首先，自然因素在产业布局初期影响较大，但在今天这样的影响逐渐降低，其他因素对区域经济发展起更大作用。其次，社会经济因素中，处于较高经济位势的地区对资本、人才等要素有着较大的吸引力，而人才是各区域产业发展的必备元素，良好的市场情况和生态情况会更加有利于降低产业发展成本并为区域发展提供便利。但资本和人力具有很强的流动性，市场和生态在现代产业中起到决定性作用，而基础设施属于硬件设施，不具有流动性，良好的基础建设对于区域吸引上述各种资源具有非常积极地作用。再次，体制因素中，政策释放居于核心地位，管理创新、组织协调等因素在产业布局中也有着举足轻重的地位。最后，技术因素中，技术禀赋和科研能力都是产业布局因素的重中之重。

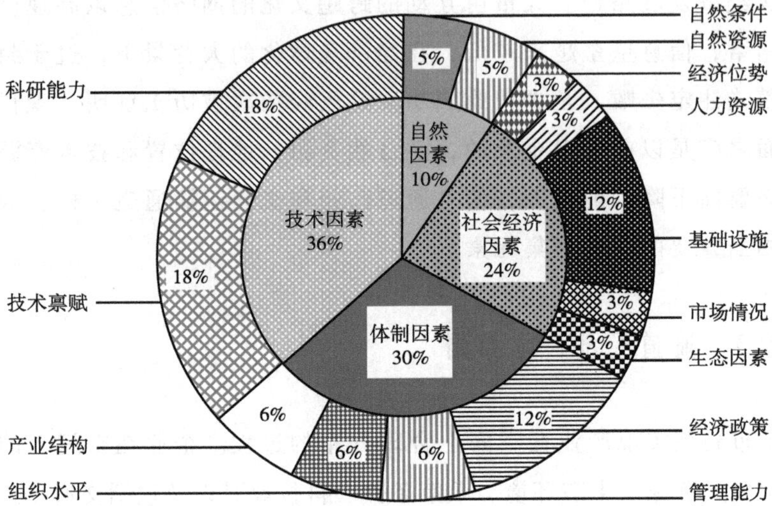

图 3.5 通道经济产业布局

在产业布局中，借助资源禀赋的先天优势，产业可快速形成，经济效益立显；雄厚的资本作为产业发展的重要力量，保证了区域经济发展中对于投入的需求；国家政策的支撑与法律法规的有效规范与技术创新产生持续发展动力；政府的政策、人力投入和资本投资为区域发展提供更多稀缺资源和发展机会，产生较大积极影响。由于长江上游地区市场相对分散，且受限于市场接近性，伴随高额的运输成本综合导致对这一地区“输血”注定是高投资低回报率的。而长期低效的交通运输是导致这一“瓶颈”的重要原因。从以成都、重庆为中心的长江上游地区，乃至扩展到整个西部地区，加强地区基础设施建设，尤其是交通设施建设是目前的中心问题。

对于成渝地区，完善交通运输可增强区域的极化效应和扩散效应，更大效率地发挥长江上游通道的协调发展作用。从整个西部地区来说，打通各大城市间的交通通道，有利于改变市场分割的迷局，弱化先天不足的市场接近性影响，有效降低运输成本以彰显自身比较优势，并激发地区自身造血功能。如果搁置长江地区的通道建设，很可能造成区域内产业与中部地区、东部地区发展差距拉大，此地区的众多问题也很难通过其他方式彻底解决，给国家整体发展战略造成不良影响。

此外，作为区域经济的“动脉”，交通运输对经济发展起着至关重要的作用，主要体现在以下几个方面：第一，为商品实现创造了条件，商品生产和交换的过程都离不开运输；第二，交通运输使分工和社会化大生产成为可能，交通运输为社会分工和规模化大生产奠定了基础，而分工可以充分发挥专业化优势，提高生产效率。第三，交通运输为企业效益最大化创造条件，交通运输是企业经营必不可少的环节，运输的安全性、及时性和准确性对企业经营影响极大；第四，交通运输为区域优势产业的形成创造条件，交通运输联系采购、生产、配送和销售的全过程，交通运输体系建设和发挥作用具有较强的前向、后向产业联系，在经济的持续运行过程中，相关企业的业务合作不断加强和深化，形成了产业集聚和产业融合，使企业优势扩大到整个产业，从而形成特定区域的优势产业。

（2）产业集聚优势

产业集聚是指在某一特定领域中，大量产业联系密切的企业及相关支撑机构在空间上集聚，并形成强劲、持续竞争优势的现象。在区域经济发展中，产业内的企业专业化分工，在同一地域市场内良性竞争，以致多方企业共同提升自身竞争力。相较于域外企业，域内企业拥有更能通过满足市场需求获取更大利益的优势，同时吸引周边企业以及上下游企业进入该区域，逐步实现整个产业在区域内的集群发展。如果区域内的经济能够充分发挥市场外部性与规模效应，经济主体保持持续的经济活力，并通过相应经济活动对其他主体产生积极的影响，那么独特的竞争环境、信息交流的便利性等优势因素，就会使邻近的企业跟随某一产业的地理集中进入此区域，形成产业集聚区，这一集聚过程称为产业集聚化。根据循环累积因果机制，当产业开始在某个区域集聚，就将倾向于巩固该区域的集聚优势，吸引各种相关要素进一步流入。众多具有共同产业特征和文化传统的企业在一定的地域空间内集聚，可形成能够体现区域优势特色的产业集群，以提升区域竞争力，更好地促进区域经济发展。

成都、重庆是长江上游经济带上的区域增长极城市，成渝城市群是协调推动长江上游通道经济发展的西南地区经济乃至整个西部地区经济增长的磁场中心，其辐射范围遍及整个长江上游地区，吸引中心外广大西部地区共同实现经济高效发展。在长江上游通道影响区域内，自然生态良好，市场资源有待深入开发，人力资源相较中东部具有明显的比较成本优势，能够更好地发挥重庆战略支点和联接点的重要作用、提升成渝城市群功能、优化长江上游通道内城镇和产业布局。长江上游通道具有的众多产业发展特征，为通道内形成有竞争力的产业集聚区并提升通道内整体经济水平，提供空间上的集聚优势。

“十三五”规划提出，完善横贯东西、纵贯南北的综合运输大通道，构建包括西南交通网络在内的对外交通走廊和海上丝绸之路走廊；推进建成高速铁路成网，提高长江经济带地区高速公路网络密度和服务水平；推进“一带一路”沿线通道建设；成渝国际航空枢纽、成渝城市群城际铁路网按建设步骤推进；支持中新（重庆）战略性互联互通示范项目——完善对外开放区域布局。加快长江上游通道建设，弱化自身市场劣势，降低交易成本，强化比较资源优势，更加凸显空间集聚优势。

3.2.4 通道经济现实体现

（1）物理通道

物理通道是实现区域贸易的基本载体，主要包括公路、铁路、航空、管道、水运等运输通道。交通运输条件会直接影响地区产业布局，包括影响经济系统内外便捷性的运输方式和交通基础设施完备情况，以及信息工具与信息基础设施的供给情况。物理通道既是人类生产生活顺利进行的必要条件，又是通道经济形成、发展的基础要素。公路是使用率最高、应用类型最多样、建设里程最长的物理通道，长久以来都是客运与货运的主要运输方式，与其他交通方式如何实现无缝衔接是研究的重点。早在18世纪的工业革命时期，欧美国家的主要城市加速沿海、沿通航河流分布。直至现在，海上运输仍然是促进全球贸易的最主要方式。最初的铁路运输网络是工业定位的象征，标志着现代交通运输网络的逐步形成，极大促进了重工业的经营发展，造就了一大批工业城市。而作为我国“新四大发明”之一的高铁则被作为建立我国综合立体交通网络的核心一环，定位于客运专线，对统筹城乡发展、协调区域发展、促进可持续发展具有重要意义。管道运输是用管道作为运输工具的一种长距离输送液体和气体物资的运输方式，得益于中国经济的持续快速发展和能源结构的改变，建设中的中俄输气管线、苏格里气田外输管线、吐库曼和西西伯利亚至中国的输气管线等，为中国和世界管道业提供了发展机遇，同时为我国能源安全提供保障。航空主要体现在点对点的运输，效率高、成本高，是物理通道的重要组成部分，当前不是物理通道的主力军。作为通道经济的载体，物理通道与区域经济发展形成良性反馈机制有助于实现两者的合理匹配与协同发展，有利于实现高水平经济发展。

物理通道的基本特征包括：①交通性，物理通道包含所有的交通形式，并以此为核心和基础；②立体性，区域经济发展的差异性要求物理通道具备水陆空三维组合；③流通性，物理通道体现为人流、资金流、物流、技术流、信息流等要素的流通；④外向性，通道经济具有强烈的对外指向，有利于形成特色的国内外贸易。

（2）贸易通道

贸易通道是彰显通道战略意义的重要依托，在当前全球经济一体化浪潮下，国家或地区之间良好经济合作与贸易往来是发展自身经济实力，壮大区域经济体、提升综合竞争力的最直接有效的方式。贸易通道的畅通程度通常代表地区合作水平。通过贸易促进国与国之间、地区之间产业和经济结构互补，地域上相近的国家或地区可以利用地缘优势获取贸易便利，提升贸易效率。在地域上贸易距离较远的通道建设，不仅能够实现两端贸易流通，还能够加强通道沿线的合作，通过贸易网络促使沿线成员交流往来更加紧密。贸易通道的整体水平代表我国对外开放水平，既要保持沿海开放的核心优势，又要加快建设内陆开放新高地，促进我国对外开放由东向西、向西南、向南延展，促进“沿海+内陆+延边”的对外开放新格局形成。如基于当前“丝绸之路经济带”“中心互联互通南向通道”“西部陆海新通道”等通道的发展建设，建立健全沿线贸易网络，扩大贸易区域，同步考虑西部大开发战略，通过外向型经济拉动内陆落后地区发展，带动沿边地区经济发展。贸易通道的基本特征主要有海上贸易通道与陆上贸易通道两种形式，能够带来巨大的经济效益，有利于保障国家资源安全，此外，还有空中通道、内河通道等形式。

（3）战略通道

战略通道是在交通网络中用于连接多个战略目的地，拥有连接性、整合性、便捷性，能够满足城市在中长期内稳定快速发展需求的，高效、可靠、安全的通道网。从表面经济意义上看，战略通道是交通走廊、运输枢纽和捷径。苏伊士运河的开通，使欧洲大西洋沿岸国经苏伊士运河—曼德海峡航线比绕道好望角缩短航程5500～8000公里；巴拿马运河的通航，使太平洋和大西洋之间的航程比绕道麦哲伦海峡缩短了5000～14000公里。中巴公路、中巴铁路是中国和巴基斯坦合作修建的，经过瓜达尔港后直抵印度洋，并打通通往中国的又一条运输通道。与经由中巴通道运输货物相比，经由马六甲海峡的价格相差无几，但其时间价值不可估量。从深层发展谋划上看，战略通道关乎国家命运前途，影响产业长远发展。如马六甲海峡位于马来西亚、新加坡和印尼苏门答腊之间，是连接印度洋南中国海和太平洋的通道，是沟通太平洋与印度洋航运的咽喉要道，中国石油和日本石油进口的绝大部分都途经马六甲海峡，被认为是中国和日本的“海上生命线”；英吉利—多佛尔海峡号称世界上最繁忙的海峡，是欧洲到美洲、非洲航线的必经之路；霍尔木兹海峡是世界著名的“石油海峡”，是波斯湾通往阿拉伯海的咽喉，是波斯湾沿岸国家石油出口的要道。另外，近年来南海局势紧张，我国急需打通中巴通道以缓解压力，由此可见，中巴通道是一条真正意义上的战略通道。

战略通道的基本特征：战略运输通道客货流量大，对城市、区域或国家的经济影响大；通过该通道运输的货物具备明显特殊性，对城市、区域或国家经济发展起到决定性作用。比如我国海上石油运输通道，与国家地区安危有重大关联，具有很强的政治意义。

除此之外，通道经济发展还体现为枢纽集聚、产业链配置通道、数字通道、生态长廊以及科技创新示范通道等形式。

3.3 通道经济协同与区域开放格局

3.3.1 自组织理论与通道经济协同

通道经济协同是区域经济协同的重要实现方式，而自组织理论是剖析通道经济演变、协同的重要理论依据，包括耗散结构理论、协同学、混沌理论等关于复杂自组织系统的形成和动态演化机制的理论集合，自组织理论摒弃了牛顿经典物理学的研究框架，排除了拉普拉斯式的决定论，使人类能够以崭新的视角审视自然和社会经济现象。作为自组织理论的基石，熵理论是正确理解区域经济、通道经济的重要认识工具。通道经济系统的动态演化过程必然是熵增加的过程，熵由有序转化为无序，最终通道经济系统会达到无序程度最高的热力学平衡状态。此时，通道经济系统的熵值最大，且系统超常稳定，达到协同状态。

通道经济协同还可以借助耗散结构理论进行进一步解释，耗散结构理论是自组织演化的条件方法论，最初用于催化反应机制来解释生物和物理现象。耗散结构理论认为，针对开放系统，在平衡向非平衡转化推进过程中，通过不断与外界进行能量、物质和信息交换，经系统内部自组织使系统内某个参变量的变化达到一定程度，系统就可由整体混乱无序转变为稳定有序。耗散结构理论主要内容包括：系统开放使系统通过增加负熵流从无序走向有序，但开放的平衡系统不稳定，其发展总是趋于无序，非平衡状态的系统更有可能形成有序结构；当系统各要素通过非线性作用发生协同、耦合，系统更易达到有序，更有机会产生新的结构和功能；一旦已形成耗散结构的系统遭受到难以承受的外部作用，原系统就会解体崩溃，经演化分叉形成新的稳定有序结构。

耗散结构理论明确系统进行自组织演化运动的条件，协同学理论则寻出系统从无序走向有序的路径和动力源，协同学理论是系统自组织演化的动力方法论。作为系统产生协同的首要条件，各个子系统的竞争使系统本身逐步趋于失衡，协同则使系统在非平衡条件下走向有序起到使子系统间形成相互协调的合作行为的作用。融合了竞争与协同的子系统运动夹杂有序与无序，形成表面上的运行模式，主导各子系统运动的持续演进，并表现出系统的整体演化状态。

3.3.2 通道网络化与通道经济协同

(1) 通道网络化

通道及通道经济的形成往往并不体现在点点模式或是点线模式，更多地，是以一种网络化的形式体现出来。通道网络是建立在区域空间结构上的，以点（经济中心）、线（不同类型的通道）、面（中心—经济腹地）以及网络在空间上的转移和演替的过程。

第一，点，即经济中心，是区域的核心，是通道经济发展中要素最为活跃、密集的“聚集点”，具体表现为中心城市。在区域经济发展中，中心城市主要有三种运动形式：扩散与极化过程、中心衰落和中心衰落导致的经济中心的空间转移。

第二，线（轴），主要指交通干线。其一，线是各种要素流动的渠道，其二，线的本身会发生扩展、分叉，对区域联系有着重要作用。

第三，面（群），指经济腹地，是相对中心而言经济发展相对沉寂、稀薄的更大范围的区域。但经过一定发展，腹地上也可能出现经济中心，并逐渐演变为中心经济区域。

第四，网，指由交通干线交织而成的网络。作为较高阶段的产物，网是通道经济的“脉络”，其运动灵活多变、复杂多样。此外，根据一定的转换，可实现连点成线，扩线成轴（经济带），交线成网，扩网成面，反映了通道经济在时间上和空间上顺序展开、循序渐进的重要规律。

（2）协同经济

根据协同理论，在非平衡态体系与其他区域内不同资源与信息交流下，系统经由内部协同作用，形成时间、空间及功能上的有序，能够促进各子系统要素相互协作，产生远大于各自功能总和的新功能。其内涵主要表现在整体远大于个体的协同效应、系统跟随少数关键资源变量的伺服效应以及无外部作用下子系统之间自发产生的自组织效应。协同是集团内部各个组成部分或系统之间的协调一致，共同合作而产生的新的、有利于促进集团发展的结构或功能。协同经济是指，当区域内各部分共同行动时，利用域内各资源要素、行动主体间的关联性特征，并在时间、空间、产业上均充分协同；通道经济协同就是有效利用各方面资源，节约系统运转成本，实现资本利用最大化，产生促使通道系统内外、横向层级结构与纵向层级结构互补发展、协调发展的良好效果，激发通道整体协同作用远大于部分加总之和的潜力，切实提高整体核心竞争力。以协同经济解释通道经济作用机制就是协调通道内各方以共同参与为主导思想，在达到各方利益最大化的同时，实现通道经济协同、可持续性发展的经济运行模式。

3.3.3 开放型经济与区域开放格局

通道经济是实现开放型经济的重要路径，构建区域开放格局的重要方式。“开放型经济”这一概念在1993年党的十四届三中全会上首次正式出现，学者们先后对开放型经济的内涵做出了不同的解释。开放型经济是一个经济学上明确的与“封闭型经济”相对照的概念，强调的是把国内经济和整个国际市场联系在一起，尽可能充分地参与国际分工，同时在国际分工中发挥出本国经济的比较优势。通道网络体系夯实开放型经济发展的现实基础，通道经济基于物理通道建设、贸易通道拓展、战略通道开发，形成连接国际与国内的通道网络体系，有利于突破资源的区域性限制，有助于世界范围内的政策取向和制度安排，实质是贸易自由化、投资便利化。中国的开放型经济是以自身的开放实践为基础的，以边境开放为基本特征的多层次、宽领域、全方位的经济活动和体制变革过程。以通道为发展基础建立对内协同、对外开放的新的开发型经济，有别于依靠外部市场和资源（尤其是出口）引导国民经济增长的经济发展战略或模式，通道经济发展已经成为引领开放型经济高层次发展的新方式。根据《中华人民共和国国民经济和社会发展第十三个五年规划纲要》，简称《“十三五”规划（2016～2020年）》，要求开放型经济必须顺应我国经济深度融入世界经济的趋势，奉行互利共赢的开放战略，坚持内外需协调、进出口平衡、引进来和走出去并重、引资和引技引智并举，发展更高层次的开放型经济。

内陆通道体系能够为改革开放提供新的活力，通道经济格局建设有利于区域开放新格局的构建。改革开放主要表现为区域开放，体现和适应中国经济区域差异化特征，也符合中国改革开放采取渐进、分步推进的客观要求，而中国区域开放的本质特征就是改革开放，而更好地推进改革开放是中国推进区域扩大开放的根本动机。通过开放倒逼体制机制改革，以改革成果推进更大幅度开放，在开放与改革不断交替的相互促进中实现高水平开放和构建现代化开放型经济体制的目标。我国当前的区域开放需要从沿海开放向内陆开放转变，长江经济带与东部海岸线同为我国经济发展的一级发展轴，东部沿海地区依靠国家资源集聚的经济政策，已经形成了较大程度的对外开放水平，经济发展与内陆地区已经出现较大差距；长江经济带具备连接东部沿海与中西部内陆地区的天然优势，依托通道网络体系建立西部内陆区域开放新高地，扩大对外开放的内陆纵深，放大开发发展带来的市场效应、协同效应，同时缩小区域发展差距。依托通道经济建立区域开放格局会带来体制机制改革，中国区域开放面临国内体制改革与创新的重任，因此中国区域开放的任务不仅要拆除阻碍开放的壁垒，而且要拆除体制障碍，树立市场体制机制。建立内陆开放新格局是深化改革开放总体指引下的开放发展新路径，长江上游地区立足长江黄金水道优势、以对外开放对内协同为准则、以市场整合与资源整合为目标，发挥西部内陆开放的比较优势，探索市场和政府两方面相互结合的新机制。

通道经济协同发展为扩大开放型经济、创新区域开放格局提供了新的思路，有助于在经济全球化条件下深化改革。利用长江经济带作为一级发展轴的宏观效应，是高效发挥“T”型发展轴线支撑作用的必要路径，对外可连接东部太平洋、西部中亚与欧洲、北部蒙俄、南部中南半岛、西南部印度洋，对内可实现东中西三大区域的协调发展、缩小区域差距。

第4章　通道经济发展实践经验与启示

4.1　世界著名国际通道

4.1.1　亚欧国际铁路大通道

（1）亚欧国际铁路大陆桥概况

亚欧国际铁路大陆桥分为西伯利亚国际铁路通道（第一亚欧大陆桥）和新亚欧大陆桥（第二亚欧大陆桥）两大通道。西伯利亚国际通道全长9288公里，东起海参崴的纳霍特卡港口，西至莫斯科，连接太平洋远东口岸和西欧大西洋口岸，极大地缩短了大西洋和太平洋之间的运输线。对于占线比例最高的俄罗斯而言，西伯利亚国际铁路贯穿中部、东部农业区和西部发达工业区，促进了中部、东部自然资源要素和西部经济要素的流动与交互，更有利于内部政治文化的交流。因此，作为俄罗斯的“脊柱”和维系亚欧文明的纽带，西伯利亚国际铁路对俄罗斯乃至亚欧两大陆的经济、文化交流都有着重要作用。

而新亚欧大陆桥东起中国连云港，穿越中亚、西亚抵达荷兰鹿特丹口岸，通道全长10870公里，辐射30多个国家和地区。新亚欧大陆桥通道对于东亚、西欧发达国家和中亚、东欧国家都有着不同的经济要素影响。一方面，新亚欧大陆桥通道是东亚、西欧发达国家输出资金、技术和管理的重要通道；另一方面，是中亚和东欧国家开放市场、吸纳技术的便利之道。新亚欧大陆桥是一条造福亚欧两大洲沿线国家和地区的经济贸易交流的便捷大通道，对于开创亚欧两大洲经济新格局具有重要意义。

（2）亚欧大陆桥的经济学分析

①复合区位条件

在交通区位条件上，西伯利亚大通道线路相对笔直，沿线行政区单一，国际通道有着运输速度优势，从东部口岸出发走传统海路到达至少需要 35 个昼夜才能到达通道西端，而西伯利亚大通道可减少 10 个昼夜左右的运输时间。西伯利亚国际通道 80% 的路段都在俄罗斯领土内，只需遵守一个国家的海关和边检法，更能发挥世界经济贸易的作用，提升经济、文化交流效率。但通道铁路分布不均衡，欧洲部分稠密，亚洲部分稀少，俄罗斯政府基于国家战略层面，更着力于西伯利亚国际通道交通体系的完善。

新亚欧大陆桥运输条件则相对较好，货运距离缩短得更为显著。从日本、韩国至欧洲，通过新亚欧大陆桥，水陆运输相结合，行程较短；中西亚国家之前的交通距离也更短（如伊朗至阿雷西）。由于运距的缩短，它在运输时间和运费上将比西伯利亚大陆桥又有所减少，更有利于同海运的竞争。东端桥头堡自然条件好，位置适中，年作业时间长，运输效率更高。

②区域产业结构层次

西伯利亚国际通道贯穿俄罗斯不同产业区。西伯利亚作为第一产业区，农产品主要有奶油、春麦等，而西部发达地区，需要大量的奶油、春麦作为消费品。因此，在奶油、春麦这两种产品上形成了农作物的区域互补。第二产业上，西伯利亚中、东部拥有丰富的矿产资源，如石油、天然气、煤等，而俄罗斯的工业经济中心位于西部，形成了矿产资源的区域互补。第三产业上，俄罗斯的第三产业极为落后，交通通信设施尚未启程，在西伯利亚国际通道建成之前，与西部的交通联系基本隔离，因此在第三产业上也形成了交通的区域互补性。西伯利亚国际通道的建成对俄罗斯的产业结构调整有着重要战略意义。

新亚欧大陆桥国际通道区域中，中国境内的产业结构层次分明，东部地区具备港口优势、人才优势、技术优势和市场开拓优势等；中西部地区具备资源优势、劳动优势、市场承接优势等。而在大通道辐射范围内，中亚国家和地区重点发展食品、轻工、纺织劳动密集型产业，选择发展电子信息、生物技术等高新技术产业；欧洲国家和地区扩大技术和人才要素优势条件，降低成本发展第三产业。新亚欧大陆桥国际通道对中国通道地区、东南亚通道地区产业结构层次影响重大，新亚欧大陆桥通道建成前，中亚五国经济结构比较单一，主要生产牛羊肉和矿产品，工业产品多依靠进口。新亚欧大陆桥国际通道陆续建成后，中亚五国生产的货物囊括汽车和服装、饮料等轻工业。新亚欧大陆桥国际大通道的建成为东亚和东南亚市场经济注入了新的活力。

（3）国际通道经济社会效应

西伯利亚国际通道作为东北亚连接欧洲的运输线路，开展着东西方之间的货物过境运输业务，同时，国际社会对利用西伯利亚国际通道的运输潜力期待值较高。欧亚国家贸易的持续增加，国际运输走廊发挥着重要作用。俄罗斯运用西伯利亚国际通道、远东港口及其他运输设施发展与欧洲各国、东亚国家乃至美洲国家的货物直达运输，巩固了俄罗斯在世界贸易经济体系中的作用。西伯利亚国际通道铁路干线长、支线多，将全俄罗斯的交通运输走廊连接起来，也开通了亚洲国家去往欧洲的最近通道，紧密连接欧洲与亚洲的哈萨克斯坦、蒙古国、中国和朝鲜半岛等国。目前，它与朝鲜半岛连接，与到达日本的海港相接，从东部终端的符拉迪沃斯托克港口，可辐射到南、北美洲。由此可见西伯利亚国际通道在未来的国际运输中将发挥陆路“火车头”的作用，为世界其他国际通道发展提供先例示范。

新亚欧大陆桥国际通道中国段是一条综合立体交通大通道，它的贯通为各种社会经济活动，为国民经济发展战略及其合理布局的顺利实施提供重要支持和保证。整个通道汇集巨大的人流、物流、资金流，俨然成为开发中亚，加强亚欧经济技术文化交流的国际大通道。这对于促进沿通道区域经济的平衡协调发展、推进沿通道地带的开发开放、加快工业化和城市化的进程具有重大经济意义。

4.1.2　莱茵河国际水运通道

（1）莱茵河国际通道概况

莱茵河是欧洲西部第一长河，径流通达欧洲多个国家和地区，水文和水运条件优良，年货运量超过区域内 20 条铁路干线的货运量。莱茵河通达的水上航运网，覆盖西欧主要工商业地区，是目前世界上航运量最大、航运量最繁忙、密度最大的内陆国际水运通道。

（2）莱茵河国际通道的经济学分析

①复合区位条件

莱茵河国际通道的地理和自然区位条件明显，流域地形以平原和丘陵为主。通道上游流经水能资源丰富的阿尔卑斯山区；中游地形平坦，气候适宜，适合农业的发展；下游汇聚地水路更是四通八达。除此以外，通道内油气管道分别沿通道向南北延伸，与莱茵河通道范围的内河航运、铁路、公路共同构成综合交通枢纽，组成完整的莱茵河国际通道交通体系。

②产业结构层次

莱茵河以港口为点、以沿江带为轴、以流域经济区为面，形成“点—轴—面”扩散式产业发展模式，增加沿线国家经济增长活力。一是莱茵河国际通道与荷兰鹿特丹港口的互补性。欧洲重要航运中心鹿特丹港口通过辐射带动作用使莱茵河国际通道区形成主要经济开发带。鹿特丹国际大港的综合服务功能带动莱茵河流域经济带的经济增长，也为鹿特丹港口城市的发展提供强大支撑，形成“港口带动—共同发展”的良性区域产业发展模式。二是莱茵河国家通道流域内的互补性。莱茵河国际通道上游地区机械工业、旅游业发达，中游地区冶金、军工和纺织工业发达，而下游地区交通运输、物流业发达，呈现出不同的区域产业发展特征。三是莱茵河国际通道区城市互补发展。由于其水资源和航运资源的富足，带动沿岸城市的工业化和现代化建设，形成与莱茵河国际通道区耦合发展的城市经济带。

（3）国际通道经济社会效应

莱茵河流域发达完善的交通网络使城市与城市、区域与区域间交易成本更低。鲁尔工业区与下游内河航运网联系密切，货运量居世界前列，强化了与流域周边国家的贸易往来和经济交流。莱茵河国际通道孕育着欧洲文明，是成就欧洲乃至整个西方经济与政治文明的源泉。

4.1.3 泛亚国际大通道网络

（1）泛亚国际通道概况

东盟国家新型经济体集聚发展于泛亚国际通道，发展潜力巨大。中国泛亚铁路通道从中国昆明出发，跨境连接老挝、缅甸、泰国、越南、柬埔寨、马来西亚到新加坡。中国境内段接口和出口分东线、中线、西线三段。三条通道线网组成东盟国家重要铁路网形成泛亚国际通道，为东盟国家的交通运输和经济往来打下重要基础。

——东线起于昆明，经昆玉铁路、玉溪—河口铁路，并经越南、柬埔寨、泰国、马来西亚铁路网抵达新加坡。

——中线起于昆明，由昆玉铁路、玉溪—磨憨铁路经老挝、泰国、马来西亚后抵达新加坡。

——西线经成昆铁路、广大铁路、大理—瑞丽铁路后，再穿过缅甸、泰国、马来西亚三国后抵达新加坡。

（2）泛亚国际通道的经济学分析

①泛亚国际通道的复合区位条件

地理区位条件上，泛亚国际通道开始段处于东亚、东南亚和南亚的枢纽位置，地理位置优越。交通区位条件上，泛亚国际通道三线端口云南省内交通网络体系完善，而通往东南亚国家的通道鲜少，泛亚国际通道有利于促进优势资源的利用，东南亚国家和区域内铁路交通运输较为落后，区域经济发展不平衡。社会区位条件上，云南省较早提出建设中国昆明—泰国曼谷的国际通道的构想，应泰国和老挝的邀请和国家间交通部的意见探讨，在国际通道总体规划和基本线路方案上达成一致意见，由此泛亚国际通道是多国社会参与谋划的国际大通道。

②泛亚国际通道的产业结构层次

云南省目前水电产业优势比较明显，农业和劳动密集型产业占比较大，旅游业、金融业、服务业等第三产业发展相对滞后。东南亚国家的产业结构地域差异较大，新加坡的产业结构具有发达经济的特征，第三产业占据主导地位，传统制造业分工逐步撤出；马来西亚、泰国的第二产业发展水平高，制造业在国民经济中占据重要地位；而柬埔寨、老挝和缅甸第一产业在国民生产总值中占比较高，第二产业基础薄弱，制造业的生产能力较弱。总体而言，东盟国家虽地理位置邻近，但产业结构差异较大，地域劳动力素质各异。

③泛亚国际通道区的互补性

泛亚铁路沿线国家的经济和产业结构都凸显出互补性。首先，中国与新加坡、马来西亚存在贸易货物互补。其次，各国产品出口比较优势不一，中国资源密集和劳动密集型产品出口比较优势逐步减弱，人才密集和技术密集型产品出口比较优势逐步增强。中国与铁路沿线国家都是资源丰富型国家，但存在相互需求，可以达成资源的互补，具备长期合作的基础。最后，中国人力资源丰富，具备多层次人才，而发达的东盟国家均有着不同程度上的熟练劳动力和高级人才的缺乏，形成人力资源互补。

(3) 国际通道经济社会效应

泛亚国际通道的建设和完善，首先有益于中国西部的对外开放、西部大开发战略及西部陆海新通道战略的新时代条件下的实施。泛亚国际通道为我国形成新的西南出关口，国内产品开拓东南亚大市场创造条件，同时促进湄公河流域经济带的形成和发展。其次，泛亚国际通道的建成，缩短了中国内陆省区西下印度洋和西进中东、北非、西欧等地的里程，节省运输时间和运费。最后，泛亚国际通道区的石油资源可直接从陆路输入我国，强化能源资源运输效率。泛亚国际通道对中国与东南亚、东南亚各国间的政治经济联系和科技文化交流有着重要的战略意义。

4.2 中国通道经济

4.2.1 京杭大运河

京杭大运河北起北京，南达杭州，跨越我国东部六省市，连通我国海河、黄河、淮河、长江、钱塘江，是我国古代的伟大工程之一。

京杭大运河所流经的地域利用其丰富的水利资源，改善区域的农业经济，也为古代商业经济的雏形发展提供了便利。除此之外，大运河使不同的思想、不同的习俗和不同的箭镞分割相互融合、求同存异，产生新的、先进的文化要素，沿河不同的商会建筑正是这种变化的典型例子。如今京杭大运河仍存在季节性和地域性通航，对分担铁路货流、承担中短途运输任务起到特定作用，有利于发展地区经济，加强地域交流。

新时期，构建“大运河经济带”战略构想，即以运河为轴线，南北贯穿的水上交通运输经济带，可加强联系京津冀、长三角和这两大城市群和经济圈，形成交错的水运交通网。以大运河通道带动沿河市、县经济发展，可加强区域间经济和文化交流，促进产业的有序转移和优化升级，发挥区域内主要城市的经济辐射带动作用。①

4.2.2　茶马古道

茶马古道起源于古代西南边疆，国内分川藏、滇藏两路连接川滇藏三个地区，国外穿越不丹、尼泊尔、印度等国至西亚红海海岸。

茶马古道是连接汉、藏民族的经济与文化纽带，藏区人民通过贸易获得茶作物和其他内地出产的物品，同时也打开了藏族地区的门户。贸易互补让藏汉民族联系更加紧密，带动了藏区的经济发展和民族文化交流。“北有丝绸路，南有茶马道”，是其通道功能与作用在中国古代的完整体现。

4.2.3　“一带一路”

（1）陆上丝绸之路

丝绸之路是横贯欧亚大陆的贸易陆路通道，是历史上形成最早、规模最大的国际贸易主干道。因为大量的中国丝绸和丝织品通过这条通道向西方传输，因此被称为“丝绸之路”，通道以洛阳为起点穿越中亚、西亚到达地中海附近各国。广泛意义而言，丝绸之路是从古时陆续形成的，遍及欧亚大陆甚至包括北非和东非在内的长途商业贸易和文化交流线路的总称。

①发端与形成

丝绸之路雏形源于汉武帝时期，汉武帝大胜匈奴并派出使节出使西域，与西域诸国合纵联合，开始了中国历史上横贯亚、非、欧三大洲的陆上交通大动脉的联系与沟通，到唐代，为进一步开拓、巩固西北疆土，促进多民族的融

① 全国政协委员黄扬略：规划建设国家级“大运河经济带”带动沿河地区新型城镇化建设。

合，加强了与中亚、西亚、北非、欧洲多个国家的交往，丝绸之路通道作用得以体现。随着各种人员的频繁交往，大批物种、物资、科学技术与文化艺术以及多种信息得到相互传播，通道日益完善。

②路线通道

北线通道：楼兰—吐鲁番—乌鲁木齐—伊宁，经哈萨克斯坦、俄罗斯，西去黑海沿岸。

中线通道：楼兰—阿克苏—喀什出境，经伊朗西去地中海沿岸等地。

南线通道：楼兰—且末—莎车出境，经印度西南去阿富汗等地。

③物质与文明

丝绸之路实质上是一条物质交换、文明传播的国际通道。丝绸之路的运输商品涵盖广，包括我国的漆器、铁器、瓷器、茶叶等物，西方商人的玻璃、宝石、农作物、水果等。而在文明传播上，中国古代四大发明也由丝绸之路传到西方，西方的文学、艺术和宗教思想等也步入中国。丝绸之路可视为东西方文明史最早的融合，使得沿路国家物产更丰裕、经济更繁荣、文明更开放。

④联盟：博弈与竞争

丝绸之路的形成是古代国际区域经济合作的典型表现。丝绸之路始发于联盟，兴盛于沿线各国经贸的发展。丝绸之路的诞生与形成不但是一种历史文化遗产，更是一种经济文化的产物，从经济的视角来审视丝绸之路，它体现了一种区域合作的理念和原则。

区域合作是丝绸之路发展的内在动力和诉求，丝绸之路是命运共同体和全球化的最早雏形。在中西方历史上丝绸之路一直以来都是亚欧大陆各国、各民族经贸往来和科技文化交流的主要通道，丝绸之路的形成是古代西方文明相互寻求交流、沟通，建立对话与合作机制的共同需求。同今天所强调的全球化和区域经济一体化一样，丝绸之路所体现出的国际化和区域化同样建立在经济要素的互补和技术的扩散转移之上。

（2）海上丝绸之路

海上丝绸之路是古代中国和外国贸易往来的海上通道。通道大体上形成于秦汉，发展于唐宋时期。隋唐时期，海上丝绸之路得到了极大发展，隋炀帝时代，甚至展开了“丝绸外交”。郑和前三次下西洋到达的主要是东南亚各国沿海地区，而后行程更加遥远，航线更加复杂。

作为沟通东西方的海上通道，海上丝绸之路是不同国家、地区经济文化交流的桥梁，它将世界文明的发祥地（四大文明古国）以及美洲联系到一起，强化了世界各国贸易往来和经济交流。海上丝绸之路将中国文明传到西方并将一些外国优秀的文化带回中国，促进了中国生产力的提高和社会思想的多元化发展。

4.2.4 京沪高铁

京沪高铁是我国综合实力提升后修建快速通道的产物，与上述通道案例不同的是，京沪高铁有着高时效性、高流通性、影响效果显著的通道特征。京沪高铁贯穿东部主要经济发达城市（京津冀皖苏沪），沿线诸多城市设立有高铁经济带、高铁新区等依托高铁基础设施要素的城市和区域发展版图。

京沪高铁通道加快了沿线城市和沿线区域间的要素流动和资源配置。基于高铁通道的延伸效应，北京、上海、南京等区域中心城市的带领能力得到提升，产业上，生产性企业可将生产基地外迁至周边城市，降低企业成本；苏州、无锡、镇江等城市以各自特点打造产业承接，在产业转移中寻找到企业定位。随着京沪高铁网的日益完善，“同城效应”作用逐步扩大，区域经济学中地理邻近的效用将逐步减小，认知邻近作用逐步扩大，倒逼产业结构的调整和产业理念的升级。

4.3 经验与启示

本章对世界三大著名国际通道的通道概况、区位条件、产业结构层次及通道经济社会效应等进行了阐述与分析（见表4.1），从贸易运输、战略功能等视角分析了中国自古以来发展通道经济的四大实例（见表4.2）。可见国内外发展通道经济无不依托良好的地理和人文社会区位，依托通道的要素流动和扩散，实现资源产业向通道集聚和扩散以带动区域经济发展。随着经济主体多元化、经济设施现代化和经济发展规模化，经济大通道的实质是各种经济资源相互流动，生产要素相互流通，思想文化高度交流的经济高速公路，我国“一带一路”走廊正是这样一条经济大通道。

表 4.1　　世界著名通道

通道名称	通道构成		区位条件	产业结构层次	通道经济社会效应
	方式	线路			
第一亚欧大陆桥通道	铁路－公路、航运	海参崴－莫斯科－圣彼得堡港口、俄罗斯西部国境站、黑海沿岸	地理位置优越、地广人稀、交通区位及政策战略	农作物、矿产资源互补、第三产业落后、交通通信设施启程	拓宽经济联系、增加合作潜能、通道示范
第二亚欧大陆桥通道	铁路－铁路	连云港－河南－西安－甘肃－新疆－中亚、西亚各国－鹿特丹	货运距离优势、自然条件良好	东部港口、人才与技术优势与西部优势互补	促进开发开放与经贸合作、区域经济发展轴线
莱茵河国际通道	航运－管道、铁路、公路	瑞士－列支敦士敦－奥地利－法国－德国－荷兰	地理和自然区位优势明显、复合型发展轴线	产业结构高级化、港口与腹地产业合作模式、产业互补强	便捷复合的交通网络、经济交流密切
泛亚国际通道	铁路－铁路	昆明－缅甸、泰国、越南、柬埔寨－马来西亚－新加坡	枢纽位置、自然资源和矿产资源富足、战略共识	农业和劳动密集型、水电产业优势、三产滞后、产业结构互补	促进中国西部对外开放、加强与东南亚、南亚经济往来

表 4.2　　中国通道

通道名称	通道构成		贸易运输	战略功能
	方式	线路		
京杭运河	水运	北京－天津－河北－山东－江苏－浙江	承担煤炭、建材、盐、日用工业品、粮、油和其他农副产品的中短途运输任务，分担铁路货流	加强南北交流、输送中部经济活力、连接两大经济圈、带动沿河市、县经济发展
茶马古道	陆路	川滇藏－不丹、锡金、尼泊尔、印度－西亚、西非红海海岸	汉藏的农作物贸易马帮之路	使藏汉民族在经济上相依相成、连接着沿途各个民族、发展了当地经济

续表

通道名称	通道构成		贸易运输	战略功能
	方式	线路		
丝绸之路	陆路、海运	西安－兰州－河西走廊－敦煌－玉门关－楼兰－三线至黑海沿岸、岁马、阿富汗；海上通道至亚欧非	大批物种、物资、科学技术与文化艺术以及多种信息相互传播、向世界呈网状分布的交通路线	物质交换的通道和文明传播的通道、区域合作的理念和原则、秉持共商共建共享的海上、陆地闭环
京沪高铁	高铁	北京－天津－湖北－山东－安徽－江苏－上海	贸易运输时间成本下降、资源流动更趋合理	促进沿线城市群之间的资源流动和优化配置、激发城市发展潜力

国内外发展通道经济的经验表明发展通道经济应着力于培育发展开放经济、产业经济、服务经济等，这也是通道经济的特征体现。一是通道经济的发展以一定的物质条件和通道优势为基础；二是资源的稀缺性、分布不平衡性，决定了通道经济资源的配置得通过市场手段完成；三是发展通道经济在于使生产要素集聚，以实现通道区域的经济发展。

通道经济是一种产业经济，国内外通道都借助通道优势以推动区域产业经济的发展。不能简单把通道经济看成“沿路经济”，人流、物流、资金流等要素流是通道经济的流动形式与过程。“京沪高铁”通道与“一带一路”通道体现了一种高速度、高质量、开放共享、协同发展的通道经济发展要求，这也正是新时期通道经济发展的新意义所在，不仅要发展区域、城市经济，高质量的经济协同与区域开放格局的形成也是建设通道、发展通道经济的内在要求。

长江上游腹地是中国西南向东、向西、向南内陆开放型通道经济体系衔接地带（长江经济带、新丝绸之路经济带、西部陆海新通道），具备建设类似于世界著名大通道的自然条件、区域条件和战略条件。该区域具备产业承接与产业转移的自然与工业资源优势、劳动力资源优势与市场优势，同样也有着三大产业发展不平衡、产业集群度不高、经济外向程度不高的短板，大力发展通道经济，促进长江上游通道经济协同与开放应是该通道区域的着力点，也是解决上述发展问题的必要所在。

（1）以设施建设为基点，进一步调整产业结构。随着各自由贸易区乃至世界各有关国家贸易及经济来往越来越紧密，交通运输、机场、港口、桥梁、通信，水利等基础设施的建设无疑是通道经济的硬件条件。产业结构调整包括产业结构合理化和高级化，产业之间的相互协调，能良好适应市场需求变化，培育区域有特色的核心产业，是发展通道经济的引力所在。

（2）发挥市场作用机制。发展长江上游通道经济，就要构建统一开放、竞争有序的市场体系，推进区域资本、技术、人力资源在市场的配置，促进生产要素在区域间的顺畅流动。多元协作政府、市场与社会组织，打破阻碍要素自由流动的壁垒，重视和发挥企业市场经济主体作用，营造良好营商环境。

（3）政策及战略引导。国内外著名通道的建设与发展无不承载国家、地域和人民的发展愿景，政策引导及战略支持极大地影响着通道经济的发展速度和程度。长江上游经济带以“绿色发展、生态保护”为功能定位，绿色经济势必成为长江上游通道经济的核心和亮点。西部大开发战略要转变思路，强化内生开发模式，防止资源浪费和过度开发，协同发展以形成城市群经济。

总之，发展长江上游协同与外放型通道经济就是构建融“交通基础设施—市场体系—产业发展—生态环境—政策战略”于一体的支撑系统，形成通道经济良性发展模式。

第5章　长江上游通道经济系统的构建与仿真

本章通过对通道经济的发展阶段及理论的梳理把握，建立通道经济系统，基于系统动力学的视角，运用系统动力学中常用方法——因果回路图，对通道经济系统中要素之间的相互作用以及各子系统之间的协作方式进行了详细分析；以通道经济系统回路图为蓝本，结合川渝滇黔四个行政区域的通道特点，探索性地构建了具有地方特色的通道经济系统模型。将跨行政区域地区之间通道经济协同的影响因素纳入模型进行考量，构建了以兼顾绿色发展为前提导向、以充分利用川渝滇黔一衣带水的通道优势为途径、以推动经济发展为目的的动态模型，并进行仿真；针对当下川渝滇黔三省一市受地缘架构、区域竞争、经济权利和功能定位等因素的制约，长江上游区域产业存在结构趋同、低层次竞争等问题，通过对模型进行仿真调试，重点探讨和研究了区域内的通道建设、运行和管理协调问题以及基于通道经济的产业协同和政策协同机制。最后，本章截取了仿真预测结果图进行简要分析并根据其预测结果，对构建长江上游通道经济区域开放格局提出了具体建议。

5.1　通道经济系统理论内涵

5.1.1　通道经济系统理论基础

通道经济的起源最早可追溯到沃纳松巴特在20世纪60年代提出的点轴开发理论。该理论认为交通基础设施建设对区域经济发展具有重大推动作用：由于交通基础设施的建设，使交通区位条件得以改善，方便了人口流动与物资运输，从而很大程度地降低了运输与生产成本。因此，新的交通通道，一方面营造了良好的投资环境，对产业与劳动力具有相当的吸引力，导致产业和人口沿交通线集聚，从而产生经济增长极点，促使该地的经济快速增长；另一方面，增长极点依托各类交通通道进行逐步延伸与拓展，使极点推动沿线地区的经济增长效果得以显现。可以发现，点轴开发理论认为交通通道主要通过极化效应与扩散效应两种作用机制推动沿通道区域经济的增长。

从点轴系统的具体形成机理可以看出，在这一理论中，交通轴线起到了举足轻重的作用，即通道也是轴的通俗说法。需要注意的是，轴这一说法并非狭义的铁路、公路或是河海航线等交通运输干线。应该认识到通道（轴）是广义的，既是交通、通信干线也是能源、水源等连接线路，因此，它是基础设施束，是联系点与点之间的所有要素的集合体。

构建通道经济系统，就是要着重探讨通道对区域经济的作用机制。通过整合通道，为具有天然通道基础的落后地区，整体规划通道基础设施，助力区域经济一体化的形成，使劳动分工更加细致，促进落后地区的经济持续增长。当前，通道经济的发展，尚处于由点到线，以线带面的不平衡、不科学、不系统的粗放式增长状态。与理想的、系统的、有序的、符合时代要求的精细化发展模式相比，通道经济仍然需要深入发展。

根据耗散结构理论，一个远离平衡的开放系统（不管是力学的、物理的、化学的、生物的乃至社会的、经济的系统），通过不断地与外界交换物质和能量，在系统内部某个参量的变化达到一定的阈值时，经过涨落，系统可能发生突变即非平衡相变，由原来的状态转变为一种在时间上、空间上或功能上更加有序的状态。通道经济作为一种特殊的经济发展模式，也要遵循耗散结构理论，其发展走向必将是一个有序的具有系统特征的状态。

5.1.2 通道经济系统内涵界定

综合上述理论分析，通道经济系统本质上是一个区域经济系统。就其内涵，做以下几点说明。

(1) 通道经济系统，本质是经济系统，因而具备经济系统应有的要素。经济系统是人类生产、交换、流通、消费的结构与过程，其运行主体包含居民、企业、政府等。

(2) 通道经济系统，基础是通道系统，通道是要素流动的载体，通道子系统的高效运转是经济系统发展的重要支撑。

(3) 通道经济系统，是一种流量经济的概念，是依靠物流、人流、信息流、资金流等流量要素来实现经济增长，表现为开放或者内陆开放型经济。

(4) 通道经济系统，是一种复杂系统，需要环境、经济、社会子系统的协同配合，在不同区域的通道经济系统中，子系统的关系也会出现差异。比如长江上游通道经济系统，绿色发展是一个不可或缺的前提条件，这意味着环保子系统必须加以考量。

(5) 跨区域通道经济系统，扩充了传统经济系统的范围边界，跨行政区通道经济系统由多个独立“经济系统”协同组成，通过设施连通、信息共享、政策互通等使总体效用大于局部之和。

综上所述，从系统动力学的角度，通道经济系统是一个兼顾绿色发展为前提导向，充分利用某地域的通道系统优势，以流量经济推动经济发展，谋求社会最大利益的经济发展模式。

5.1.3　通道经济系统作用机理

通道经济系统作为一个复杂的巨系统，由经济、社会、环境、通道四大子系统构成。同时，它们之间相互依托、相互影响、相互促进，共同推动通道经济系统的高速、平衡、绿色发展。通道经济系统受到中央政府的宏观调控，对于相对独立的经济系统而言（如行政区内），系统的边界一旦框定，四大子系统相对独立。但区域通道经济系统也会有不同行政区域构成的综合经济系统，通道经济系统的运行，既要考虑子系统之间的相互作用，也不能忽略系统内部地区与地区之间的相互作用与影响。

社会子系统是通道经济系统的重要组成部分。社会子系统的整体运行情况会直接或者间接地影响整个系统的运行。它对通道经济系统的影响表现在以下两个方面。一方面，社会子系统中的关键要素之间协作程度会直接影响子系统的运行情况，从而会间接影响整个系统的运行；另一方面，社会子系统与其他子系统的协作程度会直接影响系统的运行。经济子系统作为通道经济系统的动力系统，一方面，经济发展为社会进步提供了不竭的动力与持久的保障；另一方面，经济子系统的高效运转，也要以通道、环境这两大子系统为依托。

通道子系统的主要功用是作为经济发展的依托，但也要认识到，通道与经济是相互作用、相互影响的。从发展经济的角度来看，与经济发展水平相匹配的交通基础设施是促进经济发展的有力保障。为适应经济发展，完善基础设施是不可或缺的重要举措。经济发展的直接表现是地区生产总值的增加，而地区生产总值的增加会使相应的货物量激增，使对货物运输能力的要求有所提高，这就需要加大力度完善基础设施。而对基础设施的投资增加，不仅会提升交通运输能力，解决当前的货物运输压力，更会带来极大的乘数效应，其表现为拉动工程等相关产业的发展，如对水泥、钢筋、工程师、劳动力的需求会急剧增加，从而促进就业和经济的进一步发展。

从通道经济系统运行的角度来看，突出通道优势，高效发挥通道子系统的作用，不仅是整个系统运行的保障机制，更是弱化系统中不同行政区域阻碍的必要前提。从整体上规划通道经济系统中的基础设施建设，从点轴开发理论看，可以加强区域之间的地理联结，加速各行政区域之间各方面的交流；同时，通道基础设施建设，有助于打破行政区域之间的各种政策、法规上的壁垒，加速区域经济协同，有利于凸显通道经济系统的整体运行效果。总而言之，如何充分发挥与运用通道要素，使经济得到增长，正是本系统需要探讨的主要问题。

绿水青山就是金山银山。环境作为一个独立子系统，既是当今顺应经济发展的必然要求，也是响应新时代下，不搞大开发、共抓大保护的重要措施。因此，在探讨通道经济系统这种经济发展模式时，绿色环保是必要前提。经济发展与环境保护两者之间是相互依存、相互促进的关系。一方面，经济发展是生态环境的物质基础，另一方面，经济发展是在生态环境的基础上建立和发展起来的。发展经济，可以优化产业结构，推动科学技术的进步，加大对环境保护的投资，从而更大限度地保护环境。环境的保护，也可以保证资源的有效利用、减少经济发展的长期成本、增加生态产品质量与农民收入等，从而使经济得到进一步的发展。

通道经济系统的内部作用机理可用图5.1表示。

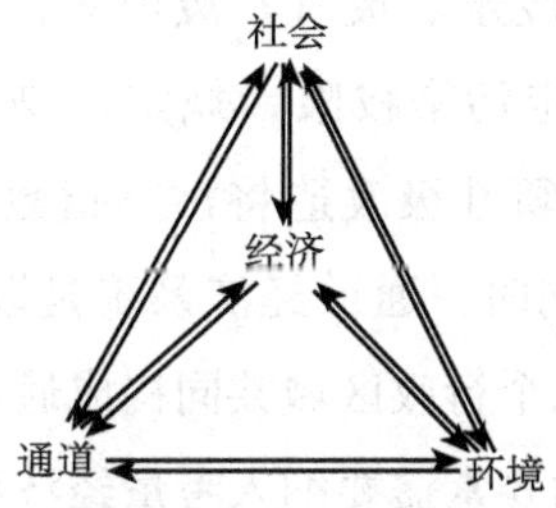

图5.1　通道经济系统内部机理

在社会子系统、经济子系统作为直接的动力系统并依托通道与环境子系统的基础上，每个子系统也会相互影响、相互作用。在逐个叙述各自子系统的功能后，再将子系统与通道经济系统所包含的行政区域结合考量，其系统协同需要体现在以下方面：一是子系统与子系统之间的协调统一，子系统内部各要素的协调一致；二是区域间的通道基础设施整体规划，既要因地制宜，也要配合区域发展；三是产业结构不仅要在行政区域内有序协调，差异化、互补配合，在相邻的行政区域甚至几个行政区域，也要有互补性、依赖性；四是政策上服从宏观调控，区域内自发协调。

5.1.4　通道经济系统要素分析

通道系统作为一个独立的子系统，包含相应的通道要素。通道要素则是指在通道经济系统中，包括此处区域内的天然的通道交通设施基础（铁路、公路、港口、能源通道等）。

经济系统也有其自身的经济要素。就其内涵而言，它是居民、企业、政府三者作用的产物。因而，经济要素包含有劳动力、资本、政策、产业布局、科技创新能力等。

社会系统作为一个独立的子系统，包含社会基础、社会服务、社会保障三大要素。社会基础主要是指人均收入等方面；社会服务则是指教育、医疗、通信等；社会保障则是由社会保障占比等指标衡量。

构建环境子系统，就是要保证经济平稳发展，也要确保绿水青山依旧。因此，环境系统中，最重要的评判要素是环境污染指数与环保投资力度。污染主要是指工业与生活中带来的废水、废气、废渣等污染。治理污染不是先污染再治理，而是要在根源上，确定污染权限，规定污染指数，通过提前预估，超过其污染指数的企业单位，必须升级改造将污染指数降低之后才能运营。

在考虑四大子系统的协同时，通道经济系统是以通道为依托的。而通道又不全是某一地区独有，可能是几个行政区域共同构成通道经济系统，因此，独立于子系统之外，同样有一些重要的要素需要纳入考量经济系统之中。例如，就地区之间的利益、体制及制度障碍等现实问题，需要纳入以下要素：行政区域之间需要统筹规划、协调各方的机构，还需要有各地方政府共同出资参与构建基础设施，各地企业联合搭建大型企业集团等，这些都可能作为衡量地区之间协作程度的考量指标。

5.2 系统动力学视角下的通道经济系统分析

系统动力学是系统科学理论与计算机仿真紧密结合、研究系统反馈结构与行为的科学。系统动力学认为，系统的行为模式与特性主要取决于其内部结构，主要是指要素与要素之间的相互作用，系统行为是非线性的；系统动力学研究处理复杂系统问题采取的是定性与定量相结合，系统综合推理的方法，其所建立的模型可以作为实际系统，特别是社会、经济、生态复杂大系统的实验室，提供给人们一个学习和政策分析的工具。因此，在本章节，长江上游通道经济系统就是基于系统动力学构建与仿真的。

5.2.1 通道子系统

系统动力学作为一门研究系统内部要素之间相互作用、相互反馈的学科，可以十分有效地展示通道经济系统内部动态的作用机理。

在上一节中，已经对通道经济系统中的子系统分别做了要素分析。在本节中，将会运用系统动力学的因果回路图，阐述各子系统中要素之间以及子系统之间的相互作用，如图 5.2 所示。

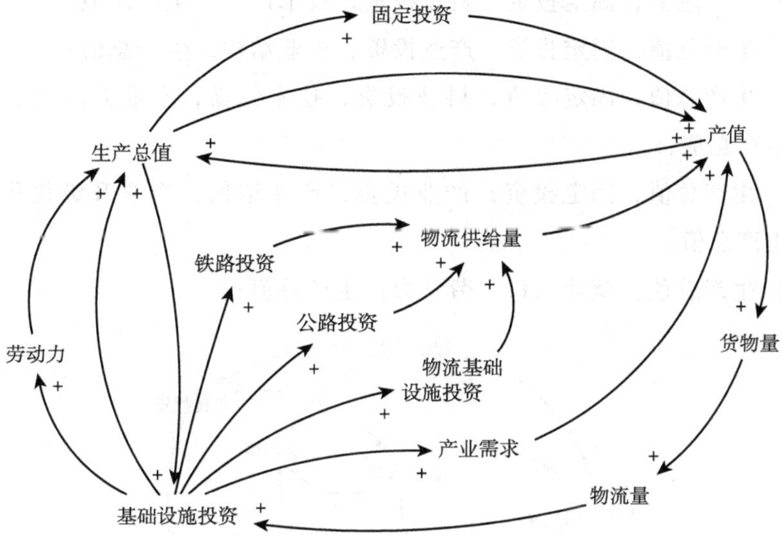

图5.2　通道子系统回路图

主要反馈环分析包括：

(1) 基础设施投资，铁路投资，物流供给量，产值，生产总值，基础设施投资；

(2) 基础设施投资，公路投资，物流供给量，产值，生产总值，基础设施投资；

(3) 基础设施投资，物流基础设施投资，物流供给量，产值，生产总值，基础设施投资；

(4) 基础设施投资，产业需求，产值，货物量，物流量，基础设施投资；

(5) 基础设施投资，产业需求，产值，生产总值，基础设施投资；

(6) 基础设施投资，劳动力，生产总值，基础设施投资；

(7) 基础设施投资，生产总值，固定投资，产值，货物量，物流量，基础设施投资。

5.2.2　经济子系统

主要反馈环分析，如图5.3所示：

（1）生产总值，固定投资，科技投资，技术创新，生产总值；

（2）生产总值，固定投资，产业投资，产业结构，生产总值；

（3）生产总值，固定投资，科技投资，技术创新，产业升级优化，资本积累，生产总值；

（4）生产总值，固定投资，产业投资，产业结构，产业升级优化，资本积累，生产总值；

（5）生产总值，就业人口，劳动力，生产总值；

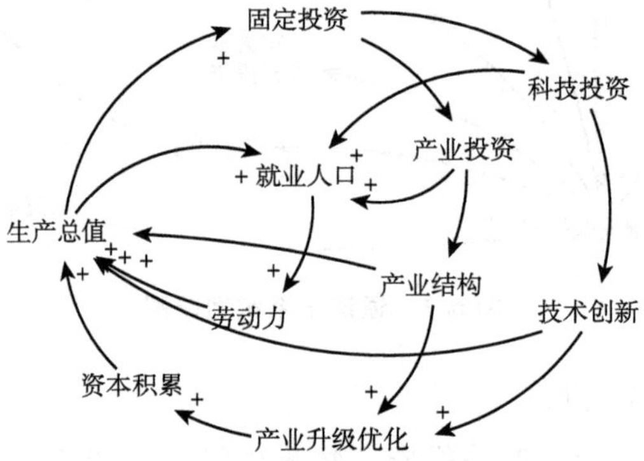

图 5.3　经济子系统回路图

5.2.3　环境子系统

主要反馈环分析，如图 5.4 所示：

（1）生态文明程度，地区生产总值，工业污染，废气/废水/废渣，生态文明程度；

（2）生态文明程度，地区生产总值，环保投资；

（3）生态文明程度，资源利用水平，产业结构，废弃物利用程度，生态文明程度；

（4）生态文明程度，人口，生活污染，废气/废水/废渣，生态文明程度；

（5）生态文明程度，生态基础，森林覆盖率，生态文明程度；

（6）生态文明程度，生态基础，人均绿地面积，生态文明程度。

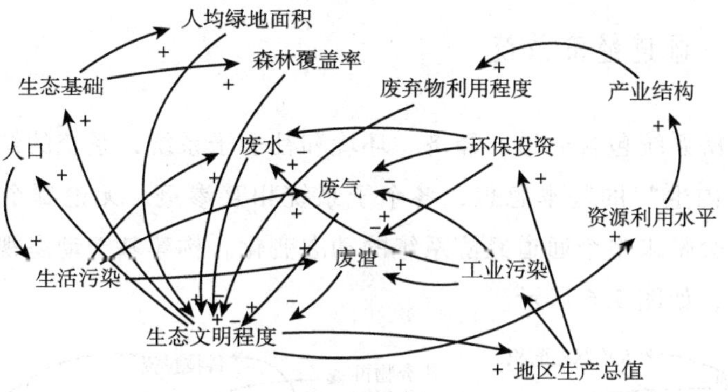

图 5.4 环境子系统回路图

5.2.4 社会子系统

主要反馈环分析，如图 5.5 所示：

（1）社会发展水平，地区生产总值，教育投资，教育资源配置，教育发达程度，国民受教育程度，社会发展水平；

（2）社会发展水平，地区生产总值，就业人口，就业状况，就业率，社会发展水平；

（3）社会发展水平，地区生产总值，医疗投资，医疗资源配置，医疗水平，社会发展水平；

（4）社会发展水平，地区生产总值，居民可支配收入，社会发展水平。

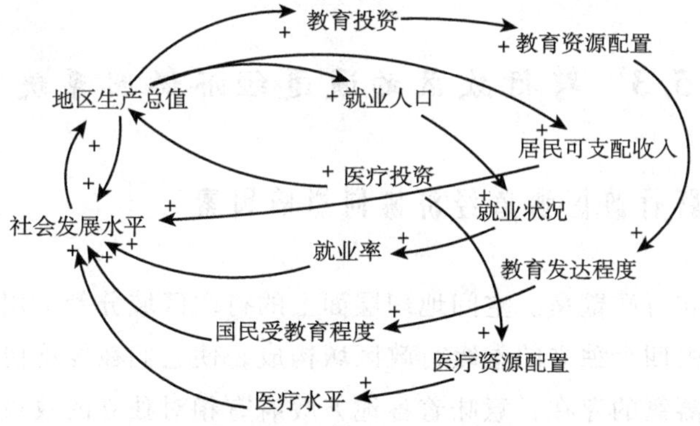

图 5.5 社会子系统回路图

5.2.5 通道经济系统

通道经济系统包含通道、经济、环境和社会子系统，系统的结构体现了系统动力学“内生”的基本思想，各个子系统相互渗透，无论哪个子系统中参数的变化都会带来整个通道经济系统的动态变化，构建基于动态视角的通道经济系统模型，如图 5.6 所示。

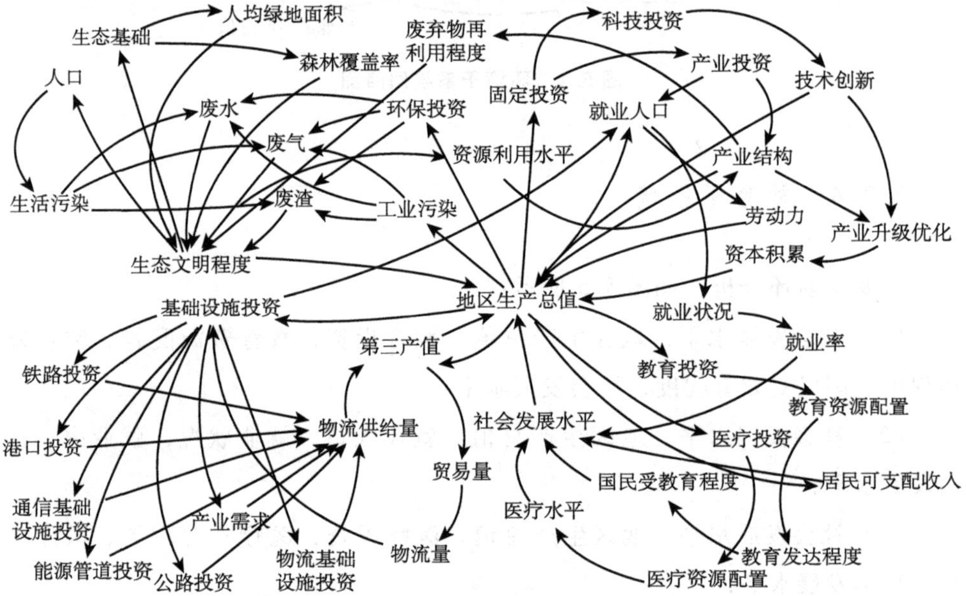

图 5.6 基于动态视角的通道经济系统模型

5.3 跨行政区的通道经济协同系统

5.3.1 跨行政区通道经济协同影响因素

自然隔离和行政壁垒。空间地理层面上的行政区域分割，川渝滇黔从地理结构上看，是由四个独立的省级行政区域构成，使它们在经济协同时也存在行政藩篱。行政藩篱的存在，意味着各地方政府有相对独立的政策，在制定经济发展的政策导向上，可能存在较大的差异。同时，行政壁垒和各自为政，各地区之间的交流会受到限制，信息、商品及各种资源要素流通具有自身局限性，在一定程度上制约了更大范围的资源优化。

政绩考核各自为政。受地区利益驱使，地区之间各自为政。地方政府为提升自身政绩，使自身利益最大化，容易与其他地区产生博弈。这种博弈，一方面体现在地区之间的市场分割、地方保护上，具体表现为跨区域重复收费、贸易保护、限制人才流动等。另一方面体现在产业结构的趋同上，地方政府各自为政，热衷于投资附加值高、利润大的短期项目，导致低水平的重复建设与低层次的劣质竞争。

思想观念和文化差异。四个省级行政区域内，包含多个民族。他们在生活习性、思想观念、文化素养等方面存在一定的差异。四个省级行政区域内具有相当数量的自治州县，这不仅加大了省市之间的行政隔阂，也导致自治州县的居民难以与其他县市居民之间进行贸易往来以及思想文化交流。

5.3.2 跨行政区系统动态模型构建思路

基于系统动力学构建的通道经济系统，是以通道子系统为基础的经济系统，通道是要素流动的载体。跨行政区域的系统动态模型仿真需要探讨通道协同对川渝滇黔在社会经济等方面的能动机制与机理。通道经济系统作为一种复杂系统，需要环境、经济、社会子系统的协同配合，在不同区域的通道经济系统中，子系统的关系也会出现差异。在以川渝滇黔四个行政区域为仿真背景的通道经济系统中，需要注意的是：川渝滇黔是多个经济系统的交融，在将其作为一个整体考虑时，如何通过通道巧妙化解和跨越地区之间经济协同的障碍是模型仿真探讨的重点内容。

通过对跨行政区域经济协同障碍分析，应该认识到，跨行政区域的通道经济系统应该通过设施连通、信息共享、政策互通、要素流动等途径，优化区域内产业结构、加强各行政区域之间的产业互补性，从而达到各行政区域之间经济协同发展，减少甚至消除产业趋同等现象。基于以上认识，基于系统动力学跨行政区域的通道经济系统模型实证的考量指标应该包括：地区生产总值、通道基础设施投资、要素流通程度、区域政策机制协同水平。

运用通道经济系统跨行政区域的联动机制，推动地区生产总值高效绿色增长是跨行政区域经济协同的主要目的。而行政区域之间的经济协同程度的高低，反映在两个方面。一是各行政区域之间的要素流动程度越高，说明该区域内地区与地区之间贸易往来频繁、企业之间劳动分工明显从而也可以认为该区域的产业结构合理、产业布局的互补性强、劳动分工所带来的红利较大、规模经济程度高；二是各行政区域之间的政策机制协同水平越高，说明该区域的合作密切、资源互补性强、交易成本低能够产生规模经济。

通道作为要素流动的载体，在很大程度上直接决定了要素流动的效率。区域之间完善的通道基础设施是要素流动的前提。流动要素主要是指人口、货物、商品、资金、技术、人才、资产等。其中，人口、货物、商品等要素的流动，必须依赖于配套完善的铁路、公路、港口、航空等交通设施。而技术、人才、资本等要素流动，则依赖于完善的通信基础设施和高效有序的政策系统协同机制。

5.3.3 基于系统动力学的系统框架模型

区域一体化是不同的空间经济主体之间生产、消费、贸易等利益的获取、产生的市场一体化的过程，包括从产品市场、生产要素（劳动力、资本、技术、信息）市场到经济政策统一逐步演化（孟庆民，2001）。

（1）模型假设

通道经济系统的动力学模型仿真，探究的主要问题是通道如何发挥作用对区域经济协同产生能动作用。因此，对模型做出以下假设：

假设 5.1：通道要素能够对化解地区经济协同障碍产生有利影响；

假设 5.2：除通道经济系统内的主体外，周边区域对其影响微弱；

假设 5.3：各水平变量只受主要因素影响，忽略次要因素的作用。

（2）主要反馈环分析，如图 5.7 所示：

①地区生产总值，就业人口，劳动力，地区生产总值；

②地区生产总值，全社会固定资产投资，产业投资，产业结构，地区生产总值；

③地区生产总值，全社会固定资产投资，科技投资，技术创新，产业升级优化，资本积累，地区生产总值；

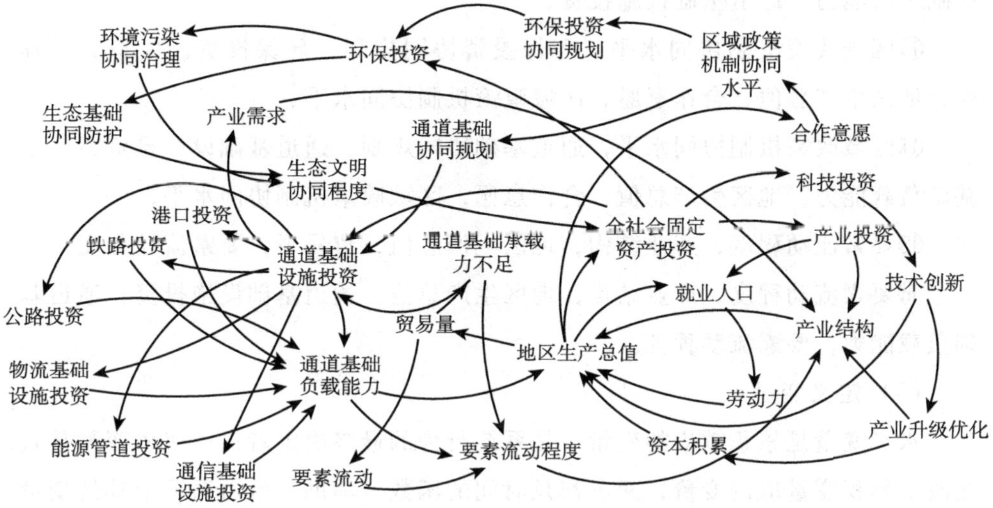

图5.7 跨行政区域通道经济系统模型回路图

④地区生产总值，全社会固定资产投资，环保投资，环境污染协同治理，生态文明协同程度；

⑤地区生产总值，全社会固定资产投资，环保投资，生态基础协同防护，生态文明协同程度；

⑥地区生产总值，全社会固定资产投资，通道基础设施投资，通道基础负载能力，地区生产总值；

⑦地区生产总值，贸易量，通道基础设施投资，通道基础负载能力，地区生产总值；

⑧地区生产总值，贸易量，要素流动，要素流动程度，产业结构，地区生产总值；

⑨生态文明协同程度，全社会固定资产投资，环保投资，环境污染协同治理，生态文明协同程度；

⑩生态文明协同程度，全社会固定资产投资，环保投资，生态基础协同防护，生态文明协同程度；

⑪通道基础设施投资，通道基础负载能力，地区生产总值，合作意愿，区域政策机制协同水平，通道基础协同规划，通道基础设施投资；

⑫通道基础设施投资，通道基础负载能力，地区生产总值，贸易量，通道

基础承载能力，通道基础设施投资；

⑬区域政策机制协同水平，环保投资协同规划，环保投资，生态文明程度，地区生产总值，合作意愿，区域政策机制协同水平；

⑭区域政策机制协同水平，通道基础协同规划，通道基础设施投资，通道基础负载能力，地区生产总值，合作意愿，区域政策机制协同水平；

⑮要素流动程度，产业结构，地区生产总值，贸易量，要素流动程度；

⑯要素流动程度，产业结构，地区生产总值，通道基础设施投资，通道基础负载能力，要素流动程度。

（3）定义变量

水平变量是累积效应的变量，是系统行为的最终决定者；而速率变量是直接改变累积变量值的变量，两者都是时间的函数。辅助变量由系统中其他变量计算可得。水平/速率变量如下：

①生态文明协同程度：表示通道区域内生态环境的优劣；②区域政策机制协同水平：表示通道区域内各行政区政府之间的合作程度与默契度；③地区生产总值：通道区域内国民生产总值之和；④通道基础设施投资：通道区域内，对铁路、公路、航运、空运及其配套设施的货币价值形态；⑤要素流动程度：通道区域内商品货物生产交换程度。

（4）辅助变量

①固定资产投资：表示区域内每年对基础设施方面的投资额；②贸易量：通道区域内，社会商品等零售总额；③通道基础负载能力：通道区域内，通道的运载能力；④合作意愿：通道内各行政区域政府之间的合作政策与行为；⑤产业协作：通道区域内，各行政区之间产业结构的优劣；⑥环保投资：通道区域内对生态环境的保护的投资；⑦人口流入：通道区域内，对其他区域的人才和劳动力的吸引程度；⑧资源消耗：通道区域内，随着地区生产总值的提高，各种资源消耗程度。

（5）定义方程

①生态文明协同程度 = INTEG（生态文明协同程度增长率，0.3）；

②生态文明协同程度增长率 = 5e − 006 × 环保投资 + 0.3 × 合作意愿 + 0.2 × 区域政策机制协同水平；

③地区生产总值 = INTEG（地区生产总值变化率，2190）；

④地区生产总值变化量 =（0.01 × 产业协作 + 0.06 × 人口流入水平 + 0.08 × 要素流动程度 + 0.09 × 通道基础负载能力）/资源消耗；

⑤通道基础设施投资 = INTEG（通道基础设施投资率，100）；

⑥通道基础设施增长率 = 0.0001 × 固定资产投资 + 0.0001 × 区域政策机制协同水平 0.0005 × 贸易量；

⑦要素流动程度 = INTEG（要素流动程度变化量，0.5）；

⑧要素流动程度变化量 =（通道基础负载能力/贸易量）；

⑨区域政策机制协同水平 = INTEG（区域政策机制协同变化量，0.1）；

⑩区域政策机制协同变化量 = 0.3 × 合作意愿 + 0.02 × 通道基础负载能力。

以上方程中，各变量系数主要运用 SPASS 软件将调研所得数据和中国统计年鉴所公布的数据进行回归分析以及结合现实情况确定，并通过 VENSIM 软件检测与仿真后最终确定。

（6）系统存量流量图主回路分析

根据上述系统构建的因果回路图及其相互作用（见图 5.8），构建通道经济系统流量存量图，其主要反馈回路如下：

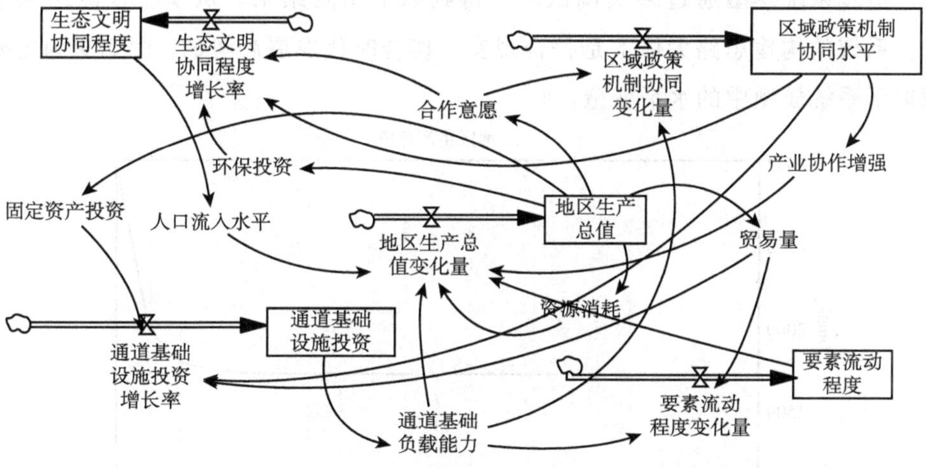

图 5.8 跨行政区域通道经济系统流程图

①地区生产总值，固定资产投资，通道基础设施投资增长率，通道基础设施投资，通道基础负载能力，要素流动程度变化量，要素流动程度，地区

生产总值变化量，地区生产总值。这是增强型回路。回路中，由于生产总值的增加，促使通道基础设施投资增加，从而使通道基础负载能力上升，方便了要素之间流动，最终要素的流动反作用于地区生产总值，使其逐渐增加。

②地区生产总值，合作意愿，区域政策机制协同变化量，区域政策协同水平，产业协作增强，地区生产总值变化量，地区生产总值。这是增强型回路。回路中，各方需要增长经济，产生合作意愿，促使区域政策机制协同水平上升，从而通道区域内产业结构升级，产业协作增强，最终促进地区生产总值的增加。

③地区生产总值，环保投资，生态文明协同程度增长率，生态文明协同程度，人口流入水平，地区生产总值变化量，地区生产总值。这是增强型回路。回路中，由于地区生产总值提高，环保投资增加，生态文明得到改善，从而该通道区域内的吸引力剧增，促使人口净流入，人才的流入与劳动力人口的增加，保证了该通道区域内的活力，最后促进通道区域内生产总值不断增加。

5.4 模型应用及预测效果分析

仿真系统模型通过多次调试后，得到以下仿真结果。从模型预测结果来看，系统的构建思路大体上是符合现实、切合时代发展趋势的。图 5.9 为主要截取于系统模型中的水平变量。

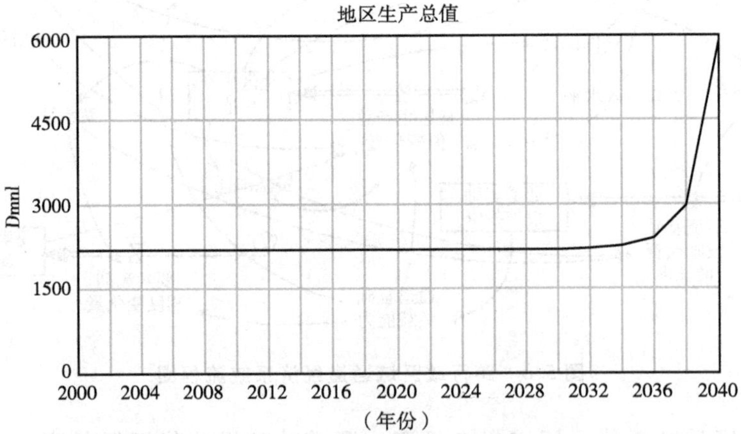

图 5.9 地区生产总值仿真预测

5.4.1　通道经济发展水平预测结果及分析

由于跨行政区域的通道经济系统机制的形成属于长期积累的过程，且在多年前，通道经济的发展尚处于萌芽阶段，不够成熟，行政区域之间的产业协作水平、人口流入水平、通道基础承载能力都处在无序状态，因此，从2000年至今，通道经济的发展对地区生产总值的贡献值较小。但是，从预测结果可以看出，经过资源整合、区域之间的主动交流协作的增加，通道经济系统区域之间的要素达到某一临界值时，通道经济系统趋于成熟，地区生产总值将会迅速增加。

5.4.2　区域政策协同水平预测结果及分析

如图5.10所示，区域政策机制协同水平从2000年至今，均处于低水平状态，又因当前行政藩篱在短时间内难以消除，其发展水平暂时处于缓慢增长阶段。

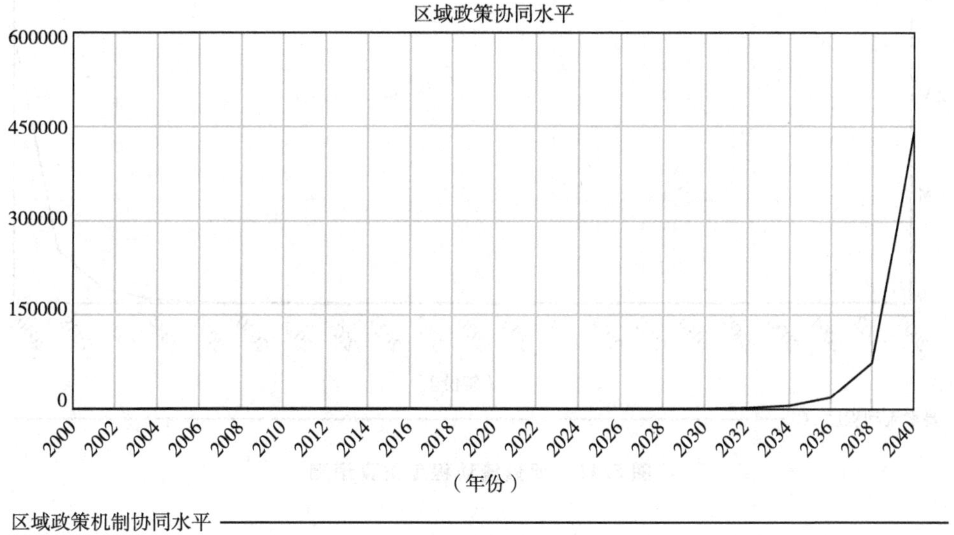

图5.10　区域政策协同水平仿真预测

由于各区域之间对地区生产总值提高的需求，一方面，其合作意愿会随经济发展与合作需求的增加而逐渐增强；另一方面，经济发展会促进通道基础设施的修建，通道基础承载能力显著提升。因此，在适当的节点，各行政区域之间必然摒弃低水平的区域竞争状态，转而携手走向共同发展、增强产业互补协作的通道经济发展模式。

5.4.3 通道要素流动水平预测及结果分析

如图 5.11 所示，预测结果的要素主要是建立在通道经济系统构建的基础上流动的，因此要素流动程度与地区生产总值以及通道基础设施投资的密切相关。只有当贸易量到达一定的水平，通道承载能力允许的情况下，要素才有了流动的可能，因而，要素的流动离不开通道等硬件设施的完善与发展。

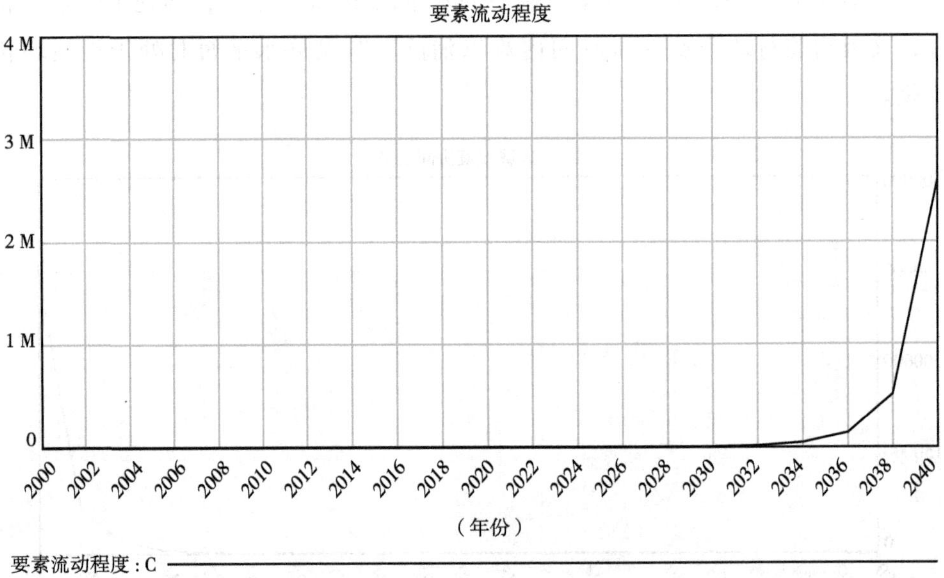

图 5.11 要素流动程度仿真预测

5.4.4　生态文明协同水平预测及结果分析

过去，我国政府对生态环保的意识并不高，在很大程度上走的是先污染后治理的发展道路，其生态协同程度意识尚未形成，对生态环境的投资不够。

近年来，环保投资的力度逐渐增加，但各行政区域之间并未形成有效的联防联控机制，因而其预测结果较为精准。图 5.12 比较形象地描绘了当前生态文明协同程度。同时，结果也表明，在通道区域发展成熟后，能够推动经济持续发展的引擎是人才的流入，而生态文明协同程度是吸引人才流入的有效保障。

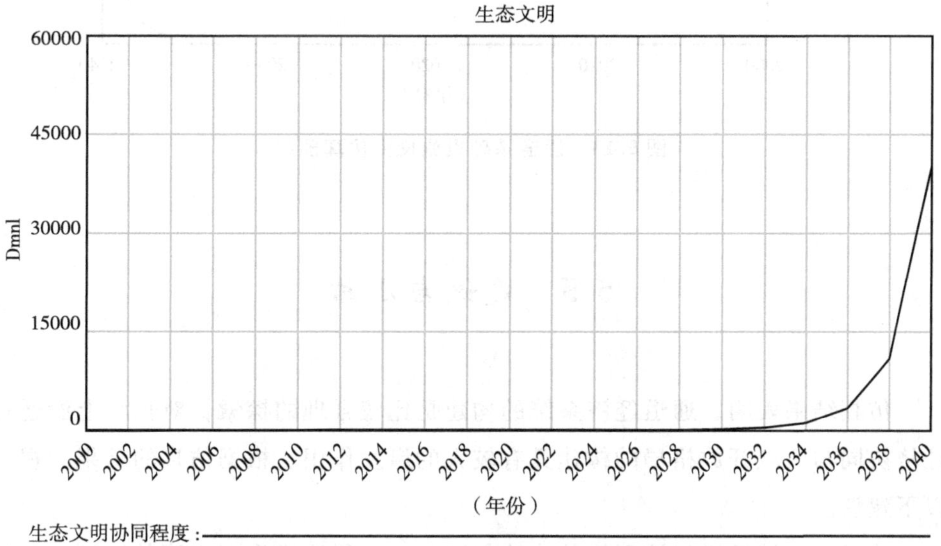

图 5.12　生态文明协同仿真预测

5.4.5　通道基础设施投资预测及结果分析

由于对通道经济基础设施的投资是一个逐渐积累的过程。从图 5.13 的预测结果来看，通道基础设施投资的前期积累，不仅为自身的空前发展奠定了基础，更适应了地区生产总值提升的要求。

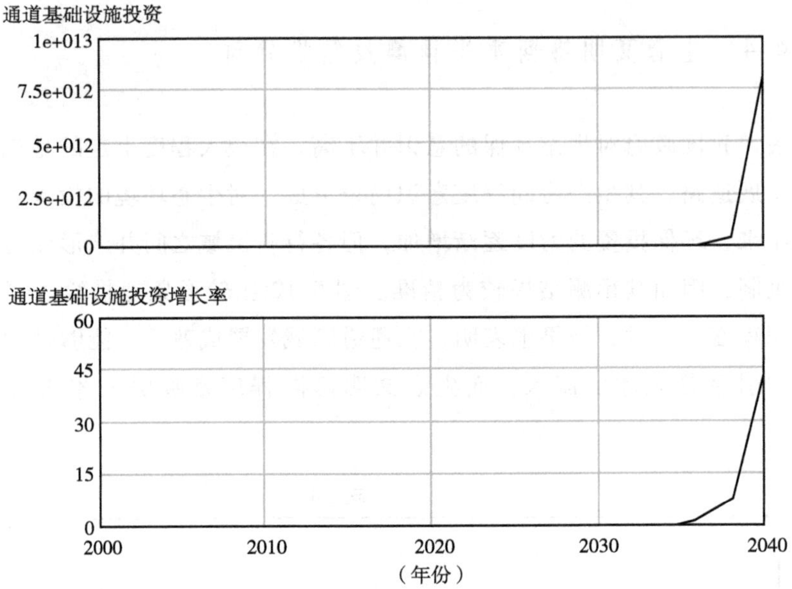

图 5.13　通道基础设施投资仿真预测

5.5　建议与小结

仿真结果表明，通道经济系统的构建是比较合理的探索，对长江上游通道经济协同与区域开放格局的构建具有较大的启发作用。根据仿真的结果，提出以下建议。

跨行政区域通道经济系统的构建与开发，必须注重生态文明的协同。从仿真预测结果来看，地区经济在后期的动力主要源于人才的注入。因此，政府必须构建好相关的人才引进机制，不仅需要在就业机会与发展前景上做好保障，更需要优化居住环境、宜居指数等软环境。

构建通道经济系统，各行政区域政府之间应具有大局意识，主动交流融合，实现产业协作、技术互补、资源互补、人才交流等，避免低水平、低层次的重复建设与竞争。通道经济系统之所以在后期能够展现强劲的动力，关键在于各地方政府之间的合作意愿强烈，且能够具有相关的协作机制保障与推动合作的持续进行。

构建互联互通的通道基础设施体系，需要统一规划，整体布局。仿真预测结果表明，较高水平的通道负载能力是实现要素流动的基本前提。通道区域之间能够实现产业协作互补，主要在于各种产品的产业链协同布局。因此，为避免重复建设，提高通道基础设施的运用效率，通道基础设施建设应当强化协同、统　规划。

第6章 长江上游通道网络体系与通道经济空间格局

长江上游腹地是中国西南向东、向西、向南内陆开放型通道经济体系衔接地带（长江经济带、新丝绸之路经济带、中国—东盟“海上丝路”陆上战略通道），对其通道经济空间格局特征分析和评价具有代表性。长江上游区域土地辽阔，自然资源类型复杂多样，肩负着生态涵养的重任，区域内城市规模较大，交通便利，但各省（市）经济发展水平差异较大，“条块分割”现象明显，经济联系密切程度不高，较东部地区而言相对落后，发展潜力巨大，也是形成经济增长极的优势区位。

6.1 长江上游地区概况

6.1.1 区域范围界定

现代交通意义下的长江上游区域经济带涵盖了沿长江干流和交通干线分布的城市群和产业带，其经济腹地则包括四川、重庆、云南、贵州四省（市），跨越了中国西南腹地。长江上游地区因其区位、资源、生态等因素在长江经济带乃至全国范围内占据着重要地位。整体来看，以长江上游川渝滇黔地区为核心，可沿长江向东发展至长江中游地区，沿成渝线延伸至西北，向南则可扩展至南贵昆地区，形成以长江上游为极核，放射状向周边辐射的格局。

6.1.2　自然地理环境

我国地域辽阔，自然地理环境和社会发展水平差异显著，区域间自然条件和社会经济基础差异成为要素流动的基础。自然地理环境条件对交通线路走向、线路投资和分布有着重要作用，对区域生产要素流动格局及经济发展有着重要影响。地处江河源头的长江上游行政区域，面积辽阔、人口众多，战略优势明显，地形地势复杂多样，有着我国经济建设急需的矿产、水能等资源，是我国长江流域重要的生态屏障。长江上游川渝滇黔四省（市）自然地理环境差异及特征情况见表 6.1。

表 6.1　　长江上游自然地理环境差异及特征

	四川	重庆	云南	贵州
行政区域	21 个地级行政单位，183 个县级行政单位	38 个县级行政单位	16 个地级行政单位，129 个县级行政单位	9 个地级行政单位，88 个县级行政单位
面积	48.6 万平方千米	8.24 万平方千米	39 万平方千米	17.62 万平方千米
人口	8262 万人	3048 万人	4771 万人	3555 万人
战略优势	承接南部和中部地区、连接西南西北地区；与中亚、南亚、东南亚相互沟通。	“一带一路”和长江经济带重要的联结点以及内陆开放高地。	与 3 个国家接壤：西部缅甸（瑞丽），南部老挝（磨憨），东南部越南（河口）。	联接南部和中部；“一带一路”结合部；中国 - 中南半岛和孟中印缅经济走廊重要参与者。
地形	西高东低。西部为高原、山地，海拔多在 3000 米以上；东部为盆地和丘陵，海拔 500 ~ 2000 米。	地势由南向北逐渐降低，东南、东北较高，坡地较多，有“山城”之称。	平缓地区较少，起伏明显，一定范围又有和缓的高原面。	贵州西高东低，由中部向周围倾斜，高原较多，素有“八山一水一分田”之说，没有平原支撑。
优势资源	已探明矿产资源 132 种，占全国资源种数的 70%，油气田天然气储量 3.8 万亿立方米，位居全国第一。	矿产资源中煤、天然气、铝土矿等的储量大。水资源总量十分丰富，每平方公里水面积全国第一。	动物、植物、有色金属种类繁多。全国 162 种自然矿产中云南就有 148 种。	矿产资源丰富，110 多种，煤炭储量大，河流数量多，水能蕴藏量居全国第六。

6.1.3 经济发展状况

2005~2016年，长江上游各省经济总量始终保持较快的增长速度，经济增长取得了举世瞩目的成就。四川和重庆在GDP的增速和总量上居于全国前列，2016年四川和重庆GDP增速分别达到7.80%和10.70%，GDP总量分别为32934.54亿元和17740.59亿元。川、渝、滇、黔四省（市）GDP总额从2005年的16320.98亿元增长到2016年的77240.26亿元，增长到原来的近4.80倍。重庆GDP平均年增长率达到13.42%，四川为11.90%，贵州为12.22%，云南为11.03%，均高于全国GDP平均年增长率10.00%的水平，且呈现较平稳的增长态势，具体如图6.1所示。

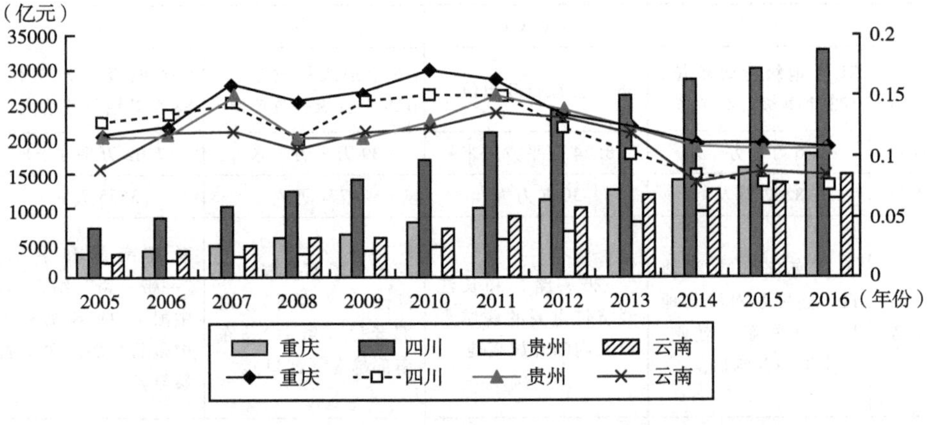

图6.1 2005~2016年川渝滇黔GDP及GDP增长率变动趋势

2004~2007年和2008~2010年，长江上游经济保持快速发展。受2007年世界金融危机影响，GDP增长率2008年起呈现下滑趋势，2011~2016年GDP增长率连续下降，经济增长势头整体放缓，这与我国政府推进经济结构调整战略，把盲目追求经济高速增长转变为着力解决经济持续发展的重大结构性问题的举措一致，经济发展进入了新常态阶段，从片面追求经济增长速度转变为追求经济平稳较快增长，长江上游区域经济更加平稳健康发展，产业结构更加合理。长江上游川、渝、滇、黔四省（市）三大产业比重经济指标见图6.2。

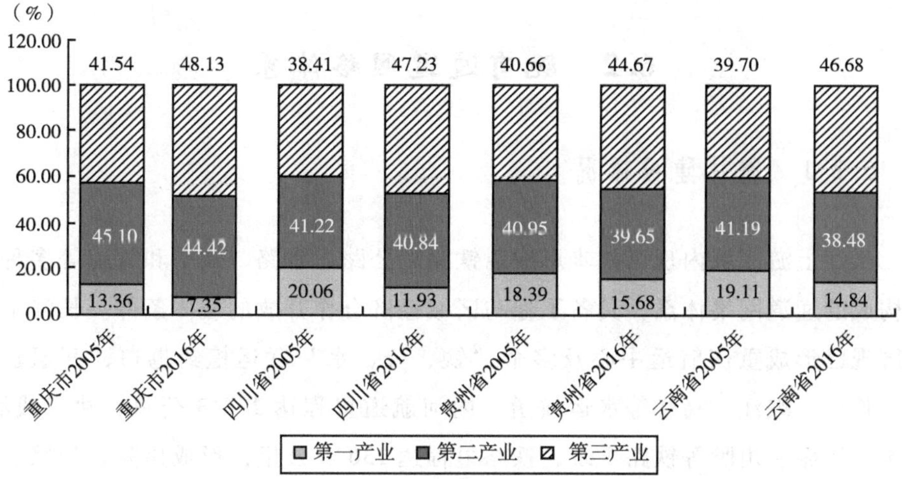

图 6.2　三大产业贡献率

十二年来，随着国家经济结构调整步伐的加快，国家在政策、资金和人力等方面投入逐步加大，长江上游地区第三产业获得了较快发展，比重有所上升。2016 年川、渝、滇、黔四省（市）第三产业比率分别达到 47.23%、48.13%、46.68%和 44.67%，低于全国水平。与此同时，长江上游地区的三次产业结构也实现了从“二、三、一”的发展格局演变为“三、二、一”的格局。

长江上游地区产业链逐步延伸，结构趋于合理，已经形成了能源、化工、机械等诸多产业优势。重庆的支柱产业主要包括物流产业、汽车摩托车、装备机械、生物化学、有色金属和轻纺业；四川省支柱产业主要有高附加值 IT 软件制造、电子信息、机械冶金、汽车制造等；贵州省支柱产业主要包括白酒酿造、电力、药业、建筑、大数据等；云南省的优势产业主要有烟草、矿产、电力、生物和旅游业。就长江上游地区整体而言，产业结构趋同、层次较低等不合理问题依然制约着长江经济带的经济增长和持续发展。

通道经济的发展需要具备特定条件，如资源禀赋、自然环境、规模经济等。无论是从经济总量、经济增长速度，还是三次产业结构来看，长江上游地区优势明显，而且综合经济实力较强，在新的形势下，初步具备通道经济发展的良好条件。

6.2 既有通道网络体系

6.2.1 整体建设概况

长江上游区域内现已初步形成以铁路、公路、水路、航空和管道等多种方式构成的通道网络体系，具备了参与区域经济合作开放的载体条件。长江上游地区现已形成重庆航运中心及多个“铁、公、水”联运枢纽港口，开通嘉陵江、长江、岷江、乌江等水运航道，内河航道里程达22813公里；建成成渝、成昆、贵昆、川黔等铁路干线，铁路里程达13646公里；形成川陕、川藏、成渝及国道313、317、318、319、108等公路运输网络，公路里程896737公里，是西部地区重要的运输通道和出海通道，具体见表6.2。

表6.2　长江上游区域运输线路长度　单位：公里

地区	铁路里程	内河航道里程	公路里程	等级公路	高速公路	一级公路	二级公路	等外公路
重庆	2102.1	4352	142921	115955	2817	713	7479	26966
四川	4622.7	10818	324138	279200	6523	3628	14509	44938
贵州	3269.5	3664	191626	132264	5434	1140	6681	59363
云南	3651.5	3979	238052	200898	4134	1196	11752	37154

这些基础通道网络构架起长江上游区域之间要素流动的大动脉、大网络、大通道，但是随着经济带的建设，客货运输需求旺盛，需要逐步完善大能力运输通道建设，实现通道网络的内畅外联、互联互通。从经济社会的发展看，现阶段通道建设还是难以满足需求。通道建设对区域经济发展作用明显，交通基础设施建设推动着整个国民经济的发展，有力地促进了区域一体化进程的实现，同时，交通基础设施又会促使要素向发达地区自由流动，从而增大区域差异，对区域经济空间格局产生影响。

国家“十三五”现代综合运输体系发展规划中指出，现阶段我国综合交通运输发展水平与经济社会发展要求的差距仍然存在，中西部地区交通发展短板明显。为进一步完善基础设施网络化布局，强化中西部地区通道建设，将建设多向连通的综合运输大通道，横贯东西、纵贯南北、内畅外通，实现各种交通方式的紧密衔接。川、渝、滇、黔各省（市）“十三五”规划中也分别提出“全面畅通出省交通大通道”“建设西南地区综合交通枢纽”“构建内畅外联的综合交通运输体系”和“加快完善现代综合交通运输网络”，并针对铁路、公路、航空等通道体系建设和重点项目进行了详细规划。

既有通道网络与结构可达性是长江上游地区经济发展与对外开放合作的桥梁和纽带，也是要素流动的必要条件，对区域的经济发展起着重要的推动作用。长江上游通道网络体系的建设和发展，有利于统筹完善基础设施建设、促进设施互联互通、有序推进重点项目，对于研究其所在背景区域的通道经济协同发展具有重要意义。中心区域与其腹地要素往来，集聚与扩散作用的形成都离不开区域通道网络的支持，通道网络作为区位影响因素始终与区域空间格局紧密相联系，是区域经济发展和空间格局扩展的重要力量之一。

6.2.2　立体通道概况

铁路、公路、航空通道网络体系的发展是长江上游通道经济发展的纽带和桥梁，对于推动西部大开发和长江上游经济发展具有重要的促进作用和现实意义。

（1）铁路

作为长江上游区域核心的交通运输方式，铁路具有适应性强、运能大、能耗小、保障有力等技术优势，克服了长江上游复杂多样的地形条件和气候条件，最适合承担长江上游区域的人员物资交流功能。同时，随着我国中西部铁路的建设和发展，铁路网主骨架已经基本形成，为铁路通道的形成和发展奠定了坚实基础。

“十二五”是铁路投资完成最好的一个时期，全国铁路固定资产投资达到3.58万亿元，比“十一五”时期增加1.15万亿元，增长47.30%；新线投产3.05万公里，增加1.59万公里，增长109%。此外，《中长期铁路网规划》中指出，2005~2020年，国家将投入两万亿元资金用于铁路建设。

随着国家对铁路建设的不断投入，长江上游地区铁路里程也呈现出稳步提升趋势如图 6.3 所示。2005～2008 年铁路里程保持稳定，2008 年以后，长江上游区域铁路加快建设，跨区域快速通道基本形成，高速铁路逐步成网，城际铁路起步发展，保障能力明显增强。到 2016 年，重庆、四川、贵州、云南四省（市）铁路里程分别达到 2101.10 公里、4622.70 公里、3269.50 公里、3651.50 公里，较 2005 年分别增长 65.62%、56.15%、64.65%、56.84%，重庆和四川两省走在前列。

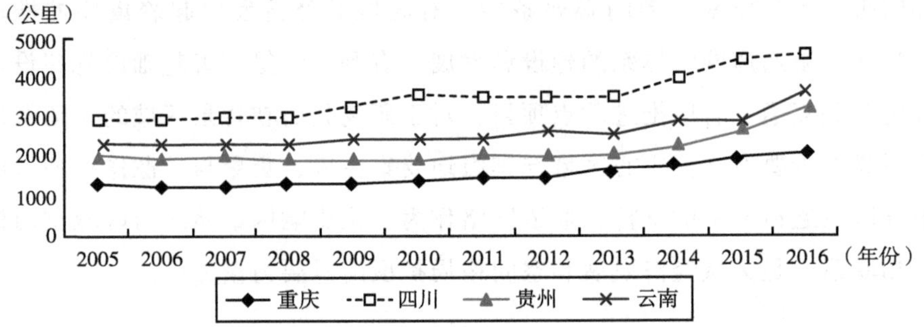

图 6.3　2005～2016 年铁路里程变动趋势

“十三五”时期，四川省将加快完善铁路通道网络，积极融入“一带一路”国际运输大通道，合理布局铁路路网，推进成贵铁路、成昆铁路等的扩能改造，加快构建向北扩展至京津冀，向西至中西亚、南亚，向南至珠三角，向东至长三角等 10 条铁路大通道。2020 年，铁路营运里程将达到 5000 公里。

重庆将新增铁路里程达 1000 公里，总里程超过 2500 公里，着力建设“米”字型高铁网和一批铁路干线及园区铁路专线，推进沿江货运铁路等重大项目前期工作，续建或新建郑万高铁、渝昆高铁等，加强铁路综合交通枢纽建设，研究论证渝黔高铁等新一批铁路项目。

云南省加快铁路通道网络骨架建设，加快成贵铁路、沪昆客专等的扩能改造，全面打通中印、中缅、中老泰、中越出境铁路通道。到 2020 年铁路运营里程将力争达到 5000 公里，辐射南亚、东南亚地区，形成内通外联的格局。

贵州省将建成贵阳至昆明、重庆、成都等高速铁路，实现贵阳与其他地区的快速连接，形成贯通东西、连接南北的出省出海快速铁路大通道，构建贵阳至周边省会2～7小时高铁交通圈。到2020年铁路营业里程将有望达到4000公里以上，其中高速铁路1500公里以上，出省铁路通道达到16个。

长江上游地区对外铁路通道建设成果显著，与周边国家互联互通进程得到积极推进。因此，通过加快长江上游铁路通道建设，打造长江上游综合交通网络体系，畅通双向联系的运输通道，对于长江上游发展通道经济具有深刻意义，也是加快长江上游区域经济发展的必由之路。

（2）公路

高速公路使商品、人口、技术、资金、信息等要素在短时间内获得城际、省际间的快速、便捷、自由交流，原本均衡化的区域格局被打破，区域内城市间时空距离得以缩减，对区域空间格局重构和区域经济发展具有不可估量的作用。公路运输具有明显的比较经济优势，绝大部分的短距离要素流动和交换都是通过公路通道的运输来完成。

从表6.2和图6.4可以看出，长江上游地区公路通道建设基础较好，但与一体化发展的要求相比还有一定差距，长江上游区域内，公路、铁路布局主要集中于川、滇两地，重庆市改善基础设施的空间较大。2005～2016年，重庆公路里程取得了长足进步，2016年公路里程达142921公里，是2005年公路里程的3.74倍，增长势头良好。

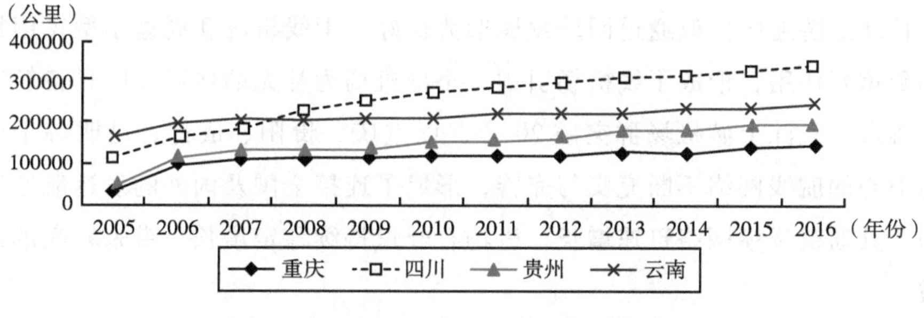

图6.4　2005～2016年公路里程变动趋势

长江上游地区公路等级体系不高，各省等外公路占到所有公路的13.86%～30.97%，其中四川省这一比例最低，为13.86%，一级公路比例在四省份中位居第一，贵州省高速公路比例超过区内平均水平，表明其公路等级状况较好，反映了其交通通达性上的优势。重庆和云南二级公路和等外公路所占的比例极高，说明其公路交通发展现状有待改善。

公路建设条件上，重庆远远低于周边地区，正因为这一点也构成了重庆公路运输对外通道建设的一个难以改善的瓶颈。云南地缘优势明显，但在国内交通网络建设水平中较落后，其货物运输主要依靠陆路，公路建设存在通达能力差和运营水平低的问题，同时出境通道国内外建设没有达到同步，出境通道现状表现为境内路段等级较高，境外路段等级低。四川、重庆至四川南部、贵州、云南的公路建设现状已有所改善，但仍显不够。

“十三五”时期，四川省加快高速公路通道建设，推进省际间通道网络互联互通，新增 7 条高速公路通道，向北对接亚欧大陆桥，开辟西南大通道，扩大向东交通通道，向西连接中亚、巴基斯坦经济走廊。重庆市将新增 1000 公里高速公路通车里程，加快建成高速公路骨干通道，总里程超过 3500 公里，推进与周边省市的联系互动，部分高速公路建设重点项目也将进入研究论证阶段。云南省将积极扩展高速公路建设工作，新开工和论证一批重点公路项目，到 2020 年实现高速公路通车里程 6000 公里以上，实现滇中环线高速公路基本贯通和沿边公路的贯通实施。贵州省与周边省际高速公路通道将超过 20 个，省内高速公路基本实现网络化，贵阳至其他市州中心城市实现多通道连接，到 2020 年高速公路里程突破 7000 公里。

（3）航空

长江上游地区民航通道网络发展形势良好，干线机场和周边小型民用机场均起到重要作用，形成干线机场引领、小型机场为补充的格局，已具备航空枢纽的雏形。长江上游机场群突破 20 个，以重庆、贵阳、成都、昆明等干线机场为中心的航线网络不断充实与完善，形成了连接全国及国外的发达航空通道网络。其通道规模网络迅速增长，机场吞吐量持续稳定增长，带来较高的经济效益。

重庆、成都、贵阳、昆明国际机场分别完成旅客吞吐量 29264363 人次、37675232 人次、12525537 人次、32230883 人次，其中旅客吞吐量在中国各民用机场中排第 8 位、第 5 位、第 22 位、第 7 位，增长态势良好，除昆明长水机场外，均高于全国增长水平。重庆、成都、贵阳、昆明国际机场分别完成邮货吞吐量 302335.8 吨、545011.2 吨、82063.4 吨、316672.4 吨，除成都双流机场外，较全国邮货吞吐量增长水平偏低。从起降架次来看，成都、昆明机场均达到 27 万架次，重庆、贵阳增长势头良好。其他民用机场吞吐量也保持稳定增长，一些新建旅游支线机场也已经完成较大的旅客和货物吞吐量，逐步形成 100 万 ~400 万人次的次干线机场。丽江、西双版纳、九寨、绵阳、德宏机场有力支撑了干线机场的发展，大理泸州等机场正向百万旅客吞吐量迈进，干线基础设施不断完善，技术进步显著，具体见表 6.3。

表 6.3　　长江上游主要民航机场吞吐量

机场	旅客吞吐量（人）			货邮吞吐量（吨）			起降架次（次）		
	名次	完成	增长率（%）	名次	完成	增长率（%）	名次	完成	增长率（%）
全国		831533051	10.2		13560841	7.8		7933110	8.4
1. 成都/双流	5	37675232	12.6	5	545011.2	8.7	6	270054	7.8
2. 昆明/长水	7	32230883	8.6	9	316672.4	7.8	5	270529	5.9
3. 重庆/江北	8	29264363	15.8	12	302335.8	7.9	9	238085	11.0
4. 贵阳/龙洞堡	22	12525537	19.6	26	82063.4	6.0	22	113424	21.1
5. 丽江/三义	39	4852284	21.3	53	7037.7	10.7	48	42710	15.4
6. 西双版纳/嘎洒	45	3360505	10.2	58	6123.7	-6.9	57	30924	6.0
7. 九寨/黄龙	51	1702527	26.0	115	890.3		73	15960	17.4
8. 绵阳/南郊	61	1084998	18.3	61	5464.0	12.5	10	214558	6.7
9. 德宏/芒市	62	1060650	14.1	59	5669.4	27.8	88	10136	9.6
10. 大理	72	749993	49.7	106	1202.8	111.4	92	8407	41.9
11. 泸州/蓝田	74	710510	61.6	73	2916.1	21.5	97	7880	53.8
12. 遵义	79	669726	116.4	141	205.5		100	7509	118.0
13. 宜宾/莱坝	86	574883	32.5	78	2608.8	4.4	105	6111	35.6
14. 腾冲/驼峰	94	509628	-8.5	116	820.6	100.0	106	6044	-3.4
15. 南充/高坪	101	429360	34.4	80	2584.7	23.0	63	25424	-8.4
16. 毕节/飞雄	109	373406	393.4	126	506.2		107	5908	459.5
17. 达州/河市	118	296119	19.1	84	2361.9	47.8	132	3346	16.4

资料来源：作者根据机场生产统计公报整理。

整体来看，西部大开发等国家战略的深入推进为长江上游通道的发展创造了良好机遇，但同时社会需求与关键资源不足、行业发展与保障能力不足等问题制约着通道经济的发展。现代综合通道网络体系是由各种运输方式有机配合衔接而成，各种交通方式同时存在互补性与竞争性。由于利益主体的不同，对区域内通道网络体系的统筹分工更多停留在想法上，短期内各通道枢纽间的衔接和联通仍待完善，各区域通道网络功能定位、发展愿景不可避免地存在相似性和冲突，对通道网络的协调，利益主体则是各地的政府和民众。

6.2.3 客运和货运量

人力、物质资本在区域内无障碍的流动是经济协调发展的显著特征，也是影响区域经济均衡增长的重要因素，客运量与货运量的时空变化是通道经济发展程度的基本表现。客流的动态变化有利于政府部门对整个市场作出科学预见，从而对市场的经营决策及人力资源调配起到重要作用，为交通规划和区域经济政策制定提供理论参考和区域导向。货流空间移动轨迹决定着产业布局的合理性，对产业良好规划和布局有着重要作用。

长江是我国第一大河，货运量位列全球第一，约是密西西比河货运量的4倍、欧洲内河货运量的10倍。作为长江经济带最有发展潜力的地区，长江上游地区现阶段正处于交通基础设施投资建设持续发展的时期，其交通运输运量也有长足的发展，客运、货运规模逐渐增大，结构趋于完善和合理，运输效益不断增强。

通过对2005～2016年川、渝、滇、黔四省（市）交通运输客运量、货运量发展趋势的对比分析，2007～2012年，长江上游地区货运量和客运量明显趋增，增幅十分显著，2013年之前客运量稍高于货运量，之后整体上货运量增速提升超过客运量的增速。其中，四川、重庆两省（市）客运量于2013年降至最低点并没有转而上升而是趋于平稳，贵州和云南两省客运量变化幅度不显著。长江上游货运量在2008年之后总体呈上升趋势，2016年货运总量达473967万吨，是2008年的1.85倍，2005年的2.49倍。四川省各交通方式客运量和货运量均居于长江上游乃至全国前列，在2016年分别达到123746万人和160970万吨，说明四川省对区外的其他地区之间的经济交流更为充足，经济要素的流动更自由和充分，在西部发展中具有经济源头作用。长江上游客运量和货运量变动趋势详细情况见图 6.5、图 6.6。

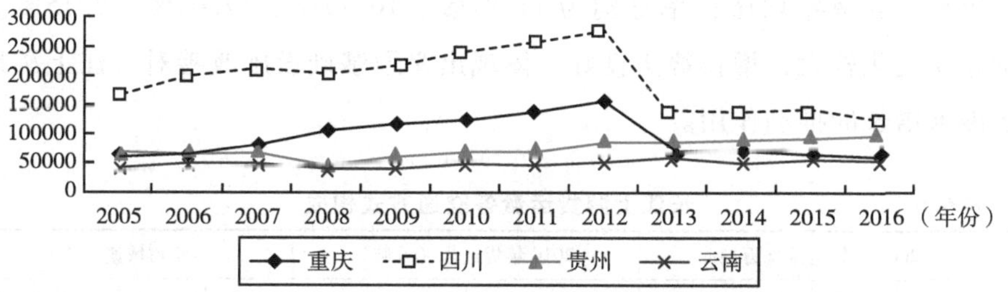

图 6.5　2005～2016 年长江上游客运量变动趋势

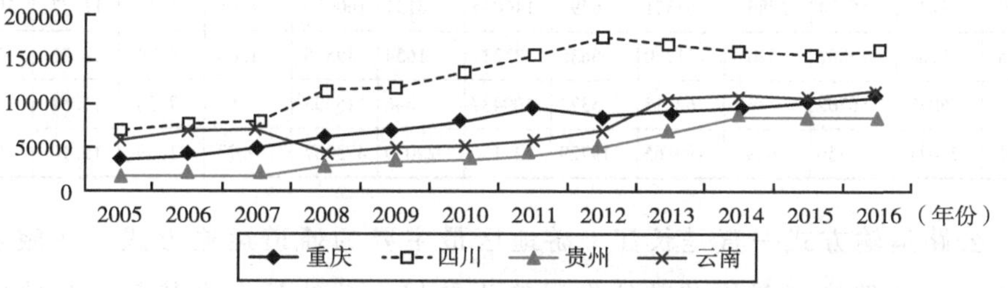

图 6.6　2005～2016 年长江上游货运量变动趋势

如表 6.4 所示，2005～2016 年四省（市）通道网络客运总量从 337055 万人下降到 320984 万人，是 2005 年的 95.23%，年均降低 0.05%，重庆、四川、贵州、云南年均增长率分别为 -0.37%、-3.37%、3.71%、1.47%。客运量总体变化不大，重庆和四川长江上游客运枢纽中心地位日益稳固，贵州省和云南省客运枢纽发展势头较好。

表 6.4　　长江上游客运量各交通方式构成

省份	2005 年客运量（万人）				2016 年客运量（万人）				年均增速（%）			
	铁路	公路	水运	合计	铁路	公路	水运	合计	铁路	公路	水运	合计
重庆	1332	60588	1388	63308	4911	55594	750	61255	15.60	-0.95	-6.61	-0.37
四川	5212	169450	3843	168505	11456	109716	2573	123746	9.14	-4.71	-4.36	-3.37
贵州	2191	61414	845	64450	5169	82199	2096	89464	10.01	3.29	10.62	3.71
云南	1782	38509	501	40792	4056	41208	1255	46519	9.57	0.76	10.74	1.47
合计	10517	329961	6577	337055	25592	288717	6674	320984	10.39	-1.47	0.16	-0.05

如表 6.5 所示，2005 ~ 2016 年四省（市）通道网络货运总量从 190465 万吨增长到 473967 万吨，是 2005 年的 2.49 倍，年均增长 10.66%，重庆、四川、贵州、云南年均增长率分别为 11.87%、10.17%、17.01%、7.15%。货运量总体变化较大，增长势头良好，体现出交通基础设施改善对长江上游地区货运需求增长的推动作用。

表 6.5　　长江上游货运量各交通方式构成

省份	2005 年货运量（万吨）				2016 年货运量（万吨）				年均增速（%）			
	铁路	公路	水运	合计	铁路	公路	水运	合计	铁路	公路	水运	合计
重庆	2055	33378	3896	39329	1928	89390	16648	107966	-0.71	11.57	17.51	11.87
四川	7771	56594	2986	67351	6794	146046	8131	160970	-1.48	11.11	11.77	10.17
贵州	6168	15082	520	21770	5635	82237	1654	89526	-1.00	20.74	13.72	17.01
云南	5077	56702	236	62015	5372	109487	646	115505	0.63	7.58	11.84	7.15
合计	21071	161756	7638	190465	19729	427160	27079	473967	-0.73	11.39	15.10	10.66

公路运输方式一直是长江上游地区最主要的通道运输方式。在旅客运输方面，铁路客运量增速整体发展势头较好，总体呈上升趋势，公路客运量出现一定程度萎缩，水运客运量呈波动式递减。在货物运输方面，铁路货运量变化不大，公路货运量和水运货运量增势明显。现阶段应积极引导发展方式从规模速度型向质量效率型转变，实现既有通道网络体系发展对区域经济的辅助支撑职能，依托地区之间客货流联系，构建区域间经济利益共同体。

6.3　通道经济格局特征

早在 2005 年，《长江经济带合作协议》中就确立了以上海与重庆合力担当起构筑长江经济带“首尾呼应、联动发展”的战略格局。2014 年 3 月 5 日，李克强总理指出“把培育新的区域经济带作为推动发展的战略支撑”“谋划区域发展新棋局，由东向西、由沿海向内地，沿大江大河和陆路交通干线，推进梯度发展。依托黄金水道，建设长江经济带”，标志着建设长江经济带上升为国家战略。“十二五”以来，长江经济带进入整体推动时期，西部大开发的持续推进和“一带一路”倡议的实施使得长江上游地区面临着新的机遇和挑战。国家先后出台多项文件，支持和推进长江上游通道经济发展，涉及基础设施建设、投资、对外开放、城市群发展等多个领域。

长江上游区域融航空、内河、铁路、公路于一体，具备承东启西、连接南北的区位优势，作为西部地区重要增长极，其集聚辐射效应较为显著；作为内陆开放高地建设的关键区域，其对外开放格局初步形成；作为产业对接和承接的重要区域，其产业分工布局仍需调整；作为区域一体化发展的潜力区域，其区域协同政策仍需进一步完善。

6.3.1　集聚扩散效应较为显著

首先，发达的通道网络体系作为吸聚经济要素的主要载体发挥了重要作用。通道体系的构建以及由此所形成的综合区位条件的改变对区域内产业集聚产生重要影响。与此同时，通道干线上的人力、资本等要素向干线两翼发展相对落后的区域流动。长江上游区域内，川渝两省在“双核”的经济架构基础上，以成渝高速公路为轴线，以周边10余个区域和城市为依托，共同构成了川渝地区较为完善的通道网络体系。2011年和2013年，“渝新欧”和“蓉欧”两条国际铁路货运大通道的开通，串联起中国西部内陆各省区，为要素的集聚创造了有利条件，有利于长江上游产业结构调整和转型升级，有利于丝绸之路经济带的建设，有利于与专线沿线国家互联互通和交流合作。

其次，四川和重庆两省在长江上游区域中经济发展水平较高，其支撑作用、带动作用和示范作用主要通过要素集聚和扩散来实现。在川、渝、滇、黔四省（市）中，川渝地区有着较强的集聚效应，周边优势资源不断向川渝两省（市）集中，周边地区也可享受到川渝两地快速发展所带来的各种成果。作为长江上游发展较快的地区，成渝在巩固其“双核”优势，发挥集聚效应的同时，与西北、西南各省区在交通互通、产业互联、文化互促等方面加强合作与交流，区域经济的辐射带动作用正在逐步形成。具有经济、文化、科技优势的中心地区不断向周边地区进行技术、产业转移及信息交流和扩散，从而带动其经济、文化、科技的快速发展。

最后，“空吸现象”也使区域之间发展的差距逐步增大。在经济进入新常态背景下，受区域经济梯度的制导，川渝两省（市）在GDP的增速和总量上居于全国前列，处于后发优势的增长期，2015年四川和重庆两省（市）GDP增速分别达到7.90%和11.00%，GDP总量分别为30053.10亿元和15717.27亿元。长江上游向西南开放的主要承接区域——云南省和贵州省的经济发展则相对滞后：2015年，云南省和贵州省GDP分别为13619.17亿元、10502.56亿元，仅占全国的1.98%和1.55%，排在第23位和第25位；人均GDP分别为28806元和29847元，仅为全国平均水平的57.32%和59.40%，排在第30位和第29位；地方财政收入仅为1808.15亿元和1503.38亿元，省级财力用于建设的资金十分有限；对外贸易总额2449128万美元、1222142万美元，仅占全国对外贸易总额的0.62%和0.31%。区域经济差距的原因也在于大量要素依靠通道网络源源不断地流向核心及中心区域，物资、资金、人才、技术、信息高度集中，交通信息枢纽不断完善，推动了当地综合经济实力的增强，同时较低的经济发展水平导致通道运力严重不足，其地缘优势尚未转化为开放优势。

6.3.2 对外开放格局初步形成

自国家“十二五”规划提出“扩大内陆开放、加快沿边开放”以来，川渝滇黔地区都在加快对外开放步伐，积极筹备和策划国际港务区、保税区、内陆自贸区建设，见表6.6。重庆、四川两省（市）逐步扩展开放的深度与广度；云南积极设立边境合作区加快沿边对外开放；贵州大力加快贵安新区、贵阳综合保税区、中关村贵阳科技园等开放平台建设。两江新区、天府新区、滇中新区、贵安新区四个国家级新区和重庆、四川两个自贸区在打造内陆开放格局中发挥重要示范作用。此外，重庆两江新区开放型经济新体制综合试点试验、云南国家级重点开发开放试验区、贵州国家级内陆开放型经济试验区也是国家级对外开放的重大举措。

表 6.6　　川渝滇黔四省（市）对外开放的定位表述

时间	发布机构及文件名称	定位
2010 年 5 月 5 日	《国务院关于同意设立重庆两江新区的批复》	渝：内陆地区对外开放门户
2011 年 11 月 3 日	《国务院关于支持云南省加快建设面向西南开放重要桥头堡的意见》	滇：西南开放的重要门户
2012 年 1 月 16 日	《国务院关于进一步促进贵州经济社会又好又快发展的若干意见》	黔：西部重要枢纽
2014 年 1 月 6 日	《国务院关于同意设立贵州贵安新区的批复》	黔：内陆开放型经济新高地
2014 年 9 月 25 日	《国务院关于依托黄金水道推动长江经济带发展的指导意见》	川：连接丝绸之路经济带纽带 渝：长江经济带西部中心枢纽 滇：西南开放试验区 黔：内陆开放型经济示范区
2014 年 10 月 14 日	《国务院关于同意设立四川天府新区的批复》	川：内陆开放经济高地
2015 年 7 月 23 日	《国务院关于同意设立云南勐腊（磨憨）重点开发开放试验区的批复》	滇：中老战略合作的重要平台
2015 年 9 月 15 日	《国务院关于同意设立云南滇中新区的批复》	滇：面向南亚东南亚辐射支点
2016 年 8 月 15 日	《国务院关于同意设立贵州内陆开放型经济试验区的批复》	黔：内陆开放式扶贫试验区
2016 年 9 月 12 日	《长江经济带发展规划纲要》	渝：西部开发开放重要支撑
2017 年 3 月 11 日	《国务院关于印发中国（重庆）自由贸易试验区总体方案的通知》	渝：西部大开发战略重要支点
2017 年 3 月 31 日	《国务院关于印发中国（四川）自由贸易试验区总体方案的通知》	川：内陆开放型经济新高地

数据显示，长江上游四省份 2016 年进出口贸易总额共计 13766187 万美元，其中重庆进出口总额 6275364 万美元，四川 4930625 万美元，在全国均处于较高水平，贵州省和云南省分别达到 569962 万美元和 1990236 万美元，构建内陆开放型经济已取得一定的成绩。长江上游通道的建设和发展有利于长江上游地区扩大对外开放，加快长江上游地区经济发展与资源开发，将国内外重

要城市、工业中心、交通枢纽和主要陆上口岸连接起来。“一带一路”和长江经济带战略得到了四川、重庆、云南、贵州等西部省市区的大力支持和响应，帮助长江上游地区打破货运物流的局限性，扩大了开放程度，借助人力资本的优势吸引外资，实现了与其他地区的优势互补和共同发展。

6.3.3 产业分工布局仍需调整

在很长一段时期内，较长江中下游地区而言，长江上游地区的基础设施严重滞后，其资源和区位优势没有充分发挥，上下游之间的产业链发生了断裂。这不仅严重阻碍了长江上游通道经济的协同发展，也影响整个长江经济带整体效益的发挥和产业结构的整体布局。近年来，交通条件的改善拓展了长江上游资源，矿产、旅游等优势产业的市场空间、产业结构逐步优化，部分产业已在全国形成比较优势，相关政策文件的出台和获批也助推了长江上游地区的产业协作，推动了经济增长。

然而，长江上中下游产业同构现象依然存在，产业分工不合理，导致产业整体层次不高。长江上游地区高端装备制造业、战略性新兴产业和现代服务业发展滞后，人力、资金等要素外流，新型工业化进程较为发展缓慢。川、渝、滇、黔的部分地区，由于地势地形条件的限制，往往被大山阻隔，交通联接十分薄弱，各地的产业独立性较强，容易自成体系，缺乏内在的紧密联系和外部的整体规划，各省（市）经济效率没有实现最大化。同时，以行政区为单元构建的产业体系因没有依托流域交通、资源及物流发展客观规律，容易造成行政区经济和流域经济的空间错位。

产业协作方面也面临着协作意识不强的现实障碍。各行政利益主体间的竞争意识强于合作意识，都比较倾向于能带来高利润的产业，因而呈现出地区之间产业同构和互补性较差的特点。欠发达地区由于经济条件的限制，选择空间较小，产业和经济发展特点不相匹配，容易造成地区间的恶性竞争。此外，一些地方人口规模小的特点使其难以提供丰富的劳动力，满足日益扩大的市场需求，不利于产业的分工协作。当前的产业合作也主要依赖政府推动为主，进而造成各省市的整体规划重复建设，产业结构高度类似。因而，现阶段长江上游地区的资源区位优势尚未转化为产业优势、经济优势和发展优势，加快长江上游地区通道经济协同发展，必须深化地区间分工协作。

6.3.4 区域协同政策仍需完善

区域协同政策的制定是区域经济合作得以顺利开展的基础，所以协同政策的建立是发展长江上游通道经济的重要环节。现阶段各地区之间政策支持不完全相同，存在一定的政策倾斜，一体化建设还处在初级阶段，生产要素市场尚未实现自由流动，这必定会在一定程度上阻碍区域经济的融合和区域经济一体化的建设。

长江上游地区各省（市）尚未建立有效协调区域各方利益和行为的机制，高层次的区域合作、磋商和协同机制尚未建立，而是仅限于合作论坛及协调会议等形式。因而，政府间的协作不够深入，特别是跨区域产业分工合作体系、产业重组模式、生态环境治理以及通道基础设施建设协调安排等合作框架不完善、不广泛、不深入。生产要素跨区域自由流动市场机制还未形成，导致区域资源共享性相对较差，没有最大限度地实现错位发展、合作发展、协同发展。

行政区域的划分导致各省（市）各自为政，传统行政体制的制定导致政府之间缺乏有效沟通机制和协调意识，长期实施的行政垄断致使各省（市）存在贸易保护以及市场分割的问题。各地在发展战略的制定以及发展思路的确立上没有充分考虑各省份之间的协同配合，在制定城市发展规划时，并未考虑与其他省份的协同效应。因此，需要进行统筹布局，形成协同发展规律，对长江上游通道经济发展产生正面积极作用。

6.4 本章小结

本章从区域范围、地理环境、经济地位、通道体系等方面多层次分析了长江上游通道经济空间格局，为长江上游流量经济发展评价和协同推进通道经济发展的对策制定提供基础支撑。长江上游地区铁路、公路、航空通道建设与运量发展状况良好，为推进长江上游形成“铁路、公路、航空协同发展，通江达海的立体互联互通大格局”奠定基础。总体来看，作为西部地区重要增长极，其集聚辐射效应较为显著；作为内陆开放高地建设的关键区域，其对外开放格局初步形成；作为有产业对接和承接的重要区域，其产业分工布局仍需调整；作为区域一体化发展的潜力区域，其区域协同政策仍需进一步完善。

第7章　基于流量经济的长江上游地区通道经济时空评价与影响因素

流量经济作为与现代区域经济发展相适应的经济发展模式，反映了要素流动性与区域协同性，是评价和衡量地区综合经济和竞争力的重要内容。根据流量经济空间组织形式，区域通过自身比较优势，来集聚和扩散人力、物资、资金、技术、信息等经济发展要素，通过优化资源要素时空配置，内外流通，从而实现区域协同发展。流量经济发展的重要性在20世纪末就已经引起重视，肖现平（2002）通过对流量经济五大要素的内涵把握和五大要素中两个层面的设计以及对流量经济统计指标设计的科学性和可操作性进行分析，设计了涵盖131个三级指标的流量经济评价指标体系；韩伯棠、艾凤义等（2003）首先阐述了流量经济的定义和流量要素的分类，并对流量经济的效用图进行描述，指出流量经济的理论基础是聚散效应理论和区域空间结构理论；任胜钢、孙业利（2003）对流量经济的增长模式进行了分析，提出流量经济的增长机制来自流动性、集聚与扩散以及产业结构的共同作用。此外，流量经济常被用于解释或指导城市或区域经济发展状况，如广州、浦东新区、江西、关中—天水经济区等。

由此可见，已有研究大多立足于理论探讨、指标评价和政策设计三个方面，很少有以流量经济为切入点，从时空维度对省域流量经济进行实证分析的研究。本章基于流量经济的视角，从长江上游地区的空间联系出发，以川、渝、滇、黔为研究单元，利用动态因子分析法和DEA超效率模型，在测度2005~2014年省域流量经济发展水平综合评价值的基础上，测定各省（市）流量经济效率值，分析长江上游流量经济发展水平的时空演进特征，并通过构建面板数据计量模型分析长江上游流量经济发展效率的影响因素，揭示长江上游区域经济联系的空间格局演变规律。

7.1 指标体系构建与流量经济评价

7.1.1 指标选取与数据处理

以流量经济要素流动为基础，按照系统性、层次性、导向性和科学性原则，并考虑长江上游地区实际情况和数据收集整理状况，从三个层次构建流量经济评价指标体系（见表 7.1）。第一层为目标层即流量经济发展水平；第二层由人流、人才流、物流、资金流、资产流、商品流、信息流、技术流 8 个流量经济要素构成；第三层是代表流动要素的若干详细指标。其中流量要素包含强弱两种流动要素。强流动要素是在经过的区域有较长的滞留时间，并有增值性的要素，弱流动要素是滞留时间短，形态改变较少的流动要素。

表 7.1　　流量经济发展评价指标体系

目标层	流动强弱	准则层	指标层
流量经济发展水平 A	弱流动要素	人流 B1	客运量 C11
			旅客周转量 C12
			接待入境过夜游客 C13
		物流 B2	货运量 C21
			货物周转量 C22
			铁路里程 C23
			公路里程 C24
			内河航道里程 C25
		商品流 B3	社会消费品零售总额 C31
			限额以上批发企业数 C32
			限额以上零售企业数 C33
		信息流 B4	邮政所数 C41
			邮电业务总量 C42
			移动电话用户 C43
			固定电话用户 C44
			互联网上网人数 C45

续表

目标层	流动强弱	准则层	指标层
流量经济发展水平 A	强流动要素	资金流 B5	人民币储蓄存款余额 C51
		资产流 B6	固定资产投资 C61 货物进出口总额 C62
		技术流 B7	科学技术支出 C71 技术市场成交额 C72 专利授权数 C73
		人才流 B8	高校数量 C81 高校毕业生数 C82

基于综合指标体系构建，利用动态因子分析的方法确定影响流量经济协同发展的主要因子，用来解释区域间流量经济发展的差异，从而对比时间和空间上的演变特征，对长江上游地区流量经济指标进行评估和计算，得出相应的分析结果和综合得分。

7.1.2　流量经济发展水平测度

以川、渝、滇、黔作为基本单元，以 2005 ~ 2016 年 12 年的面板数据进行分析，数据主要来源于 2006 ~ 2017 年《中国统计年鉴》《中国城市统计年鉴》和川、渝、滇、黔各省（市）统计年鉴。根据所构建的流量经济综合评价指标体系，在对详细指标数据标准化处理的基础上，计算平均协方差矩阵并求解协方差矩阵的特征值与特征向量，并计算各个特征值的方差贡献率，最后计算出各研究单元的平均得分矩阵，以各主成分所对应特征值占所提取主成分的方差贡献率为权重计算得到各省（市）的流量经济发展水平综合评价值和排名。因子分析 KMO 值为 0.841，适合做因子分析，公因子的方差贡献率和累计方差贡献率见表 7.2。

综合考虑因子特征值和所提取因子数量的情况，共提取了四个因子，解释了原有变量总方差的 93.491%，可代表长江上游川、渝、滇、黔流量经济的主要信息，信息丢失较少，分析结果较为理想。以各因子旋转后的方差贡献率为权重计算得到的各地区 2005 ~ 2014 年的流量经济发展评价值 D，$D=(39.214/93.491)\times F_1+(26.035/93.491)\times F_2+(19.611/93.491)\times F_3+(5.632/93.491)\times F_4$。

表 7.2　　提取公因子的方差贡献率和累计方差贡献率

公因子	方差贡献率（%）	累计方差贡献率（%）
F1	39.214	39.214
F2	29.035	68.248
F3	19.611	87.860
F4	5.632	93.491

注：提取方法：主成分分析；旋转方法；方差最大正交旋转。

评价值计算结果如图 7.1 所示。

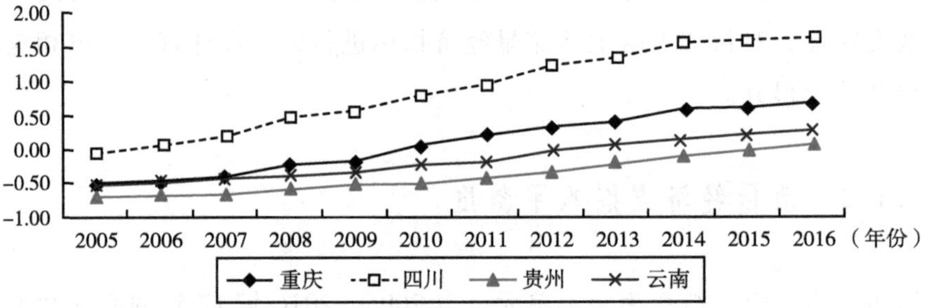

图 7.1　流量经济发展水平评价值

通过以上研究发现，时间动态趋势上，研究时段内长江上游各省域流量经济发展水平整体呈不断上升趋势，2005 ~ 2014 年四川省流量经济发展水平稳步提升且处于较高水平，从 2007 年开始，重庆市流量经济发展水平有较大幅提升，而贵州、云南两省流量经济发展水平相对缓慢。空间分布状态上，每年流量经济发展水平分梯度比较，重庆和四川流量经济发展水平相对较强，而云南和贵州流量经济发展水平明显偏低，且这种差异随时间变化逐渐增大。尤其是四川省流量经济发展水平特别突出，在增长率基数较大情况下仍然保持较高水平，处在长江上游各省份前列，预示着未来四川流量经济发展潜力巨大，还将稳步提升。

7.2　基于流量经济的区域经济发展效率时空评价

上述指标体系涵盖了大量的流量经济要素，但不符合精简性、可行性的原则。而DEA模型对输入、输出变量的要求决定了评价结果的可靠性和说服力。将因子分析与DEA方法结合起来，因子分析能够用较少的变量涵盖较多变量信息，各个因子具有显著的经济意义，用来解释区域间流量经济发展的差异。同时消除了输入、输出变量可能的线性关系，满足了DEA方法对输入、输出变量的技术要求，保证了评价结果的科学性。

7.2.1　评价模型选取

数据包络分析是运筹学、管理学与数理经济学的交叉领域，DEA使用数学规划模型对决策单元DMU进行效率评价，通过计算效率值来评价DMU间的相对有效性，超效率DEA模型由CCR模型扩展而来，其数学形式如下：

$$\begin{cases} \min\theta \\ \text{s. t.} \sum_{j=1, j\neq k}^{n} \lambda_j x_j \leqslant \theta x_k \\ \sum_{j=1, j\neq k}^{n} \lambda_j y_j \geqslant y_k \\ \lambda_j \geqslant 0, j = 1, 2, \cdots, n \end{cases} \tag{7.1}$$

其基本思想是对第 k 个决策单元进行效率评价时，使第 k 个决策单元的投入和产出被其他所有的决策单元投入和产出的线性组合替代。与CCR模型不同的是将第 k 个决策单元排除在外来测度效率，即满足模型的约束条件 $j\neq k$。对于非有效决策单元的效率值与CCR模型一致，对于一个有效DMU，可以使其投入按比例地增加，而效率值保持不变，其投入增加的比例即超效率评价值 θ，因而有效 *DMU* 的效率值 $\theta\geqslant1$，且 θ 值越大发展效率越好，$\theta<1$ 则表明投入产出有调整空间。超效率DEA模型能够有效地区别出有效决策单元之间的效率差异，对所评价的决策单元进行进一步评价排序。

7.2.2 评价效率分析

用因子分析法对指标进行分析，通过公因子运用方差极大法旋转后的荷载矩阵由表 7.3 可知，因子 F1 主要解释了限额以上批发企业数、零售企业数、货物周转量、货物进出口总额、技术市场成交额和专利授权数等变量，可将其作为流量经济的输出指标。其余因子主要解释了邮政所数量、铁路里程、公路里程、内河航道里程、邮政所数等，作为输入指标。

表 7.3　　　　旋转成分矩阵

指标	元件			
	F1	F2	F3	F4
限额以上批发企业数 C32	0.935	0.139	0.123	0.252
货物周转量 C22	0.923	0.206	0.027	-0.013
货物进出口总额 C62	0.912	0.182	0.126	0.123
技术市场成交额 C72	0.901	0.239	0.121	0.013
限额以上零售企业数 C33	0.887	0.156	0.406	0.126
专利授权数 C73	0.799	0.436	0.352	-0.056
固定资产投资 C61	0.775	0.312	0.533	0.088
社会消费品零售总额 C31	0.726	0.480	0.470	0.093
科学技术支出 C71	0.721	0.115	0.656	0.087
城乡居民人民币储蓄存款余额 C51	0.712	0.454	0.511	0.107
互联网上网人数 C45	0.690	0.329	0.614	0.123
货运量 C21	0.677	0.519	0.418	0.125
固定电话用户 C44	0.081	0.975	0.068	0.064
内河航道里程 C25	0.253	0.928	0.216	-0.091
客运量 C11	0.265	0.881	0.077	-0.156
旅客周转量 C12	0.362	0.745	0.454	-0.054
高校毕业生数 C82	0.559	0.719	0.388	0.074
邮政所数 C41	0.487	0.689	0.408	-0.008

续表

指标	元件			
	F1	F2	F3	F4
邮电业务总量 C42	0.145	0.681	0.429	0.161
高校数量 C81	0.474	0.671	0.488	0.261
公路里程 C24	0.239	0.369	0.761	0.387
铁路里程 C23	0.104	0.585	0.707	0.168
移动电话用户 C43	0.595	0.375	0.691	0.123
接待入境过夜游客 C13	0.192	−0.088	0.250	0.925

因子得分存在负值，先进行无量纲化处理。

设 $\mathrm{Max}a_{ij}=\alpha_j$，$\mathrm{Min}a_{ij}=\beta_j$；（$1\leqslant i\leqslant m$；$1\leqslant j\leqslant n$）

$$b_{ij}=0.1+\frac{a_{ij}-\beta_j}{\alpha_j-\beta_j}\times 0.9, b_{ij}\in[0.1,1] \tag{7.2}$$

将无量纲化的因子得分用 MATLAB 计算，其中 F2、F3、F4 为输入指标，F1 作为输出指标，得到的各年效率值及排名见图 7.2。

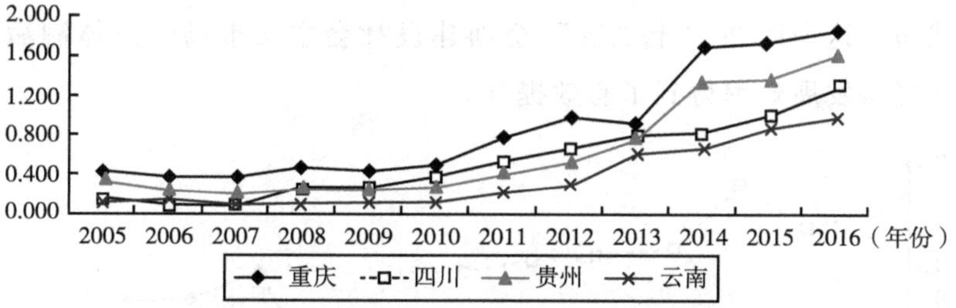

图 7.2　川渝滇黔各省（市）2005～2016 年效率值

（1）空间差异分析

空间对比来看，重庆流量经济效率高于四川、贵州和云南，四川省流量经济效率前期处于较低水平，但 2007 年后增势较快。其中 2016 年川、渝、滇、黔效率值分别达到 1.302、1.867、0.979、1.587。贵州省上升趋势明显，效率值从 2012 年的 0.530 上升到 2016 年的 1.587。超效率 DEA 值大于 1 的数目逐年增加，重庆地区保持经济发展的高效率水平，贵州省在 2014 年达到有效，这说明各地区通过对经济发展模式的调整是可以陆续达到效率有效水平的。

研究结果表明，长江上游地区不同省份的流量经济效率存在显著差异。由于四个省（市）经济发展水平、政策优惠程度、通道建设状况的不同，流量经济效率在各省（市）之间发展不平衡也是不可避免的。重庆市和四川省在教育水平、科技投入和力度等多方面高于贵州省和云南省，因此表现为空间格局上分布的不平衡，但不平衡程度逐步减小。重庆、四川保持较高优势，总体实力高于其他省份，因此，未来发展中在发挥其综合优势的同时应逐步带动其他省份经济的发展，应着力提高以重庆市、四川省为区域中心的综合服务能力，增强对外综合辐射作用和综合经济实力，实现长江上游地区本地经济发展和区域经济联系的良性循环。

（2）时间差异分析

流量经济效率变化趋势反映在时间轴上的变化，表示其变化的总态势。从图 7.3 各省（市）流量经济发展效率演变趋势可以看出，长江上游地区流量经济效率值总体呈波动式递增趋势，这说明流量要素投入及使用效率较高。2005 ~2010 年各地区效率值增速缓慢，波动较为稳定；2010 ~2014 年实现较大程度的上升，发展态势较好，其中 2012 ~2014 年效率值波动幅度较大，水平相差悬殊，且重庆、贵州的效率值增速最快，低效率值地区同样可以达到效率有效状态。这说明在“十二五”全面建设社会主义市场经济体制后，长江上游地区经济发展效率得到了有效提升。

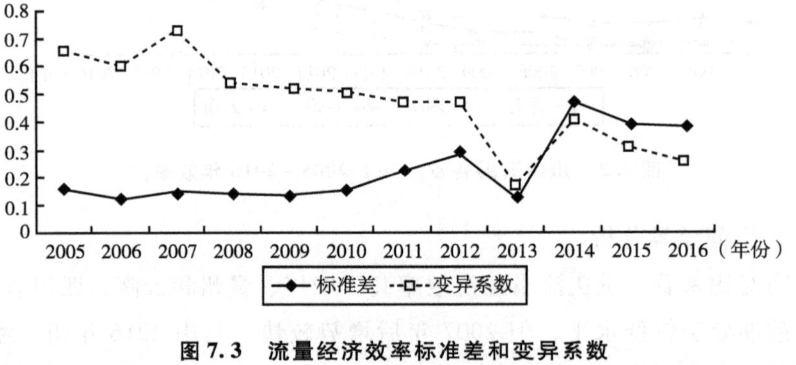

图 7.3　流量经济效率标准差和变异系数

通过图 7.3 可以看出，2005 ~2016 年长江上游流量经济效率各地区流量经济效率标准差由 2005 年的 0.167 增长到 2016 年的 0.381，长江上游地区流量经济效率绝对差异逐渐扩大，说明该地区经济基础存在较大差异；而变异系数由2005年的0.652上升至2007年的0.732，继而下降到2013年的0.165，相对差异呈先扩大（2005～2007年）后减小（2008～2016年）的倒“U”型变化趋势，说明长江上游各省份流量经济效率相对差距逐步缩小，区域经济发展态势趋向合理化。这与弗里德曼的中心—外围理论、赫希曼的不平衡增长理论的观点“区域经济差异总体上呈现出先扩大后缩小的变化趋势”较为一致。

7.3　长江上游流量经济发展效率影响因素分析

长江上游流量经济发展效率取得了跨越式发展，但在发展的同时，川、渝、滇、黔四省（市）经济效率差异也一直存在，这种区域间的非均衡发展在一定程度上影响了长江上游地区的协调发展。长江上游流量经济效率除了受决策单元可控的投入产出指标即要素流动的影响外，还受到外部因素的影响。已有的相关研究大部分都是在进行效率的测度之后进行简要的分析和评述，缺乏对影响因素的定量分析和模型检验。因此，挖掘和分析长江上游流量经济效率差异的影响因素及各因素的影响程度十分必要。

7.3.1　模型构建

面板数据又称为时空数据，模型形式设定同时包含截面、时间、变量指标三个维度的信息，是近年来计量经济学理论方法的重要发展，也是经济效率影响因素识别中的主要模型方法。

面板数据分为静态面板和动态面板，静态面板数据模型指解释变量中不包含被解释变量的滞后项，其基本模型：

$$y_{it} = \alpha_{it} + x_{it}\beta_{it} + \varepsilon_{it},\ i = 1,\ 2,\ \cdots,\ N;\ t = 1,\ 2,\ \cdots,\ T \tag{7.3}$$

其中，y_{it}是个体i在t时期的观测值，α为模型的截距项，x_{it}为外生变量向量，β为参数向量，T是时期总数，ε_{it}为随机扰动项，相互独立，且满足零均值等方差。

而动态面板数据模型中，解释变量中包含被解释变量的一阶滞后项，能更好地研究动态经济学行为，其基本形式为：

$$y_{it} = \alpha_{it} + \gamma y_{i,t-1} + x_{it}\beta + \varepsilon_{it} \tag{7.4}$$

在动态面板数据模型中，考虑到面板数据资料属于长时期短截面（小 N 大 T）型的数据，单纯的 IV 估计、一阶差分 GMM 估计、系统 GMM 估计是基于大样本，在截面 N 较小的情况下，模型估计结果可能不理想。为强调个体固定效应（不同省份）及时间固定效应在研究中的重要性，克服模型的动态内生性与样本过少等问题，寻得最优的动态面板数据模型进行分析，本章将会采用纠偏 LSDV 估计方法完成动态面板数据模型估计。Kiviet（1999）通过蒙特卡罗模拟分析表明，在截面 N 较小的情况下，采用纠偏 LSDV 估计可以纠正 90% 以上的偏误。故流量经济效率影响因素分析的动态面板数据模型采用纠偏 LSDV 估计。

7.3.2 变量选取与数据说明

影响地区流量经济效率差异的因素有很多，包括地区间的物质资本和劳动力流动、人力资本在各地区分布的差异、技术进步的差别等。这些因素如何影响地区流量经济发展，使地区间的流量经济效率差距发生了怎样的变化，本章试图在此基础上对区域流量经济效率差异的形成和变动趋势进行比较完整的分析，并就如何缩小区域经济效率差距得出一些政策性结论。结合已有研究文献，本章分析流量经济效率影响因素的模型依据来自曼昆 - 罗莫 - 威尔（MRW）加入了人力资本的索洛—斯旺模型：

$$Y(t) = K(t)^{\alpha} H(t)^{\beta} [A(t)L(t)]^{1-\alpha-\beta} \tag{7.5}$$

其中，Y 表示总产出，K 表示资本总量，H 表示人力资本，A 表示技术进步因子，L 代表劳动力，α 是资本产出弹性，β 为人力资本的产出弹性，$1-\alpha-\beta$ 是劳动力的产出弹性。

综合考虑模型中各变量的内涵、实际数据的可得性及面板分析对数据的要求，各变量指标定义及其计算方法为：

被解释变量 Y，表示地区 i 在时期 t 的经济发展效率。考察期为 2005 ~

2014 年，最终的面板数据集包含了 4 个截面单元在 12 年内的时间序列数据。

技术进步 A，本章选择科技支出占财政支出比重来表示，随着科学技术的进步，其成为提高区域经济效率的先决条件。

人力资本 H，是劳动者通过长期投资获得的素质和能力，是决定长期经济增长的一个重要变量。人力资本的测算考虑对人才流有较大影响的因素为人才数量和结构，以在校大学生数占人口比重表示。

物质资本 K，物质资本的计算方法具有多样性也是当前研究的热点，但是最基本且广为认可的方法仍然是永续盘存法。在此选用张军的算法对全国各省市物质资本存量进行估算，并且将四川和重庆分开进行测算。

劳动力指标 L，用各地区年底三次产业就业人数来表示。借鉴李小平和朱钟棣的研究方法用从业人员总数代替劳动投入。

7.3.3 实证分析

利用面板数据模型对 2005 ~ 2014 年长江上游流量经济效率影响因素及差异的变动进行实证分析，先后采用静态面板固定效应模型、动态面板纠偏后的虚拟变量最小二乘法方法估计模型，以方便比较不同方法下估计结果的异同。这里同时对四大区域的面板数据进行静态面板估计，之所以采用静态面板估计，是因为动态面板估计结果在大样本下才是渐进有效的。实证分析中采用计量软件 Stata10.0 对模型进行估计。

在固定效应和 Pooled OLS 模型的选择中，Wald 检验中 $F(3,40) = 37.870$，$Prob > F = 0.0000$，故在两者中应该选择前者；经过 Hausman 检验，$P = 0.0000$，显著拒绝“建立随机效应模型”的原假设，因此选择固定效应面板模型。

固定效应面板模型：

$$\mathrm{Ln}Y = a_i + b_1 \mathrm{Ln}K + b_2 \mathrm{Ln}H + b_3 \mathrm{Ln}A + b_4 \mathrm{Ln}L + \varepsilon_{it} \tag{7.6}$$

固定效应结果高度显著，通过进一步计算得到调整后的 R^2 的值为 0.907。对于大 T 小 N 的数据，可计算每个省份的截距项 Dum 可以同时获得每个截距项的标准误、T 值和 P 值，结果如表 7.4 所示。

表 7.4　　　　固定效应模型分析结果

变量	Coef.	Std. Err.	t	P > t
LnA	0.253	0.111	-2.280	0.030
LnH	-4.037	0.821	-4.920	0.000
LnK	3.716	0.528	7.030	0.000
LnL	-0.600	0.583	-1.030	0.311
_cons	-2.334	0.699	-3.34	0.002
Dum1	-0.038	0.766	0.050	0.961
Dum2	-3.863	0.567	-6.810	0.000
Dum3	-1.689	0.808	-2.090	0.045
Dum4	-3.823	0.799	-4.790	0.000
R - sq: within = 0.892, Adj R - squared = 0.907				
F test that all u_i = 0:　F(4,40) = 66.19　Prob > F = 0.0000				

结果表明，技术进步、人力资本、物质资本对流量经济效率影响显著，技术进步在5%水平下对流量经济效率有显著影响，系数为0.253，表明技术进步的提高对流量经济效率的提高有显著的促进作用；人力资本和物质资本都在1%水平下显著，系数分别为-4.037和3.716，说明人力资本的提升会降低流量经济效率而物质资本的提升将显著提升流量经济发展效率。劳动力指标不显著，系数为-0.600。

在以上模型中，我们分析了流量经济效率与各因素之间的静态关系，但由于经济效率具有后续性的影响效应，这使动态分析变得十分必要。同时考虑到经济效率增长的稳定性，经济效率会保持一个相对稳定的增长速度，即上年的经济效率会影响今年的经济效率变化，因此需在回归模型中加入被解释变量的滞后一期做进一步分析，即从动态的角度分析流量经济效率的影响因素。

动态面板数据模型在静态面板数据模型的基础上，加入被解释变量的滞后一期，计量模型进一步改为：

$$LnY = a_i + \lambda \ln Y_{i,t-1} b_1 LnK + b_2 LnH + b_3 LnA + b_4 LnL + \varepsilon_{it} \tag{7.7}$$

在实证分析中，采用计量软件Stata10.0对动态面板数据模型进行估计，为考察不同时期各因素对流量经济效率的影响，引入时间虚拟变量D2010（2010年及以后取值1，2010年之前取值0）。为稳妥起见，本章给出了纠偏的

IV 估计、差分 GMM 估计量以及系统 GMM 估计量，不同方法下纠偏 LSDV 估计的对比情况见表 7.5。

表 7.5　　　　流量经济效率影响因素分析结果

变量	r_AH82	r_AB91	r_BB98	r_AB_bs	Fe（调整系数下限）	Pooled OLS（调整系数上限）
L. LnY	0.257*** (1.23)	0.357** (1.77)	0.379*** (4.33)	0.497** (2.15)	0.249*** (1.48)	0.715*** (7.41)
LnA	0.101** (−0.45)	0.072** (−0.61)	0.073*** (−0.12)	0.070** (−0.25)	0.026** (−0.84)	0.109 (0.37)
LnH	−1.799** (−0.82)	−1.388*** (−1.01)	−1.276** (1.36)	−0.814* (−0.57)	−1.832** (−1.55)	0.128** (0.60)
LnK	2.548* (1.93)	2.232*** (2.50)	2.152** (1.43)	1.783** (1.87)	1.575*** (3.16)	2.551*** (3.43)
LnL	−1.020 (−0.81)	−1.052 (−1.59)	−1.041 (−1.49)	−1.083 (−1.69)	−1.084 (−1.74)	−1.016 (−3.04)
D2010	−0.208 (−0.87)	−0.206 (−1.65)	−0.205 (−1.14)	−0.204 (−1.61)	−0.208 (−1.61)	−0.155 (−1.06)
_cons					−2.430*** (−3.07)	−1.708 (−3.12)

注：1. * $p<0.1$；** $p<0.05$；*** $p<0.01$；

2. 表中括号内的数值为 t 值；

3. 在 stata10.0 估计中，纠偏精度默认为 1/T；

4. “r_AH82” 表示基于 Anderson 和 Hisao（1982）提供的方法；r_AH82 “r_AB91” 表示使用 Arellano 和 Bond（1991）所提供的方法；“r_BB98” 表示使用 Blundell 和 Bond（1998）所提供的方法；“r_AB_bs” 表示在 “AB91” 基础上加入 Bootstrap 自助法，用 Bootstrap 自助法抽样 300 次后的估计和检验结果，纠偏精度为 3/T；

5. 如无特别说明，下同。

添加时间虚拟变量，从图 7.3 可以看出，2010 年之前流量经济效率值趋于平稳，2010 年之后则出现了较大波动。地区经济增长受国家宏观经济政策的影响，通过附加的虚拟变量 T 来反映时间变化的特征，经过 Wald 检验和 LR 检验，Prob > chi2 = 0.0057，时间虚拟变量显著，表明时间效应在模型中起到了一定作用。

Bruno（2005）的模拟分析说明，动态面板数据模型纠偏 LSDV 估计中，传统 Sargan 检验方法无法检验结果的有效性，而应通过固定效应模型（FE）和混合最小二乘模型（Pooled OLS）估计进行检验。因此，本章在纠偏 LSDV 估计的同时，在表格的后两列也列出面板固定效应模型（FE）和混合最小二乘模型（Pooled OLS）的估计结果。四个模型的调整系数全部在 OLS 和 FE 之间的合理范围内，也基本证实了本章方法选择的合理性。

对影响流量经济效率因素的计量结果进行分析，动态模型与静态模型对解释变量作用方向的判定基本一致，虽然两个模型对各个变量系数值的估计并不相同，但是对变量的作用力，两个模型给出一个相对统一的结果，估计结果没有出现较大偏差。

模型的估计结果显示，长江上游流量经济发展效率水平取决于多重因素。流量经济效率滞后一期系数在动态面板各模型估计方法下分别为 0.257、0.357、0.379 和 0.497，在统计上均显著。技术进步、人力资本和物质资本对流量经济效率具有显著影响，其中技术进步和物质资本对流量经济效率具有正向作用，人力资本流量经济效率有负向作用，而无论采用哪种方法，劳动力对流量经济效率影响均不显著，且系数为负。

7.4 本章结论和建议

本章基于流量经济的视角，建立了由 24 个详细指标、8 种流量经济要素构成的流量经济评价指标体系，运用动态因子分析和超效率 DEA 模型对长江上游川、渝、滇、黔四个省（市）2005 ~ 2014 年流量经济发展效率进行测度，采用面板数据模型定量分析了各影响因素对长江上游区域流量经济发展效率的贡献。旨在为推动长江上游通道经济发展提出相关对策建议。

时间动态变化趋势上，长江上游地区流量经济效率值总体呈波动式递增趋势；绝对差异逐渐扩大，说明个别地区经济基础存在较大差异；而相对差异呈现先扩大后减小的倒“U”型变化趋势，这与弗里德曼的中心—外围理论、赫希曼的不平衡增长理论的观点“区域经济差异总体上呈现出先扩大后缩小的变化趋势”较为一致，区域经济发展态势趋向合理化。

横向空间分布状态上，流量经济效率存在显著差异，由于长江上游地区四个省（市）经济发展水平、政策优惠程度、区位优势及通道建设状况的不同，重庆市和四川省在教育水平、科技投入和力度等多方面较贵州和云南省，空间格局上分布不平衡，但不平衡程度逐步减小。

长江上游流量经济发展效率水平取决于多重因素，其中技术进步、人力资本和物质资本对流量经济效率具有显著影响，技术进步和物质资本对流量经济效率具有正向作用，人力资本对流量经济效率在一定阶段会产生阻碍作用，作为决定长期经济效率增长的重要变量，现有高等教育需要时间上的积累和沉淀才能发挥实效。劳动力指标对流量经济发展效率影响不显著，且系数为负。

长江上游内外协同推进通道经济发展的对策建议：

（1）正确认识和运用要素流动规律，加快长江上游地区要素集聚进程。

长江上游地区应充分利用本区域比较优势，吸引外部地区要素流入，为其通道经济发展提供必要的生产要素累积。需充分利用技术资本和物资资本的投入对长江上游流量经济发展效率的带动作用，把技术创新作为促进流量经济发展的主要动力，通过技术的创新和使用，加速商品流通、减少资金占用，提高要素流动规模和速度。促进资金、技术、信息、人才等要素在区域之间的合理有序流动，吸引要素自发地向本地区集中、重组、整合和运作，并向周边区域扩散，形成相互作用、相互关联的有机整体，实现区域经济的协同发展。

（2）加大区域对外开放程度并深化地区间分工协作，发挥要素流动协同效应。

各省（市）应以各自独特资源为依托，发展自身优势同时要注重物质资本、技术资本、人力资本等要素向周边经济腹地配置和转移，拉动腹地经济共同增长，增强对外综合辐射作用和综合经济实力，实现本地经济发展和区域经济联系的良性循环。同时，现阶段应充分考量长江上游地区与中下游地区的资源禀赋和产业层级差异，分工协作，错位发展，实现要素的有序流通和转移。

第8章　长江上游通道经济发展与交通的耦合性分析

8.1　长江上游地区通道货运量与区域经济增长关系

通道是商贸流和物流的载体，图8.1表述了长江上游地区川、渝、滇、黔公路、铁路、航空、水运货运量与地区GDP增长率之间的关系。从图中可以发现长江上游区域货物运输途径主要以公路为主，公路交通作为多式联运最后一个关键通道，不仅覆盖范围大，而且通达深度高，时效相对较短。本章研究对象为长江上游区域川、渝、滇、黔47个地级市及自治州，多数经济落后的区域，铁路、港口、航空运输通道尚未开通，而公路交通网络覆盖了整个长江上游地区，有效地把城市和农村连接起来，充分发挥城市经济的辐射效应，带动农村区域及周边落后地区的经济发展，推动了城市经济圈的形成和发展，对加快城乡一体化具有重要意义。同时公路作为连接和沟通其他交通干线的枢纽，为建立区域综合交通运输网络创造了良好的条件，综合交通运输网络的形成也加快了生产要素的集中，区域投资环境得到改善，增大外商投资的吸引力，使外向型经济得到快速发展，提高了本地企业的竞争力，区域间产业同质化得到缓解。

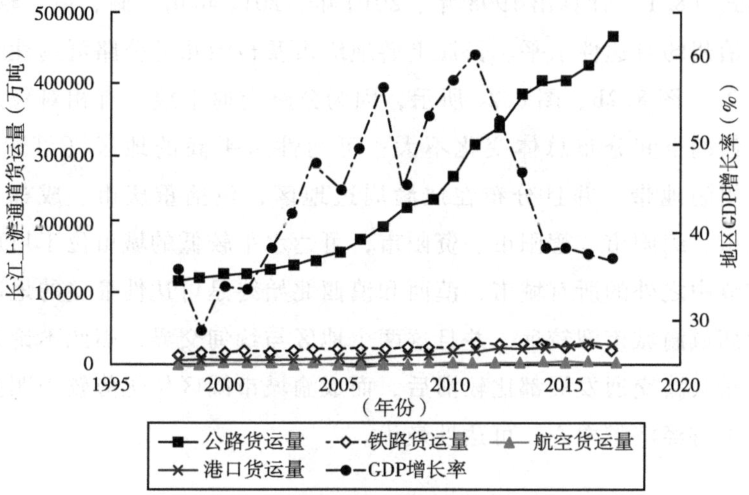

图 8.1　长江上游地区货运量与地区 GDP 增长率

8.2　公路网络可达性空间布局分布

可达性水平的高低反映着一个区域的交通网络发展程度，是评价区域的通道经济能力和区域发展能力的重要指标之一，国内外学者习惯采用加权平均旅行时间指标测量交通基础设施变化对可达性空间格局的影响。基于此，本章利用长江上游 47 个地级市及自治州的公路最短旅行时间的加权平均旅行时间指标来衡量公路交通网络对可达性的影响：

$$A_i = \frac{\sum_{i=1}^{n}(T_{ij} \times M_j)}{\sum_{j=1}^{m} M_j} \tag{8.1}$$

式（8.1）中，A_i 表示 i 城市在公路交通网络中的加权平均旅行时间，T_{ij} 表示 i 城市到达 j 城市开车自驾的最短行车时间；M_j 是选取 j 节点当年的地区生产总值来表示某区域该年的社会经济要素流量，并以此为权重指标计算长江上游区域可达性值，A_i 值越小，表示该区域交通水平越发达，反之，则越落后。

利用式（8.1）计算出1998年、2010年、2017年川、渝、滇、黔47个地级市及自治州的可达性水平。长江上游地级市及自治州的公路可达性空间分布图如图8.2a、图8.2b、图8.2c所示，因为公路交通干线具有相对稳定性，所以可达性值的空间分布总体变化不大；可达性水平高的地区（可达性值低）主要处于川渝地带，并且分布在成渝周边地区，包括重庆市、成都市、广安市、遂宁市、绵阳市、德阳市、资阳市，可达水平较低的城市位于川西、黔东南地区和滇中之外的所有城市，滇西和滇西北始终是可达性最差的地区，地处西部，距离成渝城市圈较远，并且这两个地区与缅甸交界，因此不论是区域经济发展还是公路交通发展都比较滞后，而成渝城市圈区位优势较为明显，重庆作为长江上游经济带中心，可达性最优。

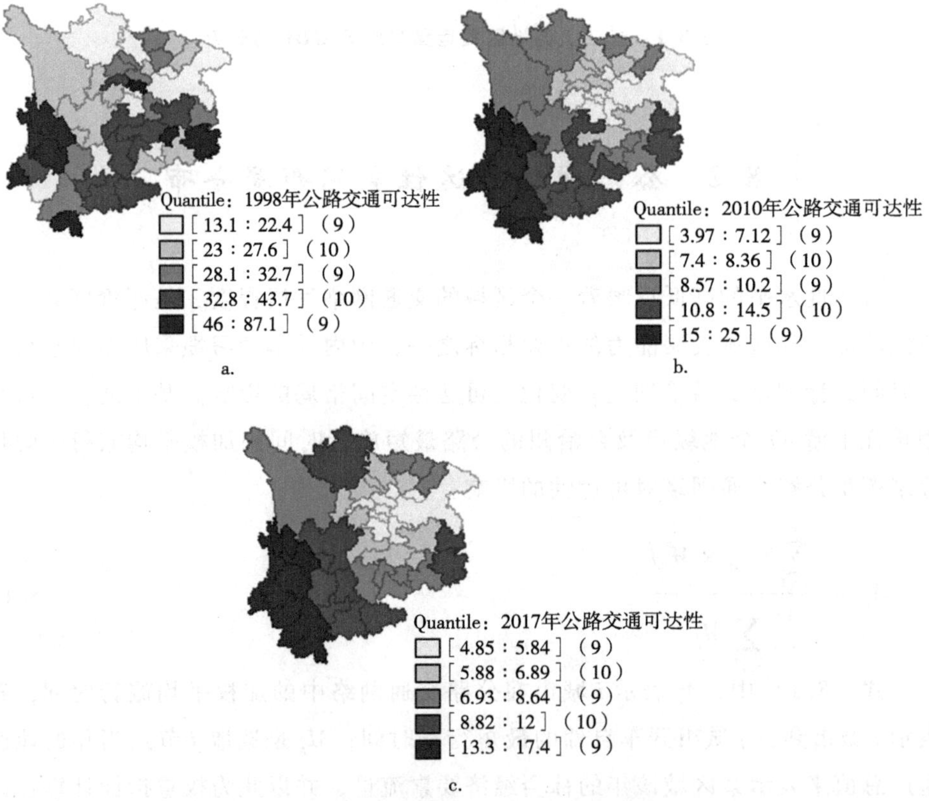

图8.2　1998年、2010年、2017年可达性空间分布图

8.3 公路交通网络可达性与区域经济增长的耦合性分析

8.3.1 指标评价体系

基于指标选取的代表性、可比性和数据的可获得性，同时在相关研究的基础上，本章选取公路里程数、可达性值作为二级可达性支持指标，公路货物周转量、公路客运量作为可达性发展指标，衡量公路交通运输能力；人均 GDP、外商直接投资额、工业生产值占比、第三产业占 GDP 比重、固定资产投资额作为经济发展指标；城镇化率、劳动力、社会消费品总额作为社会发展指标，并将其划分为可达性系统和区域发展两个系统进行测度（见表 8.1）。

表 8.1　长江上游区域公路网可达性与区域耦合发展指标体系

一级指标	二级指标	三级指标
可达性指标体系	可达性支持指标	公路里程数 X_1
		可达性值 X_2
	可达性发展指标	公路货物周转量 X_3
		公路客运量 X_4
区域发展指标体系	经济发展指标	人均 GDP X_5
		外商投资额 X_6
		工业生产值占比 X_7
		第三产业占 GDP 比重 X_8
		固定资产投资 X_9
	社会发展指标	城镇化率 X_{10}
		劳动力 X_{11}
		社会消费品总额 X_{12}

8.3.2 公路交通与区域经济耦合模型

（1）公路交通与区域经济耦合度模型

公路交通建设和区域经济发展是两个相互作用、互相推动的经济系统，参考物理上的耦合模型，构建公路交通可达性与区域经济发展的耦合函数：

$$C = 2[(u_1 \cdot u_2)/(u_1 + u_2)^2]^{1/2} \tag{8.2}$$

式（8.2）中，u_1、u_2 分别表示公路交通可达性和区域经济发展系统的评价值；C 表示耦合度，取值［0，1］。当 $C=1$ 时，耦合度最大，系统间达到良好的共振作用；当 $C=0$ 时，两系统间内部要素相互无关。并分别以 0.3、0.5、0.8 为临界点把耦合度分为低耦合度、轻耦合度、中耦合度和高耦合度。本章节运用 SPSS 统计软件采用主成分分析方法对 $X_1 \sim X_4$，$X_5 \sim X_{12}$ 第三级指标数据进行计算。

通过对长江上游地级市及自治州公路交通可达性和经济发展水平的耦合度测算发现（见表 8.2）：1998 年，除甘孜州、六盘水、黔西南、黔东南、昭通外，其余地区耦合度均在 0.7 以上，其中 76% 的地区耦合度在 0.9 以上，达州、贵阳、昆明、迪庆州耦合度为 1；2010 年，耦合度小于 0.7 只有昭通，86% 的地区耦合度高于 0.9，成都、自贡、贵阳、铜仁、德宏耦合度达到 1；2017 年，除迪庆州外，其余地区耦合度达到 0.7 以上，89% 的地区耦合度达到 0.9 以上，泸州、内江、南充、广安、达州、巴中、遵义、毕节、铜仁、黔东南、红河、大理耦合度为 1。三年中，耦合度最低值为 1998 年的甘孜是 0.6，表明长江上游地区公路交通与经济发展的相互作用强度较高。

表 8.2　长江上游区域公路网可达性与区域发展耦合度指数

地区	1998 年	2010 年	2017 年
成都市	0.96	1.00	0.99
自贡市	0.95	1.00	0.97
攀枝花市	0.93	0.86	0.77
泸州市	0.93	0.98	1.00
德阳市	0.96	0.99	0.98

续表

地区	1998 年	2010 年	2017 年
绵阳市	0.96	0.99	0.99
广元市	0.92	0.97	0.98
遂宁市	0.96	0.99	0.98
内江市	0.95	0.98	1.00
乐山市	0.97	0.99	0.98
南充市	0.89	0.95	1.00
宜宾市	0.91	0.99	0.99
广安市	0.85	0.97	1.00
达州市	1.00	0.97	1.00
雅安市	0.92	0.98	0.99
巴中市	0.82	0.93	1.00
眉山市	0.89	0.99	0.99
资阳市	0.90	0.98	0.99
阿坝藏族羌族自治州	0.90	0.98	0.99
甘孜藏族自治州	0.60	0.84	0.97
凉山彝族自治州	0.81	0.97	0.99
重庆市	0.95	0.98	0.99
贵阳市	1.00	1.00	0.94
六盘水市	0.75	0.97	0.99
遵义市	0.82	0.92	1.00
安顺市	0.97	0.99	0.99
毕节市	0.87	0.96	1.00
铜仁市	0.98	1.00	1.00
黔西南布依族苗族自治州	0.79	0.93	1.00
黔东南苗族侗族自治州	0.71	0.90	0.98
黔南布依族苗族自治州	0.99	0.99	0.99
昆明市	1.00	0.99	0.95
昭通市	0.73	0.69	0.84
曲靖市	0.86	0.94	0.99
玉溪市	0.99	0.99	0.94
保山市	0.94	0.93	0.97

续表

地区	1998 年	2010 年	2017 年
楚雄彝族自治州	0.97	0.88	0.87
红河哈尼族彝族自治州	0.93	0.97	1.00
文山壮族苗族自治州	0.94	0.99	0.98
普洱市	0.82	0.88	0.99
西双版纳傣族自治州	0.92	0.85	0.77
大理白族自治州	0.98	0.97	1.00
德宏傣族景颇族自治州	0.95	1.00	0.95
丽江市	0.96	0.99	0.97
怒江傈僳族自治州	0.89	0.98	0.97
迪庆藏族自治州	1.00	0.88	0.68
临沧市	0.94	0.97	0.99

（2）公路交通与区域经济耦合协调度模型

上面计算的耦合度仅表示区域经济发展对公路交通的依赖性，并没有反映出通道经济与公路交通的协调程度，为了进一步探讨该问题，本小节基于耦合度模型继续构造公路交通可达性与通道经济耦合协调度模型，判断公路交通与通道经济的协调发展程度，其表达式为：

$$D = (C \times T)^{1/2}, T = au_1 + bu_2 \tag{8.3}$$

式（8.3）中，C、u_1、u_2 同式（8.2）；其中，T 为公路交通与经济综合评价指数，反映了公路交通与通道经济的协同效应，或是对通道经济发展所作出的贡献；a、b 为待定系数，且 $a+b=1$，一般认为交通与通道经济的协同效应相同，均取值为0.5。D 值表示为耦合协调度，根据 D 值的取值，把耦合协调度大致分为六个层次，分别以0.3、0.4、0.5、0.6和0.7为临界点，划分为严重失调、重度失调、轻度失调、勉强协调、中度协调和高度协调。

8.3.3 公路交通与区域经济耦合协调度分析

通过对长江上游地级市及自治州公路与通道经济发展情况耦合协调度的测算发现（见表8.3）：1998 年，除贵阳市、昆明市、大理州、成都市、重庆市

5 个城市以外，其余 42 个城市的公路交通与经济发展均存在不同程度的失调；2010 年，除昆明、大理、成都、重庆以外，其余 43 个城市的交通与经济发展存在不同程度的失调状态；2017 年，除贵阳、昆明、曲靖、玉溪、大理、遵义、昆明、成都、重庆以外，其余 38 个城市的交通与当地经济发展处于失调状态。长江上游城市 1998 年、2010 年、2017 年最高值均为重庆，分别是 0.85、0.90 和 0.93，其次是成都，分别为 0.73、0.80 和 0.78，两城市公路交通与经济发展处于高度协调状态。各年份最低值分别为德宏 0.20、西双版纳 0.21、德宏 0.27，其中最高值是最低值的 4.25 倍。到 2017 年为止，长江上游经济带仅 19% 的城市经济发展与交通处于比较协调的状态，其中贵阳、昆明、曲靖、玉溪、大理属于勉强协调，遵义、昆明属于中度协调，成都、重庆属于高度协调，表明长江上游通道经济发展与公路交通的协调性不高，交通对经济的影响作用较高的城市均位于四省份的中心城市，而邻近城市公路交通对通道经济发展的支撑力不足。

表 8.3　长江上游区域公路交通与区域经济发展耦合协调度指数

地区	1998 年	2010 年	2017 年
成都市	0.73	0.80	0.78
自贡市	0.38	0.39	0.46
攀枝花市	0.41	0.43	0.48
泸州市	0.40	0.40	0.49
德阳市	0.40	0.42	0.50
绵阳市	0.43	0.42	0.48
广元市	0.34	0.34	0.43
遂宁市	0.35	0.35	0.44
内江市	0.38	0.39	0.48
乐山市	0.40	0.40	0.48
南充市	0.41	0.41	0.47
宜宾市	0.40	0.42	0.49
广安市	0.32	0.35	0.44
达州市	0.45	0.38	0.45
雅安市	0.34	0.35	0.43
巴中市	0.28	0.31	0.39

续表

地区	1998 年	2010 年	2017 年
眉山市	0.36	0.37	0.45
资阳市	0.33	0.35	0.43
阿坝藏族羌族自治州	0.29	0.30	0.38
甘孜藏族自治州	0.24	0.28	0.35
凉山彝族自治州	0.35	0.38	0.44
重庆市	0.85	0.90	0.93
贵阳市	0.49	0.47	0.60
六盘水市	0.33	0.39	0.49
遵义市	0.42	0.45	0.61
安顺市	0.42	0.33	0.44
毕节市	0.37	0.39	0.50
铜仁市	0.33	0.33	0.43
黔西南布依族苗族自治州	0.29	0.33	0.44
黔东南苗族侗族自治州	0.26	0.30	0.38
黔南布依族苗族自治州	0.39	0.37	0.47
昆明市	0.53	0.54	0.61
昭通市	0.43	0.41	0.47
曲靖市	0.43	0.46	0.52
玉溪市	0.44	0.50	0.56
保山市	0.30	0.29	0.32
楚雄彝族自治州	0.37	0.41	0.42
红河哈尼族彝族自治州	0.39	0.39	0.42
文山壮族苗族自治州	0.30	0.31	0.38
普洱市	0.35	0.36	0.45
西双版纳傣族自治州	0.23	0.21	0.30
大理白族自治州	0.54	0.54	0.55
德宏傣族景颇族自治州	0.20	0.22	0.27
丽江市	0.28	0.29	0.37
怒江傈僳族自治州	0.21	0.24	0.30
迪庆藏族自治州	0.18	0.22	0.28
临沧市	0.29	0.28	0.36

8.4 本章结论

运用 SPSS 主成分分析法和综合评价分析方法测算了长江上游 47 个地级市及自治州公路交通可达性与通道经济发展的耦合度及耦合协调度。测算数值表明：长江上游公路交通可达性与经济发展耦合度高，表明长江上游区域各个城市的经济发展对交通存在较强的依赖性。但耦合协调度差异显著，除成都、重庆、贵阳、遵义、昆明、曲靖、玉溪以外，其他城市交通与当地经济发展耦合协调处于失调状态，说明长江上游大部分地区没有合理利用通道优势发展地区经济，物流、信息流、资金流等经济要素在区域之间没有高效地流动起来，区域之间协同度不高，导致交通网络对区域经济发展没有产生强有力的支撑作用。

第9章　基于区域收敛的长江上游地区通道经济协同机制与影响因素

长江上游地区是长江经济带对接“一带一路”倡议的重要节点，也是西部大开发的重要区域和西部陆海新通道的重要战略腹地。但受地缘架构、资源禀赋、区域竞争等因素影响，长江上游区域内存在无序低层次、同质化的竞争，同时不同的区域管理体系制约了通道区域经济的发展。在面临重要战略机遇期，需要扩大既有的通道联通能力，并以新思路解决区域经济协调发展问题的背景下，协同长江上游通道经济均衡发展，充分发挥西部地区连接“一带一路”的纽带作用，对于实现新常态经济下的质量提升和一荣俱荣的区域经济发展具有重大现实意义。

国内外对经济通道的构建研究局限于点轴开发中的单个经济带和独立行政区的研究，没有将大区域行政区联动和产业协同发展作为通道经济的重要考量。基于德国地理学家瓦尔特·克里斯塔勒（Walter Christaller，1933）的“中心地理论”，陆大道（2001）首次在全国经济地理和国土规划学术讨论会上提出“点—轴”系统，后来通过理论和实践的结合论证了“点—轴”系统可能是导致区域和国家更好发展和最有效的区域开发模式。高斌（2009）通过对我国西部地区大开发实际资料的观察和思考，认为西部地区资源禀赋导致点轴开发模式存在一定的困难性，应结合实际情况进行合理应用。魏后凯（2012）提出我国的区域竞争正在由个体竞争走向群体竞争，在这种群体竞争的新时代，城市群已经成为能够提升国家竞争力和自主创新能力的主导地区，成为引领和支撑全国经济持续快速增长的核心增长极。马秋云（2013）在广西面向东盟通道经济建设研讨会综述中写道，广西的区位优势明显，要高度发展面向东南亚的通道经济；同时也提到想要发展面向东南亚的通道经济必须进行理论创新，要夯实通道基础才能助推陆路通道建设。郭爱君（2014）以产业空间布局理论模式和产业布局为依据，从区域经济整体与局部发展分析当前经济区域的产业优势，从经济带、国家和节点三个层面构建丝绸之路经济带的产业空间布局。高新才（2014）探讨了丝绸之路经济带与通道经济发展的关系，指出丝绸之路经济带作为东西方商贸往来和文化交流的大通道，必须充分发挥其产业优势、文化优势、区位优势，从而激发发达地区经济发展的潜力，必须要增强贸易集聚中心的计划效应和扩散效应，拓展交通通道、强化信息通道、人才通道、贸易服务通道，加速“点—轴”渐进式扩散。蔡生菊（2015）提道建设丝绸之路经济带就是要在沿线的国家和地区建立无障碍的贸易和投资通道，进而通过国际通道经济建设，促进该区域的要素有序流动和经贸发展。张强等（2017）基于多种经济增长理论，选取2000～2004年多变量省际面板数据，考量影响丝绸之路经济带的因素，构建交通基础设施对经济增长的空间溢出效应模型。结果发现，密集的跨境交通基础设施、节点中心城市要素聚集力、区域间产业的关联性及互补性是形成产业国际分工与布局的基础和条件。

本章基于通道经济协同开放的视角探讨长江上游区域地级市及自治州的经济增长情况，依托前研究者相关区域经济研究的方法对长江上游川、渝、滇、黔47个地级市及自治州1998～2017年的面板数据进行区域内部经济增长的趋同性实证检验。在实证分析结果的基础上，为推进长江上游区域经济协同发展和构建新型长江上游经济带提供相应的政策建议。

9.1 长江上游区域经济发展现状

9.1.1 经济综合差距

长江上游经济带覆盖川、渝、滇、黔47个地级市及自治州。如图9.1a所示，2017 年，重庆市、四川成都市、四川德阳市、四川攀枝花市、云南玉溪市、云南昆明市、贵州黔西南州、贵州贵阳市人均 GDP 均处于高值区，其中最高值为四川攀枝花 92584 元，依次是四川成都 86911 元，贵州贵阳 74493 元；云南昆明 71906 元，重庆 63442 元，云南玉溪 59510 元，四川德阳 55607 元；人均 GDP 极低值区为云南昭通 15119 元、四川巴中 18418 元、四川甘孜州 22097 元、云南文山州 22299、云南普洱 23821 元、云南临沧 23942 元、云南保山 25692 元、云南怒江 25940 元、云南丽江 26369 元。

攀枝花作为万里长江上游第一城，2017 年人均 GDP 均高于西部两个超大城市重庆和成都，长江上游地级市人均 GDP 最低值云南昭通为 15119 元，最高值四川攀枝花人均 GDP 值约是云南昭通的 6 倍，成都人均 GDP 约为昭通人均 GDP 的 5.7 倍，云南省会城市昆明人均 GDP 约为云南地级市昭通的 4.7 倍。四川最高值有攀枝花、成都和德阳，最低值有巴中和甘孜州，云南最高值有昆明，最低值有文山、普洱、临沧、保山、怒江、丽江，同属一个省会，人均 GDP 差距却有几倍之大。

图 9.1b 为地区生产总值五分位地图，其中高值区为重庆市 19500.27 亿元、四川绵阳 2074.75 亿元、四川德阳 1960.6 亿元、四川成都 13899.39 亿元、贵州贵阳 3537.96 亿元、贵州遵义 2748.59 亿元、云南昆明 4857.64 亿元、云南曲靖 1941.12 亿元；低值区为四川阿坝州 295.16 亿元、四川甘孜州 261.5 亿元、云南迪庆州 198.65 亿元、云南怒江州 141.5 亿元、云南德宏州 356.97 亿元、云南丽江 339.48 亿元、云南大理州 319.67 亿元、云南楚雄州

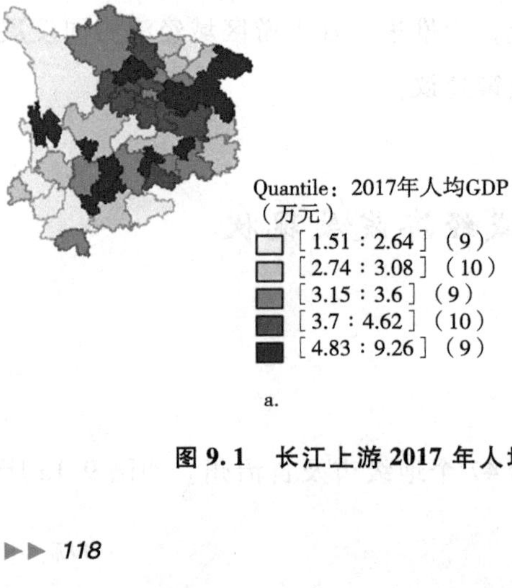

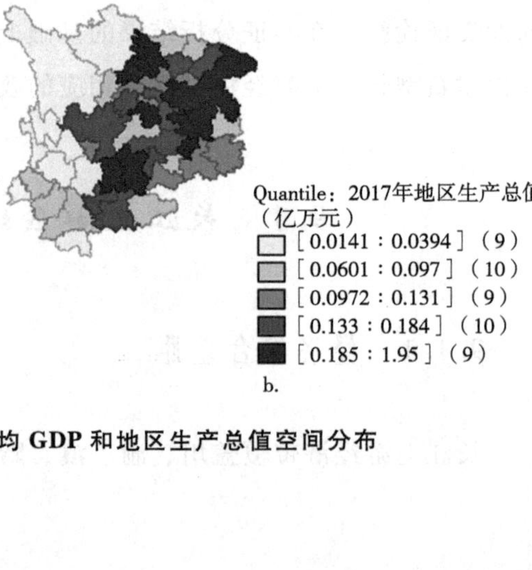

图 9.1　长江上游 2017 年人均 GDP 和地区生产总值空间分布

264.35 亿元、云南西双版纳州 393.84 亿元。在高值区，四川成都和重庆作为长江上游经济带的龙头城市，地区生产总值突破万亿元，重庆地区生产总值约为成都的 1.4 倍，而作为云南省会的昆明，地区生产总值仅约为重庆市的 1/4、四川成都的 1/3，贵州贵阳地区生产总值仅约为重庆市的 1/5、四川成都的 1/4，低值区城市的地区生产总值仅为成都和重庆的十几分之一，区域经济差距较大。

9.1.2　产业结构差异

区域经济差异也与地区之间产业结构发展不同有着密切的联系，是区域经济发展的侧面体现。2017 年，长江上游地区有 9 个地级市第一产业占比小于 10%，分别是成都 3.60%、攀枝花 3.25%、重庆 6.87%、贵阳 4.16%、六盘水 9.22%、昆明 4.33%、楚雄州 7.38%、大理州 6.52%、迪庆州 6.04%。云南大理州和迪庆州（香格里拉市）由于地处高原，地貌优美，以旅游业为主，2017 年大理州和迪庆州第三产业占比分别是 48.54% 和 55.71%。云南楚雄州是省会昆明西出滇西 7 州（市）及缅甸的必经之地，经多年发展形成了六大重点产业，支撑当地经济发展。虽然三个州第二、三产业占比远大于第一产业占比，但并不能表明该区域经济发展良好。2017 年楚雄州、大理州、迪庆州地区生产总值分别为 358.3447 亿元、379.6845 亿元、198.65 亿元，而四川成都、重庆 2017 年第一产业增加值分别为 500.87 亿元和 1339.62 亿元，仅是第一产业就高于其他地区生产总值，反映出长江上游地区经济差距较大的特点，如图 9.2 所示。

长江上游龙头经济城市成都和重庆，2017 年均已突破 5000 亿元，成都分别为 5998.19 亿元和 7390.33 亿元，重庆分别为 8596.61 亿元和 9564.04 亿元。在长江上游地区，除开贵阳第二、三产业值为 1375.18 亿元、2015.45 亿元，遵义第二、三产业值为 1241.5 亿元、1105.2 亿元，昆明第二、三产业值为 1865.97 亿元和 2781.54 亿元，其余地级市及自治州产业值均小于 1000 亿元。成都市作为西南地区的科技、商贸、金融中心和交通、通信枢纽，已建立高新技术产业基地、商贸物流中心和综合交通枢纽。重庆作为直辖市，长江上游经济带中心、金融中心和创新中心，已建立多个综合保税港区。中央财经委员会提出“成渝双城记”，推动成渝经济圈城市发展，这一举措必将继续推动两城市产业升级发展，若不协调长江上游地级市及自治州经济协同发展，那么可能区域内经济差距会继续扩大。

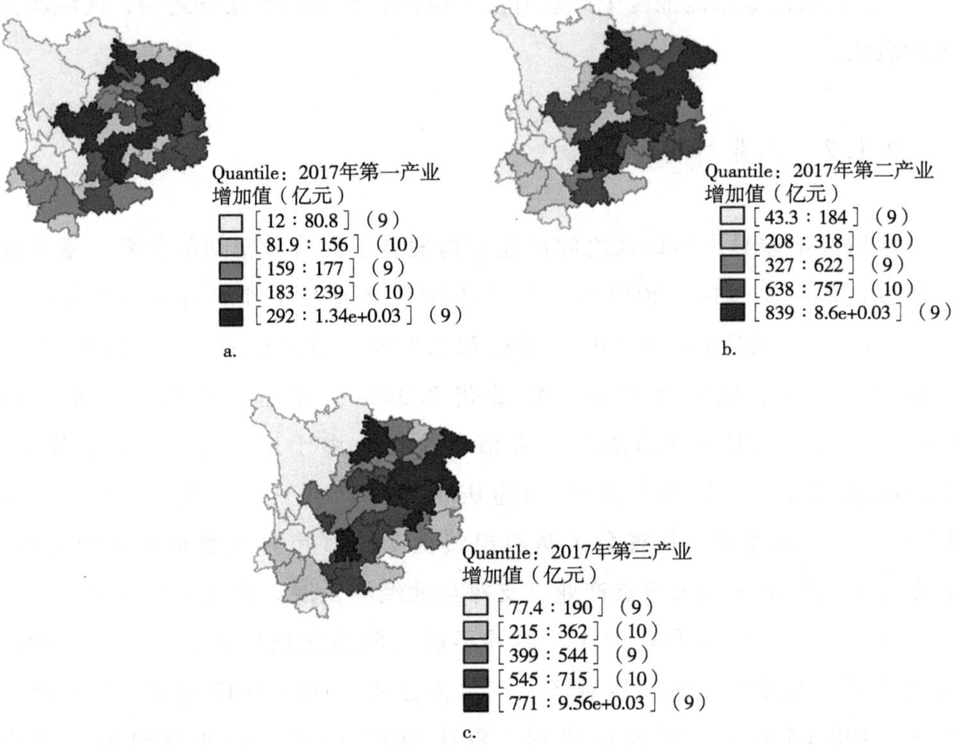

图 9.2　长江上游三大产业增加值空间分布

9.1.3　通道联通差异

长江上游地区经济差距还在于地区之间通道互联互通能力水平差距。川、渝、滇、黔共 33 个地级市 14 个自治州，其中四川成都市、泸州市、广元市、南充市、达州市、凉山州，重庆市，贵州省贵阳市、遵义市、铜仁市、黔西南自治州、黔东南自治州、黔南自治州，云南省昆明市、昭通市、文山州、大理州拥有较为完善的交通网络体系。成都和重庆为西部水、陆、空型综合交通枢纽，2017年成都公路货运量26245万吨、水运货运量321万吨、铁路货运量796.4万吨、民用航空货邮运量643000万吨，重庆公路货运量95019万吨、水运货运量18506万吨、铁路货运量2012万吨、民用航空货邮运量132613万吨①，大规模的货运量数据反映了两个地区与外地贸易联系紧密。长江上游地区虽有11个地级市、6个自治州拥有水、陆、空交通运输条件，但有些港口没有投入使用或是货物吞吐量极少。由于地理条件偏远，大部分地区以公路运输为主，公路运输成本较高，承载货物量小，并且公路运输门槛低，货物散、乱、小，物流量少，与外界贸易联系不紧密，导致区域经济增长速度缓慢。在地理条件允许的情况下，各区域应大力发展港口运输，港口从古至今都是货物运输的重要中转站，港口运输在很大程度上缩小了运输时间和缩短了运输路程，带动区域经济贸易往来的开展。随着经济全球化趋势的发展，港口已经作为国际之间和区域之间贸易交流的窗口，提高了国际、区域之间贸易往来的频率，促进了商贸的发展，进而拉动了区域经济增长。具体见表9.1。

表9.1　川、渝、滇、黔各地级市及自治州交通网络发展情况

地区	公路	铁路	港口②	航空
成都市	√	√	√	√
自贡市	√	√	×	×
攀枝花市	√	√	×	√
泸州市	√	√	√	√
德阳市	√	√	×	×
绵阳市	√	√	×	√
广元市	√	√	√	√
遂宁市	√	√	×	×
内江市	√	√	×	×
乐山市	√	√	√	×
南充市	√	√	√	√
宜宾市	√	√	√	√

① 来自中国经济与社会发展统计数据库。

② 以上港口数据均来自网站 https：//www. maigoo. com/top/401460. html。

续表

地区	公路	铁路	港口②	航空
广安市	√	√	√	×
达州市	√	√	√	√
雅安市	√	√	×	×
巴中市	√	√	×	×
眉山市	√	√	×	×
资阳市	√	√	×	×
阿坝藏族羌族自治州	√	×	×	√
甘孜藏族自治州	√	×	×	×
凉山彝族自治州	√	√	√	√
重庆市	√	√	√	√
贵阳市	√	√	√	√
六盘水市	√	√	×	√
遵义市	√	√	√	√
安顺市	√	√	×	√
毕节市	√	×	×	√
铜仁市	√	√	√	√
黔西南布依族苗族自治州	√	√	√	√
黔东南苗族侗族自治州	√	√	√	√
黔南布依族苗族自治州	√	√	√	√
昆明市	√	√	√	√
昭通市	√	√	√	√
曲靖市	√	√	×	×
玉溪市	√	√	×	×
保山市	√	×	×	√
楚雄彝族自治州	√	√	×	×
红河哈尼族彝族自治州	√	√	×	×
文山壮族苗族自治州	√	√	√	√

续表

地区	公路	铁路	港口②	航空
普洱市	√	×	√	√
西双版纳傣族自治州	√	×	√	√
大理白族自治州	√	√	√	√
德宏傣族景颇族自治州	√	×	×	√
丽江市	√	×	×	√
怒江傈僳族自治州	√	×	×	×
迪庆藏族自治州	√	×	×	√
临沧市	√	×	×	√

9.1.4　其他影响因素

自然条件和区位条件。长江上游地势以山地高原居多，云贵、川西地处高原，资源禀赋高。但由于地势条件，交通网络不发达，对云贵、川西的资源开发有一定的难度，同时也约束了产业布局建设和城市建设，造成区域经济不发达。相对于云贵、川西高原，成都、重庆处于川东盆地。成都平原，地形平坦，开发难度小，立体交通网络体系完善，重庆被两江环绕，沿江建立多个现代化物流港口，拉动了区域经济快速发展。

劳动力素质条件。劳动力素质水平的高低影响着区域经济发展的速度。普通高等学校在校学生人数输出最多的是成都和重庆，其次是昆明和贵阳。并且由于川渝地区经济发展速度大于滇黔地区，从而导致滇黔地区人才流失严重。劳动力素质较高的城市能拉动区域新兴产业、高新技术产业、科技产业和信息化产业的快速发展，从而带动区域经济高速发展。

政策条件。我国为了拉动长江上游地区城市经济发展，制定了相应的投资政策和优惠政策。1998～2017年，全社会固定资产投资额四川成都、重庆、贵阳、昆明分别占川渝滇黔总量的21%、11%、4.8%、5.1%，剩余43个地级市及自治州占比均小于4%。2004年签署了川渝合作协议，成都、重庆成为长江上游经济中心，吸引了大量外商企业投资，两城市的发展相对于长江上游其他地级市更胜一筹。相继成都、重庆市政府落实人才引进优惠政策，加上两地经济发展迅速，吸引了更多的人才落户。中央财经委员会第六次会议提出，要推动成渝地区双城经济圈建设，这一政策的提出会加强两地区经济交流合作，与此同时，推进两城市经济增长速度。

9.2 基于长江上游地区的空间面板模型设定与变量选取

9.2.1 区域收敛的理论模型

在新古典经济增长模型中，认为落后地区比富裕地区有更快的增长速度，利用新古典经济增长模型可以研究区域经济的收敛性质。地区交通运输能够使本地区经济活动向外扩散，带动周边地区经济发展从而促进经济收敛。本章利用β收敛模型研究长江上游47个地级市及自治州经济增长情况，传统β收敛模型如下：

$$(\ln y_{i,t}-\ln y_{i,0})/t=\alpha+\beta\ln y_{i,0}+\varepsilon_{i,t},\varepsilon_{i,t}\sim iid,N(0,\sigma^2) \tag{9.1}$$

式（9.1）中，未考虑地理因素，由于长江上游地区经济差异较大，故加入地区虚拟变量D：

$$(\ln y_{i,t}-\ln y_{i,0})/t=\alpha+\beta\ln y_{i,0}+\eta D+\varepsilon_{i,t},\varepsilon_{i,t}\sim iid,N(0,\sigma^2) \tag{9.2}$$

式（9.1）、式（9.2）中，α为截距项，β为收敛系数，ε为误差项，η为地区虚拟变量系数，i（$i=1, 2, \cdots, 47$）表示川、渝、滇、黔47个地级市及自治州，$y_{i,0}$表示各地区基年的人均GDP，$y_{i,t}$表示年末的人均GDP。若$\beta<0$且显著，则表明长江上游地区在特定时间内存在β收敛。

9.2.2 空间计量经济学模型

（1）空间计量经济学模型

一个省域的经济集聚或者扩散情况不仅受到自身经济发展的直接影响，还受周边甚至更远地区经济发展的影响。交通、认知、产业、制度及技术等使得地区间邻近要素与经济发展的空间联动性进一步增强，地区信息化水平提升与区域之间信息化差异则改变了固有的空间异质性条件。经济发展具有很强的空间自相关性，而多维邻近显现出的集群发展增强了发展的空间依赖性。因此，将多维邻近、信息化发展水平与经济发展之间的关系纳入空间相关性研究当中，探究其背后的空间自相关性（spatial autocorrelation）和空间异质性（spatial heterogeneity）。

在空间计量模型中，根据观测值空间相关性的不同冲击方式，分别采用空间滞后模型（Spatial Model，SLM）、空间误差模型（Spatial Error Model，SEM）和空间杜宾模型（Spatial Durbin Model，SDM），来全面考察长江经济带多维邻近前提之下信息化发展水平及差异对地区经济集聚的影响。

①空间滞后模型。空间滞后模型（SLM）又叫作空间自回归模型，在该模型中，空间相关性完全是由被解释变量传递；在空间滞后模型中，W 空间权重矩阵为次主对角线元素是 1，其他元素是 0 的阶型矩阵，导致这种矩阵出现的原因就是时间在方向上具有单一性。表达式为：

$$Z_{i,t} = \alpha + \lambda W Z_{i,t} + \beta \ln y_{i,0} + \varepsilon_{i,t}, \varepsilon_{i,t} \sim iid, N(0,\sigma^2) \tag{9.3}$$

②空间误差模型。当模型忽略了变量之间也有空间相关性传递时，空间关联则通过误差产生，这时就应采用空间误差模型（SEM）检验空间收敛性：

$$Z_{i,t} = \alpha + \beta \ln y_{i,0} + \varepsilon_{i,t}$$

$$\varepsilon_{i,t} = \rho W \varepsilon_{i,t} + u_{i,t}, u_{i,t} \sim N(0,\sigma^2) \tag{9.4}$$

式（9.3）、式（9.4）中，W 为已知的空间权重矩阵，λ 表现为空间依赖程度，ρ 为空间误差项自回归系数，u 为误差项，$\varepsilon_{i,t}$为随机干扰项。令 $Z_{i,t} = (\ln yi, t - \ln yi, 0)/t$，$\ln y_{i,0}$和 $\ln y_{i,t}$分别表示第 i 年人均 GDP 和期初 1998 年人均 GDP，t 表示研究的时间跨度，因此（$\ln y_{i,t} - \ln y_{i,0}$）$/t$ 表示每个地区人均 GDP 取对数后的年均增长率，即为 β 收敛模型中的解释变量。

由于 SLM、SEM 模型都是从全域角度计算空间相关性，很难避免变量中内生性问题的产生，因此对模型继续采用普通最小二乘法（OLS），将导致估计值出现较大偏差甚至无效（Anselin，1988；吴玉鸣，2007）。借鉴 Anselin

(1988)等的分析方法，本章采用大样本统计量极大似然估计法对上述模型进行估计，一则有效克服 OLS 估计中的估计偏误，二则提升邻省经济发展对本省经济发展影响的度量准确度。

③空间杜宾模型。除了 SLM 与 SEM，SDM 也是空间回归模型中常用的模型，其一般表达式为：

$$Y=\rho WY+X\beta+WX\delta+\varepsilon \tag{9.5}$$

同 SLM 与 SEM 相比，SDM 中增加了对解释变量的空间效应检验项，即用 $WX\delta$ 表示来自邻省解释变量对本地区被解释变量的空间溢出效应，而 δ 为相应的系数向量。不难发现，若 $\delta=0$，则该模型只包含区域间被解释变量之间的空间作用，SDM 简化为 SLM；若 $\delta=\rho\beta$，则式简化为 SEM。因此，SLM 与 SEM 是 SDM 的分解，SDM 常被看作 SLM 与 SEM 的融合。

将 SLM 与 SEM 相比，SDM 中增加了对解释变量的空间效应检验项，用来表示邻省解释变量对本地区被解释变量的空间溢出效应，而 δ 为相应的系数向量。尽管如此，由于空间杜宾模型中的回归系数包含地区之间相互影响的反馈效应，导致对自变量的测度并不准确，而利用偏微分的方式可以消除原有模型中存在的反馈效应。因此，依据 Lesage 等（2009）的方法，将式（9.5）转化为：

$$\left[\frac{\partial \ln Y_1}{\partial \ln X_{1k}} \quad \cdots \quad \frac{\partial \ln Y_n}{\partial \ln X_{nk}}\right]_t=\begin{bmatrix}\frac{\partial \ln Y_1}{\partial \ln X_{1k}} & \cdots & \frac{\partial \ln Y_1}{\partial \ln X_{nk}}\\ \cdots & \ddots & \cdots\\ \frac{\partial \ln Y_n}{\partial \ln X_{1k}} & \cdots & \frac{\partial \ln Y_n}{\partial \ln X_{nk}}\end{bmatrix}$$

$$=(1-\rho W)^{-1}\begin{bmatrix}\beta_k & W_{12}\theta_k & \cdots & W_{1n}\theta_k\\ W_{21}\theta_k & \beta_k & \cdots & W_{2n}\theta_k\\ \cdots & \cdots & \ddots & \cdots\\ W_{n1}\theta_k & W_{n2}\theta_k & \cdots & \beta_k\end{bmatrix} \tag{9.6}$$

式（9.6）中，对角线元素的平均值为直接效应，反映自变量对因变量的影响，非对角线元素的平均值为间接效应（即空间溢出效应），反映其他地区自变量对本地因变量的影响。

（2）区域收敛模型构建

基于β空间收敛模型，引入解释变量劳动力（LAB）、社会固定资产投资额（CES）、公路货物周转量（TRANS）、进出口额（IAE）、外商直接投资额（FDI）、工业化率（INDUST）、普通高校在校人数（PHCAP），控制变量社会消费品零售总额（RSO）、城乡居民存储款余额（TSR）、城镇化率（URBAN）、地方财政一般支出（GOV）和地区虚拟变量（D）共同研究长江上游区域经济β收敛原因。β收敛因素OLS估计模型如下：

$$\begin{aligned} Z_{i,t} = {} & \alpha + \beta \ln RRJGDP98 + \beta_0 \ln LAB + \beta_1 \ln CES + \beta_2 \ln TRANS + \beta_3 \ln IAE \\ & + \beta_4 \ln FDI + \beta_5 \ln INDUST + \beta_6 \ln PHCAP + \beta_7 \ln RSO \\ & + \beta_8 \ln TSR + \beta_9 \ln URBAN + \beta_{10} \ln GOV + \eta D + \varepsilon_{i,t} \end{aligned} \tag{9.7}$$

空间滞后模型（SLM）：

$$\begin{aligned} Z_{i,t} = {} & \alpha + \beta \ln RRJGDP98 + \beta_0 \ln LAB + \beta_1 \ln CES + \beta_2 \ln TRANS + \beta_3 \ln IAE \\ & + \beta_4 \ln FDI + \beta_5 \ln INDUST + \beta_6 \ln PHCAP + \beta_7 \ln RSO \\ & + \beta_8 \ln TSR + \beta_9 \ln URBAN + \beta_{10} \ln GOV + \eta D + \varepsilon_{i,t} \end{aligned} \tag{9.8}$$

空间误差模型（SEM）：

$$\begin{aligned} Z_{i,t} = {} & \alpha + \beta \ln RRJGDP98 + \beta_0 \ln LAB + \beta_1 \ln CES + \beta_2 \ln TRANS + \beta_3 \ln IAE \\ & + \beta_4 \ln FDI + \beta_5 \ln INDUST + \beta_6 \ln PHCAP + \beta_7 \ln RSO \\ & + \beta_8 \ln TSR + \beta_9 \ln URBAN + \beta_{10} \ln GOV + \eta D + \varepsilon_{i,t} \end{aligned}$$

$$Z_{i,t} = \rho W \varepsilon_{i,t} + u_{i,t}, u_{i,t} \sim N(0, \sigma^2) \tag{9.9}$$

9.2.3 变量选择与数据来源

根据以上对收敛模型的分析，本章选取人均GDP增长率为被解释变量，劳动力（LAB）、社会固定资产投资额（CES）、公路货物周转量（TRANS）、进出口额（IAE）、外商直接投资额（FDI）、工业化率（INDUST）、普通高校在校人数（PHCAP）为解释变量，社会消费品零售总额（RSO）、城乡居民存储款余额（TSR）、城镇化率（URBAN）、地方财政一般支出（GOV）为控制变量进行回归分析，具体见表9.2。其中，工业化率是第二产业生产值占地区生产总值的比值。本章数据来源于国家统计局、《中国经济社会发展统计库》《国民经济和社会发展统计公报》。

表 9.2　　　　变量名称、测度指标及指标符号

变量分类	测度指标	变量名称	指标符号
被解释变量	经济增长	人均 GDP 增长率	AGRJGDP
解释变量	劳动力	从业人员数	LAB
	资本增量	社会固定资产投资额	CES
	经济通道	公路货物周转量	TRANS
	对外开放	进出口额	IAE
		外商直接投资额	FDI
	工业化进程	工业化率	INDUST
	人力资本	普通高校在校人数	PHCAP
控制变量	市场需求	社会消费品零售总额	RSO
	资本储蓄	城乡居民存储款余额	TSR
	城市化进程	城镇化率	URBAN
	政府公共开支	地方财政一般支出	GOV

9.3　长江上游地级市人均 GDP 的空间相关性

进行空间计量分析的前提是度量空间之间的距离。Waldo R. Tobler 教授在 1969 年提出“地理学第一定律”。他认为，任何事物都是相关的，只是相邻的事物相关性更紧密。最常用的空间距离即为“相邻”，本章直接选用最常用的 0－1 矩阵作为空间权重矩阵，即如果区域 i 与区域 j 有共同的边界，则距离 $W_{ij}=1$，若没有共同的边界，则距离 $W_{ij}=0$，记地区 i 与地区 j 之间的距离为 d_{ij}：

$$W_{ij}=\begin{cases}1，若\ d_{ij}<d\\0，若\ d_{ij}\geq d\end{cases}\tag{9.10}$$

且城市自身与自身不相邻，故构造出的地理权重为对角线元素为 0 的对角矩阵。最后，在进行局部空间相关性分析时需要把地理距离空间权重行标准化，使其权重矩阵中每行的和为 1。

9.3.1　全局空间自相关

为了判断区域间人均 GDP 的空间相关性的变动特征，本章选用经典的 Moran's I 指数测度空间自相关的全局指标。反映的是空间邻接或空间邻近的区域单元属性值的相似程度，也就是区域单元的集聚效应，即是否具有相同属性的区域单元在空间上或地理上邻近，其计算公式为：

$$Moran'I = \frac{\sum_{i=1}^{n}\sum_{j=1}^{n} w_{ij}(Y_i - \bar{Y})(Y_j - \bar{Y})}{S^2 \sum_{i=1}^{n}\sum_{j=1}^{n} w_{ij}} \tag{9.11}$$

其中，$S^2 = \frac{1}{n}\sum_{i=1}^{n}(Y_i - \bar{Y})^2, \bar{Y} = \frac{1}{n}\sum_{i=1}^{n} Y_i$，$Y_i$ 表示第 i 地区的人均 GDP 值，n 表示长江上游 47 个地级市及自治州，W 表示地理空间权重矩阵。Moran's I 的取值范围为［-1，1］，当莫兰指数越靠近 1 时，表明地区之间的正相关空间性越强，越靠近 -1 时表明地区之间的负空间相关性越强，等于 0 则不存在空间相关性。

表 9.3 为 Stata 估计出的长江上游川、渝、滇、黔 47 个地级市及自治州人均 GDP 全局空间自相关结果。从表中可以看出，在 5% 的显著水平上，川、渝、滇、黔各地级市人均 GDP 在 1998～2017 年存在空间正相关性，显示出在这 20 年间川、渝、滇、黔各地级市出现了空间上的集聚现象，即具有相对较高收入的地区相互邻近，具有相对较低收入的地区相互邻近。从 1999 年开始，Moran's I 指数随着时间的推移在增大，但从 2005 年开始统计量的结果开始下滑，在 2014 年以后基本开始趋于平稳，也就是说在 1999～2004 年川、渝、滇、黔各地级市空间相关强度不断加强，但从 2005 年开始空间相关强度逐渐减弱，并在 2014 年以后没有发生太大的阶段性的变化。

表 9.3　1998～2017 年川渝滇黔地级市人均 GDP 的 Moran's I 指数

年份	Moran's I	p - value	年份	Moran's I	p - value
1998	0.213	0.003	2000	0.161	0.018
1999	0.151	0.019	2001	0.166	0.016

续表

年份	Moran's I	p - value	年份	Moran's I	p - value
2002	0.168	0.015	2010	0.192	0.008
2003	0.179	0.011	2011	0.212	0.004
2004	0.199	0.006	2012	0.184	0.010
2005	0.174	0.013	2013	0.157	0.021
2006	0.160	0.019	2014	0.132	0.040
2007	0.178	0.012	2015	0.127	0.045
2008	0.155	0.022	2016	0.120	0.053
2009	0.163	0.018	2017	0.114	0.061

9.3.2 局部空间自相关

上述莫兰指数测度了长江上游川、渝、滇、黔全域范围内各地级市及自治州的空间相关性。1995 年 Anselin 指出，地区间空间相关性的局域分布可能会出现全域指标所不能反映的“非典型”情况，尤其在大样本数据中，有可能出现局部现象和全域现象相反。因此，有必要使用局部空间相关性指标（LISA）来分析区域空间相关性的局域特性。局域 Moran's I 指数是用来测度地区局部空间自相关的主要指标：

$$I_i = Z_i \sum_{j=1}^{n} W_{ij} Z_j \qquad (9.12)$$

式（9.12）中，$Z_i = Y_i - \overline{Y}$，$Z_j = Y_j - \overline{Y}$，Y_i，Y_j 分别表示第 i 地区的人均 GDP 值和第 j 地区的人均 GDP 值，n、W 同式（9.11）。局域空间相关性指数在坐标轴上分为四个象限：第一象限表示高值聚集区域，第三象限表示低值聚集区域，第二象限表示低值区域周围为高值区域单元，第四象限与第二象限相反。

尽管 Moran's I 指数表明 1998 ~ 2017 年长江上游地区经济呈现出空间正相关，但该指数不能显示出低收入地区与高收入地区经济聚类的具体情况。为了检测长江上游地区经济局部空间特征，我们使用莫兰散点图和 LISA 聚类图分析。图 9.3a 为 1998 年人均 GDP 莫兰散点图，从图中可以看出高—高类型（HH）和低—低类型（LL）占主导地位，大部分观测者都集聚在第一、第三象限，即具有较高人均 GDP 的地级市相邻地区同样具有较高人均 GDP 值（第一象限），这些城市主要分布在四川省和云南省；较低人均 GDP 与相邻较低人均 GDP 则均匀分布在四川省、云南省和贵州省。图 9.3b 为结合莫兰散点图得出的 LISA 集聚图，从图中可以看出四川省阿坝州、云南省楚雄市处于高—高区域（HH），贵州省六盘水和黔东南处于低—低区域（LL），贵州省贵阳市处于高—低区域（HL），云南省红河州、四川省凉山州处于低—低区域（LL）。

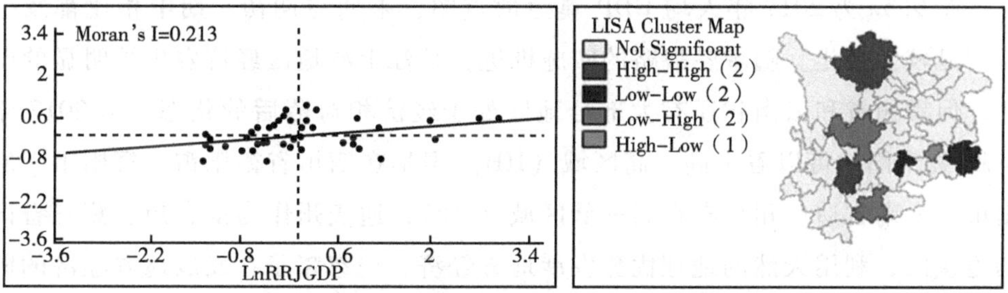

（a）1998年人均GDP的莫兰散点图　　（b）1998年各地区人均GDP的LISA集聚图

图 9.3　1998 年空间相关性检验

图 9.4a 为 2010 年人均 GDP 莫兰散点图，与期初 1998 年相比，观测值仍然大部分分布在高—高区域（HH）和低—低区域（LL），其中四川省有 13 个地级市分布在高—高区域（HH）区域，另外三个分别是重庆市、云南省昆明市和玉溪市；分布在低—低区域（LL）的大部分属于云南省和贵州省，还有四川省巴中市、南充市、达州市、广元市。从图 9.4b 中可以发现聚类发生了较大明显的变化，四川省阿坝州、云南省楚雄州分布在低—高区域（LH），即自身区域观测值很小，相邻地区观测值很大；高—高区域（HH）则集中分布在四川省，分别是资阳市、内江市、眉山市，表明成渝经济圈的建立对周围经济有着较大强度的辐射作用。贵阳仍处于高—低区域（HL），作为贵州省会城市贵阳，拥有国家级的大数据产业集聚区，但作为“发动机”的贵阳对周围城市经济增长作用并不显著。分布在低—低区域（LL）的是云南省临沧市、保山市、大理市，三州市毗邻，临沧作为边境地区，没有构建合适的区域协同发展的经济体系导致区域经济发展落后。

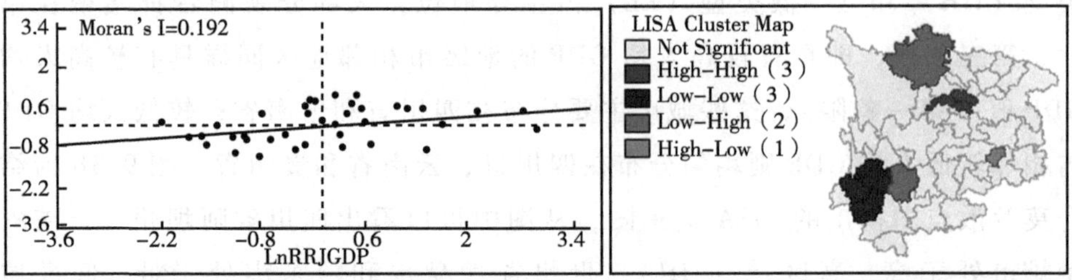

（a）2010年人均GDP的莫兰散点图　　（b）2010年各地区人均GDP的LISA集聚图

图 9.4　2010 年空间相关性检验

图 9. 5a 为 2017 年人均 GDP 莫兰散点图，末期与期初、期中相比都发生了明显较大变化。随着各战略的实施推进，长江上游地区经济发生了明显的改变，但贵州省和云南省还有大部分地区处于经济相对落后的状态。从 2017 年 LISA 集聚图中可以看出高—高区域（HH）聚集在四川省德阳市、资阳市、眉山市。云南省迪庆州分布在高—低区域（HL），迪庆州作为滇、川、藏三省区的连接区，利用天然的地理优势发展地方经济，但忽略了在发展地方经济的同时应协调周围区域经济共同发展。

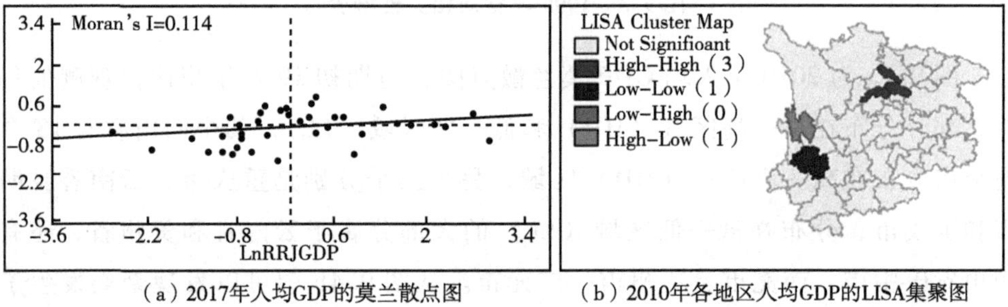

（a）2017年人均GDP的莫兰散点图　　（b）2010年各地区人均GDP的LISA集聚图

图 9.5　2017 年空间相关性检验

从局域相关性指标我们可以得出结论：1998 ~ 2017 年，虽然存在显著全局空间自相关，但从局部自相关角度观察到，大部分地区存在不显著的局部自相关。其中，区域无序竞争、产业同质化、信息不联通和产业主导因素的转移等都会导致地区经济出现显著的交错发展现象。

9.4 长江上游地区人均GDP收敛性分析

上述分析得到长江上游地区经济存在空间正相关性，但不同因素对长江上游区域经济增长的影响不同。本章为了进一步探讨公路货物周转量对长江上游区域经济增长呈现正向作用还是负向作用，以及长江上游区域经济收敛机制，将基于通道经济视角利用空间计量模型和新经济增长理论，借助 Stata 软件对各指标进行空间计量分析。在进行空间模型回归时，根据地域分布，地区虚拟变量重庆市和四川省取 1，贵州省和云南省取 0。

9.4.1 标准β收敛实证分析

为探讨省域内部经济收敛机制，本章分别对川、渝、滇、黔各省份内部进行β收敛性分析。其中，因为重庆是直辖市，考虑到成渝经济区圈以及四川与重庆的地理位置，故把重庆纳入四川地区进行估计分析。在考虑了空间自相关情况下，全局相关性指数在 5% 的显著条件下拒绝原假设，但在不考虑空间自相关的情况下，本章发现川、渝、滇、黔各省域内部增长存在β收敛的趋势（见表 9.4）。

表 9.4　　标准β回归检验结果（分地区）

变量	川渝地区	贵州省	云南省
lnLAB	8.62167*** (5.61)	-2.018393 (-1.41)	0.5565677 (0.77)
lnCES	3.588452** (2.99)	4.116675** (3.20)	0.0624677 (0.08)
lnTRANS	-0.4775496 (-0.74)	-0.7368393 (-1.39)	-1.97326*** (-3.52)
lnIAE	-0.0502212 (-0.12)	2.064788*** (3.87)	-0.2780999 (-0.84)
lnFDI	0.0570242 (0.18)	-1.119521*** (-3.88)	-0.5215938* (-1.98)

续表

变量	川渝地区	贵州省	云南省
lnINDUST	3.797132** (3.34)	1.132127 (1.38)	-0.1932118 (-0.52)
lnRSO	0.7435972 (0.46)	-9.434465*** (-3.61)	-4.466345** (-2.82)
lnPHCAP	0.9310659* (2.04)	1.061003 (1.17)	1.848983** (2.78)
lnTSR	-8.142052*** (-8.11)	8.040547** (2.66)	-0.6752578 (-0.50)
lnURBAN	8.763869** (2.57)	-4.888646** (-3.17)	6.811854*** (4.10)
lnGOV	-0.1961196 (-0.17)	-1.451187 (-1.43)	4.3697*** (6.97)
constant	17.44778* (2.54)	-15.49453 (-1.38)	-15.03882** (-2.72)
β	-1.168479*** (-6.14)	-0.8845375** (-3.23)	-0.4995213* (-2.11)

从回归结果可以得出以下结论：川渝地区、贵州省和云南省省域内分别都表现出标准β收敛现象，表明各省域内存在紧密的经济联系；劳动力仅对川渝地区有显著的正向作用，而对其他两省无明显的影响，川渝地区聚集了大量的产业，劳动力的投入与经济增长存在正相关性；川渝地区和贵州省社会固定资产投资额显著为正，表明地区投资促进了经济增长；云南省各地级市公路货物周转量显著为负，说明在经济转型时期，货物结构还没有完善，在转型发展期间对通道经济增长有着负向作用；贵州省进出口额系数显著为正，表明贵州省对外贸易量的加大促进了区域经济增长；贵州省和云南省的外商直接投资额系数显著为负，说明贵州省和云南省的外商企业引进的新技术未完全被吸收；工业化率仅对川渝地区有显著的正向作用，说明川渝地区各产业技术的大改造使生产日益社会化，城市迅速发展；衡量人力资本指标的普通高校在校生人数系数显著为正，表明川渝地区和云南省各高校为地区输出的人才促进了通道经济的增长。

9.4.2　空间收敛实证分析

为研究长江上游川、渝、滇、黔 47 个地级市及自治州区域经济的空间收敛性，采用各地级市及自治州 1998～2017 年的面板数据运用空间计量方法进行回归检验。表 9.5 为川、渝、滇、黔 47 个地级市及自治州 1998～2017 年空间计量模型的回归结果。根据空间收敛性检验结果，Lmsar 和 Lmerror 均通过显著性检验，且 Lmsar 的值显著大于 Lmerror 的值，说明相对于 SEM 模型，SAR 模型更适合。其中 $\beta<0$，表明在 1998～2017 年，长江上游区域经济确实存在空间 β 收敛。

估计结果发现作为解释变量的劳动力、外商直接投资额对长江上游地区经济增长不存在显著性作用。劳动力指标系数不显著，验证了新增长理论认为劳动力的数量规模并不能影响区域经济增长，人力资本才是区域经济增长的核心动力；社会固定资产投资和工业化率系数显著为正，表明该经济指标促进了长江上游地区经济发展。投资是促进经济增长的源泉之一，社会固定资产投资的结果是物质资本（陆迁，2005），即是机器设备或是基础设施的建成，机器设备在企业的投入便会加大生产的工作效率，同时促进产业升级提高工业化率，使工业化产值增高从而促进区域经济增长；普通高校在校生人数系数显著为正，表明人力资本对地区经济增长有明显的促进作用，他们通过学习知识和技术，把理论与经验应用于生产中，提高生产效率。

进出口额系数为正且显著，表明长江上游区域对外开放对经济增长有促进作用。对外开放程度、外贸发展对区域经济产生了积极影响，对外开放以交通为载体与外界产生经济联系，从第 8 章分析中看到长江上游地区经济对交通依赖度较高；公路货物周转量系数显著为负，长江上游货物运输以公路为主，区域物流货物结构不完善，公路运输运载货物较少且较散，物流成本较高。货物结构主要表现为散、多、小的特征，出现这一系列特征的原因主要是因为市场信息完整程度不高，区域之间通道互联互通程度低。现代物流业发展逐步完善，但仍然存在道路货物运输市场混乱，总体上存在进入物流市场门槛低，严重的规模不经济问题，从而抑制了区域经济增长。

表 9.5　β 收敛空间回归模型检验结果（川、渝、滇、黔）

变量	标准β回归	SDM（OLS）	SEM	SLM
lnLAB	1.149 (1.87)	0.123 (0.20)	0.101 (0.20)	0.590 (1.12)
lnCES	2.304 *** (3.89)	2.275 *** (4.46)	1.782 *** (3.81)	1.512 ** (3.14)
lnTRANS	-2.349 *** (-5.55)	-1.554 *** (-4.09)	-1.060 ** (-2.84)	-1.687 *** (-4.72)
lnIAE	0.526 (1.88)	0.656 * (2.55)	0.594 * (2.48)	0.426 * (1.83)
lnFDI	-0.468 * (-2.54)	-0.0938 (-0.64)	-0.162 (-1.13)	-0.228 (-1.57)
lnINDUST	1.422 ** (3.03)	1.029 * (2.34)	0.341 (0.88)	0.867 * (2.10)
lnRSO	-0.786 (-0.74)	-0.0691 (-0.07)	-0.415 (-0.51)	-0.717 (-0.84)
lnPHCAP	2.320 *** (5.76)	1.646 *** (3.99)	0.549 (1.60)	1.326 *** (3.80)
lnTSR	-4.539 *** (-5.84)	0.738 (0.97)	-0.285 (-0.40)	-1.625 ** (-2.61)
lnURBAN	3.389 (1.92)	2.075 (0.99)	1.016 (0.68)	1.887 (1.16)
lnGOV	1.853 *** (3.64)	0.374 (0.82)	-0.212 (-0.50)	0.112 (0.27)
α	10.27 ** (2.73)		6.529 * (1.97)	3.410 (1.12)
R^2		0.9437	0.9251	0.9285
η	0.334 (0.66)		-0.568 (-0.93)	-0.0249 (-0.04)

续表

变量	标准 β 回归	SDM（OLS）	SEM	SLM
λ		0.482 *** (13.68)		0.611 *** (22.85)
ρ			0.678 *** (26.21)	
β	0.765 *** (-5.70)	-1.193 (-0.73)	-0.855 ** (-2.97)	-0.240 * (-2.28)

空间相关性检验结果

Moran's I	0.4217	0.000
Lmerror	310.8515	0.000
Rubost - LM - Error	876.9924	0.000
Lmlag	490.1858	0.000
Rubost - LM - Lag	1056.3266	0.000

9.4.3 空间溢出效应分析

为探讨各区域经济的空间溢出效应，用空间杜宾模型对川、渝、滇、黔的地级市及自治州进行估计分析，分解得出各指标的直接效应、间接效应和总效应（见表 9.6）。直接效应表示该指标的经济作用只对本地区产生，间接效应表示该指标的经济作用溢出到周边地区，总效应表示该指标对整个区域经济产生的作用。劳动力无论是对本地区还是周边地区经济都没有溢出作用，也再次验证 9.4.2 小节中劳动力的数量对区域经济没有实质性的贡献作用，人力资本的提升比劳动力的增加对经济的增长更具有推动作用；社会固定资产投资额对区域内经济和整个区域经济存在明显的空间溢出效应，说明随着社会固定资产投资额的增长，不仅有利于本地区经济的增长，而且对整个市场经济都有很好的带动作用；1998 ~2017 年公路货物周转量对区域内、邻近区域和整个地区经济都在存在显著的负向溢出效应，表明经济转型过程中，各地区的货物结构都不完善；进出口总额间接效应系数显著为负，说明对外贸易的经济行为对邻近地区经济有着明显的副作用，表现出了地区间低层次同质化的竞争；工业化率对区域内、区域间以及整个地区都存在显著的正向空间溢出效应，说明工业化的提高无论对区域内还是邻近区域或是川、渝、滇、黔所有地区的经济增长都有着积极的影响；普通高校在校生人数的空间溢出效应系数显著为正，表明人才的输出无论是对本地区的经济还是邻近地区经济或者是整个区域经济都有带动作用。

表 9.6　各影响因素的直接效应、间接效应和总效应的回归结果

变量	直接效应	间接效应	总效应
lnRRJGDP98	-1.089	0.611	-0.477
lnLAB	0.201	1.381	1.582
lnCES	2.421***	1.352	3.774*
lnTRANS	-1.832***	-3.711**	-5.543***
lnIAE	0.471	-2.513**	-2.042
lnFDI	-0.123	-0.503	-0.625
lnINDUST	1.478**	6.020***	7.498***
lnRSO	-0.195	-2.324	-2.519
lnPHCAP	2.152***	6.552***	8.704***
lnTSR	-0.0733	-10.46***	-10.54***
lnURBAN	2.373	3.085	5.458
lnGOV	0.737	5.049**	5.785**
η	-0.000163	0.00251	0.00235

9.5　本章结论与建议

本章使用面板数据分析研究了川、渝、滇、黔 1998~2017 年各地级市及自治州人均 GDP 的收敛性及其影响因素，结果显示川、渝、滇、黔在空间上存在正的空间相关性且存在 β 收敛，在不考虑空间自相关的情况下，分区域回归结果显示川、滇、黔本身区域内部也存在 β 收敛，这说明新古典增长模型反映的增长机制仍然适用于长江上游区域经济增长模式，各地区的经济增长主要取决于本地区的要素积累。探索 β 收敛机制结果显示：①人力资本、工业化率、进出口额、固定资产投资和公路货物周转量对区域经济收敛都存在一定的影响，人力资本、工业化率、进出口额和固定资产投资对区域经济增长存在着显著的正向作用，而公路货物周转量对区域经济增长存在显著的负向作用；②川、渝、滇、黔存在较强的空间联动性和空间依赖性，且固定资产投资额、公路货物周转量、进出口额、工业化率、人力资本的空间溢出效应较为显著。

基于此，针对长江上游通道经济协同发展和区域开放格局构建提出以下建议：一是推动交通基础设施互联互通，应加快长江上游经济带城市群的交通基础建设和跨区域交通一体化建设，建立综合立体交通走廊，依托黄金水道推动长江经济带发展；构建高效物流枢纽体系，推动货物的多式联运和高效中转，同时推动物流信息互联互通；二是构建长江上游地区开放型市场经济体系，打破区域之间政策壁垒和利益壁垒，创新区域协同协调发展体制机制，建立合理的协同与开放兼容的政策体系，协同优化产业布局，规避无序低效竞争，规范市场行为和优化营商环境；三是推动产业提升和协同发展，通过全球价值链重塑和构建国内价值链，提升川、渝、滇、黔产业链水平，创新驱动促进产业升级；推动跨区域政府间合作，促进各种形式的企业联盟和集群发展，以产业错位发展和区域产业链构建区域经济一体化体系。四是提升人力资本发展水平，加大对长江上游地区教育资金支持，面向未来、面向市场培育研究型和应用型人才；加大对人才引进力度，不仅要留住本地人才，更要积极制定一系列政策吸引外来人才创新创业。

第10章　基于全球价值链网络的长江经济带产业嵌入与协同发展策略

长江经济带面积约占全国的21%，经济总量占45%，是世界上经济密度最高、影响范围最广泛的内河流域经济带之一。当前，装备制造、纺织服装、电子信息、有色金属等产业规模占全国比重均在50%以上，[①] 依托长江经济带产业布局和资源禀赋，未来打算在纺织服装、电子信息、家电、高端装备、汽车领域，培育具备世界先进水平的五大世界级产业集群。[②] 但是，世界经济正在经历深刻变革，我国中高端制造产业面临发达国家和发展中国家"双向挤压"的严峻发展挑战。[③] 与此同时，长江经济带省际发展不平衡、中低端产业占比太高、自主创新能力较弱等问题凸显。助力长江经济带产业升级和经济协调发展，必须在创新、共享、开放等发展理念引领下，统筹国内国际两个大局，积极应对日益复杂的国际形势，抢占新一轮竞争制高点，以科技创新、协同开放、绿色共享，形成高质量发展的新机制、新引擎、新格局。

在全球生产网络的不断复杂发展和新一轮产业革命的高速助推下，国际分

---

① 数据来源于国家发展改革委、科技部、工业和信息化部2016年3月联合发布的《长江经济带创新驱动产业转型升级方案》。

② 《长江经济带发展规划纲要》《依托黄金水道推动长江经济带发展的指导意见》和《关于加强长江经济带工业绿色发展的指导意见》文件中均提出打造长江经济带世界级产业集群。

③ 《中国制造2025》中提出"国际金融危机发生后，发达国家纷纷实施'再工业化'战略，重塑制造业竞争新优势，加速推进新一轮全球贸易投资新格局。一些发展中国家也在加快谋划和布局，积极参与全球产业再分工，承接产业及资本转移，拓展国际市场空间。"这构成了发达国家和其他发展中国家对中国的双向挤压。

工日益深化，中国嵌入全球价值链（Global Value Chain，GVC）程度日益加深，根据《2014世界贸易报告》，中国的全球价值链嵌入程度从1995年的29%增长到2008年的50%，我国制造业在全球价值链中的国际竞争力从2000年的第八位跃升到2014年的世界第三位。① 随着经济全球化与区域经济一体化迅速发展，长江经济带在构建国内价值链（National Value Chain，NVC）的同时，也在积极融入全球价值链。一方面，长江经济带正在推动上游、中游、下游产业优势互补，加快产业转型和省际协调发展；另一方面，长江经济带也在着力打通国际贸易大通道，构建全方位开放新格局，积极提升产业竞争力，将优势产业推向全球产业链高端。

党的十九大报告提出：要"加快建设制造强国，加快发展优势制造业，支持传统产业优化升级，促进我国产业迈向GVC中高端。"本书基于全球价值链理论，借助世界投入产出数据库（WIOD）及长江经济带11个省（市）2004～2014年的数据，以通信、计算机及其他电子设备、纺织服装、交通运输设备、金属制品业、电气机械及器材五大产业为研究对象，估算长江经济带五大行业全球价值链分工地位指数，以此考察长江经济带产业竞争力，并通过竞争力影响因素的深刻剖析，提出长江经济带产业竞争力提升的政策建议。

10.1 全球网络理论基础与价值链研究现状

10.1.1 全球生产网络

(1) 全球生产网络的概念

随着科技、信息等的快速革新，信息化和全球化的迅猛发展构成了世界经济格局变化的双重引擎。Peter Dicken（2006）认为，过去的几十年里，全球经济空间重组中最为显著的发展有两个，其一是跨国生产网络的加速形成；其二是区域经济集团的激增。值得关注的是，跨国生产网络的形成是全球分工体

① 戴翔．中国制造业国际竞争力——基于贸易附加值的测算．中国工业经济，2015（1）：78－88.

系扩散与重组的一个引人注目的特点，对传统的以区域内部分工为基础的分工体系产生了巨大的挑战，同时开辟了深化和细化分工体系的新源泉。目前，在理论研究层面，大量学者对全球生产网络（Global Production Network，GPN）的概念与分析进行了系统的研究，最流行的分为三个框架：其中经济地理学者是以亨德尔森（Jeffrey Henderson）、迪肯（Peter Dicken）、考伊（Neil Coe）、杨（Henry Yeung）等为代表的曼城学派的全球生产网络；管理学派是以全球价值链和厄斯特等发展理论为代表的全球创新网络。全球生产网络逐渐成为近年来全球化与区域发展研究的焦点，基于 GPN 重要视角，为全球化所结合的经济—地理提供了方向；同时也使发展中国家或地区融入全球经济，逐步实现产业转型的道路更加通畅。表 10.1 是研究全球生产网络的框架。

表 10.1　　　　全球生产网络框架之研究基础

时间	研究基础	主要学科	关键概念	主要研究者	经济地理学中关于GPN 的概念
20 世纪80 年代早期	价值链分析框架	战略管理	生产阶段竞争策略竞争优势	Michael Porter	生产活动空间组织、GPN 中价值概念的重要性、生产中的制造和好的服务活动
20 世纪80 年代中期	网络与嵌入视角	经济社会学、组织研究、战略管理	商务形成和组织的交互关系；经济活动与社会结构的交互关系	Ronald Burt Mark Granovetter Carlos Jarillo Jan Johanson Nitin Nohria Walter Powell	领军企业及其嵌入网络；跨时空延伸的关系网络；网络价值的创造、提升与保持
	行动者网络分析	科学和技术研究、社会科学后结构主义研究	异质关系；人类与非人类的多种关系控制	Michel Callon Bruno Latour John Law	GPN 分析基础的网络与关系；GPN 行动者的权利运用
20 世纪90 年代中期	全球商品链与价值链分析	经济社会学、发展研究	作为连续链条的商品生产；链式组织中的价值创造	Dieter Ernst Gary GereffiJohn Humphrey Hubert Schmitz	GPN 经济发展结果与空间结构；GPN 制度影响

资料来源：Hess M.，Yeung H. W－C. Whither Global Production Networks in Economic Geography? Past，Present，and Future［J］. Enviroment and Planning A，2006，38（7）：1193－1204.

(2) 全球生产网络的演化

亨德尔森 (2002) 提出全球生产网络理论 (GPN1.0) 包括价值、权利、嵌入三个基本要素，以及公司、部门、网络、制度为分析的四个维度。GPN1.0 对社会科学研究特别是经济地理学产生很大的启发，但主要针对静态的网络行动者进行研究，缺乏对应的动态理论阐释，且在地方的战略耦合等方面存在缺陷。近年来，学者杨 (Henry Yeung) 等在 GPN1.0 的基础上继续发展，重新构建了更具有动态的全球生产网络理论 (GPN2.0)，GPN2.0 更生动形象地解释了全球生产网络。现分析并总结 GPN1.0 与 GPN2.0 的主要差异与发展情况如表 10.2 所示。

表 10.2　GPN1.0 与 GPN2.0 的区别与联系

要素	GPN1.0	GPN2.0
时代背景	全球化加速发展阶段	全球化深度调整期
行动者	领先企业和供应商	领先企业、战略合作伙伴、专业供应商 (产业指定的)、专业供应商 (跨产业的)、普通供应商、主要消费者
理论构建	以三种基本要素与四种分析维度为基础构建	将三类竞争性变化和风险结合，构建四种行动者策略
状态	静态	动态
区域发展	战略耦合	战略耦合、再耦合、退耦合
不足之处	1. 缺少对全球生产网络组织协调演变的动态理论解释； 2. 分析界限的不确定性； 3. 因果解释的薄弱性	1. 因果机制与研究变量模糊； 2. 无法完全解释现实经济中高度复杂的全球生产网络中的关键因子； 3. 未将国内市场与技术创新等解释变量纳入分析框架
联系	GPN1.0 在经济地理学以及其他社会科学研究中起到了启发式框架的作用，GPN2.0 是全球生产网络理论的最新进展，发展了一个更为动态的全球生产网络理论	

10.1.2　全球创新网络

“创新网络”这一观点首次出现在“创新者网络”的研究专辑里，吸引了广大国内外学者进行研究。一般将其分为两个部分：区域创新网络与企业创新网络，两者的研究视角，主要侧重点都有所差异。区域创新网络主要指在特定的地域范围内，研究地方政府、科研所、大学、中介机构、企业等地方行为主体之间的相互关系；企业创新网络则是围绕核心企业形成的相互关系，如图 10.1 所示。创新网络是萌发于企业内部与外部资源整合的一种创新形式，而全球创新网络（Global Innovation Networks，GIN）是把创新网络扩展到地域范围，从企业内部扩展到开放式的全球范围。看似简单的地域扩展，其中却隐含了各方面的变化，包括各国的经济环境、文化、政治、法律等。由此带来的是企业内部的创新系统、组织模式、企业的运作系统等将会随之变化。GIN 实际上是基于环境全球化的视角下，企业从封闭式创新转向开放式创新的另一种创新模式。全球创新网络，突破原有的企业内部的自主创新，运用全球范围内的不同资源进行整合与创新，有利于满足企业的创新需求并有效地融合了全球资源，推动全球经济的可持续发展。现如今，全球创新网络主要有三个理论：其一是来自管理学派的全球创新网络理论；其二是关系经济地理学派的集群网络理论；其三是计量经济地理学派的网络资本理论。

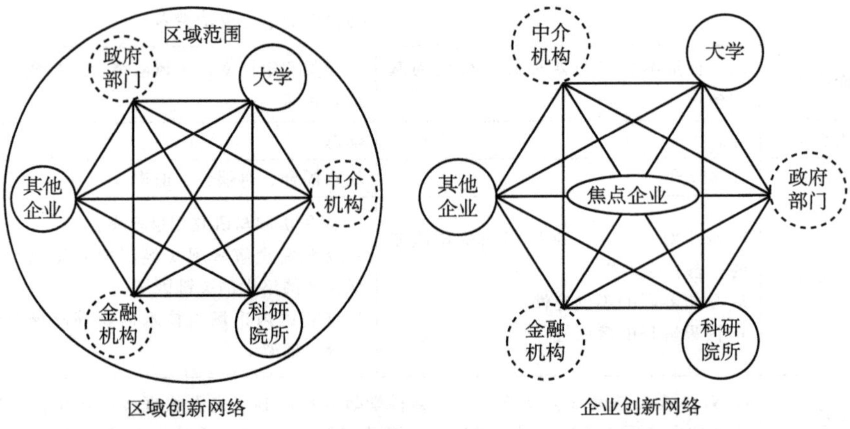

图 10.1 区域创新网络与企业创新网络的对比

资料来源：马琳，吴金希．全球创新网络相关理论回顾及研究前瞻．自然辩证法研究，2011，27（1）：109－114．

10.1.3 全球价值链网络

全球价值链的理论可以追溯到波特的价值链理论，其理论意义最为深远。

"价值链理论"最初由美国哈佛商学院著名战略学家迈克尔·波特（Michael E. Porter）（1985）提出，从此打开了深入研究全球价值链理论的通道。波特将企业的价值增值活动区分为互不相同的组成部分，主要包括基本活动及支持性活动两种，它们共同组成了企业的价值链。每个企业均具有自身的价值链条，并与其他企业相互联系，由此形成了价值链体系。从最初的强调单个企业扩展到不同企业之间，表明在经济生活中价值链无处不在，无论是有关联的企业与企业之间，还是企业内部部门与部门之间都存在价值链的联结。Kogot（1985）通过对国际战略优势分析，提出"价值增值链"概念。将价值链理解为要素投入、产品组装、交易和消费的循环过程。在整个循环过程中，一个国家、地区将利用自身的比较优势确保其在价值链上的竞争优势。其首次从区域与国家层面分析价值链垂直分布与空间再配置的关系，深化了波特的价值链理论。之后，Gereffi（1994）首次提出"全球商品链"，并认为商品链是一个建立在内在组织化基础上的网络系统，在分析中应与企业位置的特殊性、社会性及当地结合，围绕某种产品的生产形成一种跨国生产组织体系，在全球价值链研究中起到了里程碑的作用。Gereffi（2001）在《价值链的价值》中突破商品的概念，分别从全球价值链治理体系、演变和升级等方面对全球价值链理论进行系统全面分析，突出全球价值链的基本理论与研究框架。认为价值链是企业不断参与价值链并从中获得必要技术能力与服务支持的过程。由此，通过一系列动态发展与完善，全球价值链理论基本形成。

10.1.4　价值链研究现状

经济全球化带来生产网络和创新网络的深刻变革，生产链条不断拉长，中间产品游走多个国家，全球价值链正在重塑世界经济格局。目前，关于全球价值链的研究主要分为三个方面，一是全球价值链测度方法的理论体系拓展与完善（王直等，2015；潘文卿等，2015；倪红福，2019等），部分学者对基于增加值贸易的测算方法进行了较为系统的研究（David Hummels et al.，2001；Robert Koopman et al.，2010，2012；Wang et al.，2013）；二是关于全球价值链经济效应的分析（张少军等，2008；张磊等，2013；吕越等，2017）；三是嵌入全球价值链微观层面的案例分析和产业升级等问题（黄永明等，2006；刘琳，2015；刘志彪等，2018）。从全球价值链的维度来看，我国制造业、产业集群长期处于“低端锁定”状态，并陷入“贫困性”增长的困境（刘维林，2012；吕越等，2018），对产业影响因素的深入剖析，有助于探寻产业攀升途径。行业全球价值链地位会因为行业类别、内部结构或产业集群的不同，从而受到异质性的影响（陈爱贞等，2011；康淑娟等，2018）。但也有学者认为中国制造业 GVC 国际分工地位整体较低（周升起等，2014；尹彦罡等，2015），却呈逐渐上升趋势，这主要是受到要素特征、创新驱动、市场环境和政策设计等方面的影响，从而能够迈向价值链中高端（苏杭等，2017；夏友富等，2018）。

根据国家内部 GVC 分工和布局，区域全球价值链攀升路径存在差异和关联。国内省域 GVC 参与度的提升在促进本地区经济增长的同时，也存在溢出效应（苏丹妮等，2017）；对比我国东部和中西部地区（或者沿海和内陆地区）的 GVC 地位，发现破解“低端困境”的关键在于东部（沿海）地区如何攀升价值链高端，中西部（内陆）地区如何承接东部（沿海）地区产业转移进而缩小地区发展，两者垂直专业化上升的路径不一致（刘志彪等，2009；张少军等，2013；倪红福等，2016）；长江经济带中，长三角经济体发达地区外向型发展程度较高，但却是依靠加工优势参与的国外主导的全球价值链，受制于功能升级和链升级，地位指数不高（江静，2009；张艳辉，2010；黄永春等，2012），东部地区的“低端锁定”，限制了中国中西部地区发展能力的发挥，亟须构建长江经济带协调发展的国内价值链（刘志彪，2019）。

长江经济带腹地资源丰富，经济、技术和农业基础雄厚（陆大道，2014），作为国家发展的战略性和导向性的重点区域，利用全球价值链产业竞争力系统平台（张辉，2004），以长江经济带五大产业为研究对象，探究长江经济带产业提升影响因素和提升路径，在当前具有重要的现实意义。基于此，本章以全球价值链为视角，运用 GVC 地位指数代替竞争力指数，聚焦长江经济带产业竞争力和影响因素分析，既投射出国家开放战略下长江经济带区域产业发展的联动性、协调性，又反映出当代国际分工深化、细化的特点；既有助于明晰长江经济带产业的国际竞争力与成因，又能为推动长江经济带协同发展提供全新的视角。

10.2　长江经济带产业现状分析

我国经济发展进入新常态，长江经济带产业发展面临新挑战。在资源要素和环境要素的不断约束下，劳动力成本上升，出口和投资速度减缓，区域产业发展不平衡，依靠传统的粗放发展模式难以为继，转型升级，产业互补，协同发展，构建新兴产业链有助于促进区域高端化、体系化、创新化发展。本章以通信、计算机及其他电子设备、交通运输设备、纺织服装、金属制品业、电气机械及器材制造业五大产业为研究对象，剖析五大产业现状。图 10.2 ~ 图 10.6 展示了五大产业 2004 ~ 2014 年产值情况，根据数据来看，从产业层面分析，五大产业总体呈上升趋势，但在 2008 年上升趋势减缓，其中通信、计算机及其他电子设备、交通运输设备和电气机械及器材制造业 11 省（市）产值较高，金属制品业次之，纺织服装产值较少；从区域层面分析，下游产值明显高于上游，上下游产业产值差距明显，下游的江苏省在五大产业中的产值位居首位，上游的云南省产业产值最小且上升幅度缓慢。

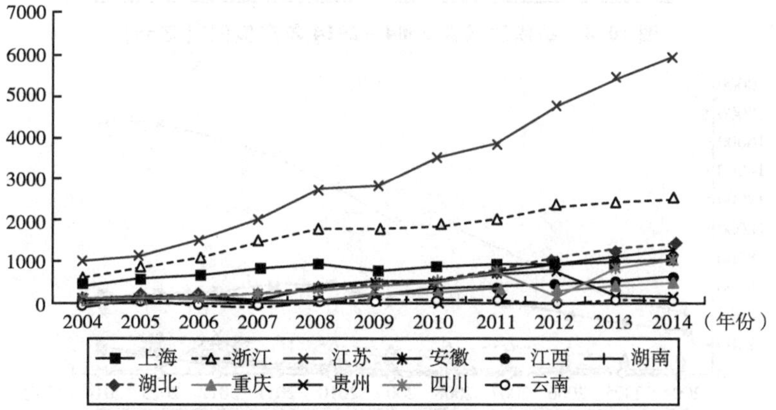

图 10.2　金属制品业 2004 ~ 2014 年产值图（亿元）

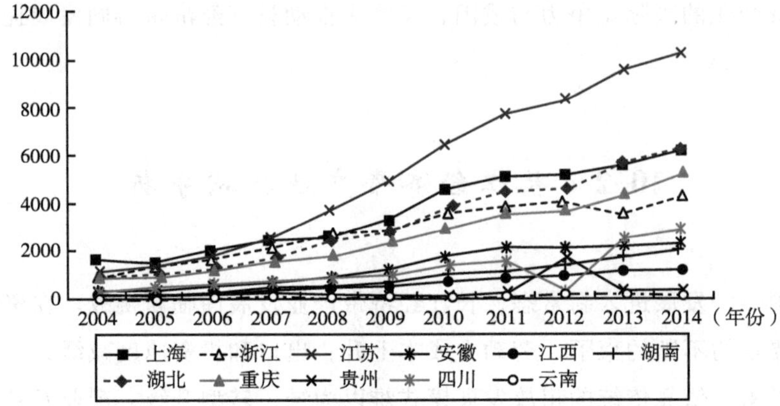

图 10.3　交通运输设备制造业 2004~2014 年产值图（亿元）

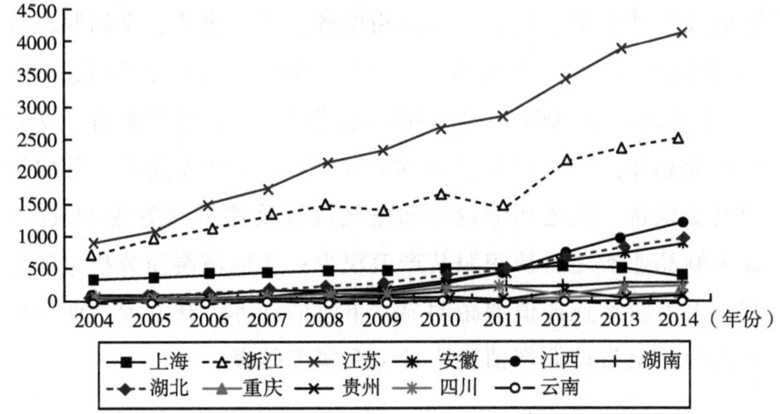

图 10.4　纺织服装业 2004~2014 年产值图（亿元）

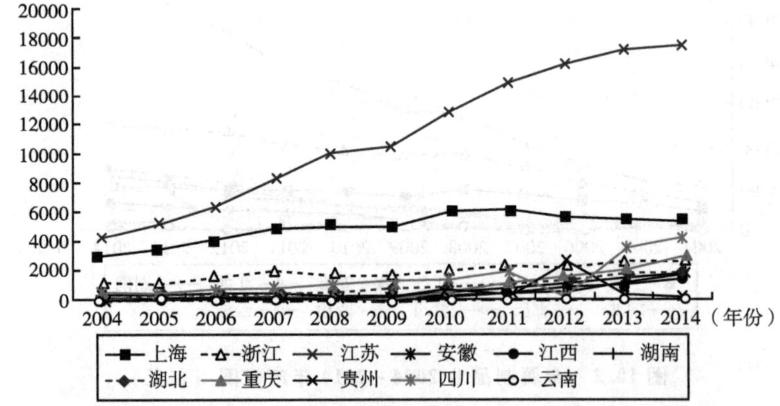

图 10.5　通信、计算机及其他电子设备制造业 2004~2014 年产值图（亿元）

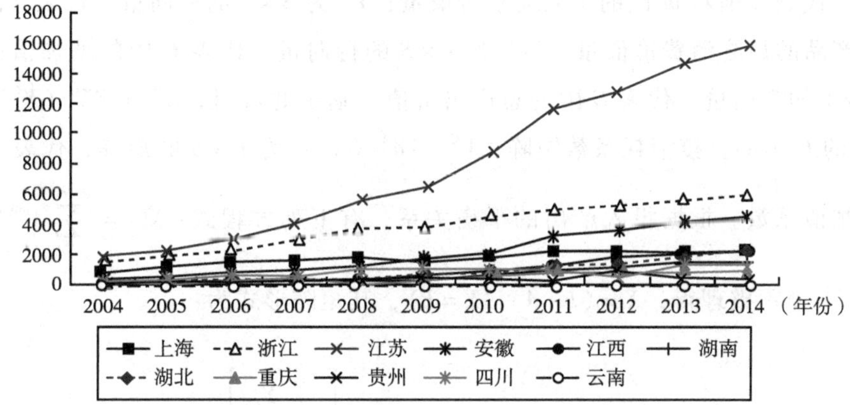

图 10.6 电气机械及器材制造业 2004 ~ 2014 年产值图（亿元）

10.3 长江经济带产业全球价值链地位指数测度

10.3.1 价值链地位测算方法

增加值贸易核算方法的基本原理源于里昂惕夫提出的投入产出模型，此模型分为竞争型投入产出模型和非竞争型投入产出模型，非竞争投入产出模型中，各部分消耗的中间投入可以分为国内生产的中间投入和进口品中间投入，两者具有不完全替代性，反之竞争型投入产出模型中的中间投入则没有区分。① 本章是在研究长江经济带对外贸易，因此根据非竞争型国家间投入产出模型进行长江经济带产业集群全球价值链分解，并估算其地位指数。

如表 10.3 所示，假设世界上存在 G 个国家（m，$n = C$，D，…，G），且每个国家均有 S 个生产部门（i，j，$k = 1$，2，…，S），上表中 Z^{mn} 为 $S \times S$ 的

① 刘遵义，陈锡康，杨翠红，Leonard K. Cheng，K. C. Fung，Yun - Wing Sung，祝坤福，裴建锁，唐志鹏．非竞争型投入占用产出模型及其应用——中美贸易顺差透视．中国社会科学，2007（5）：91 - 103，206 - 207.

矩阵，代表 n 国对 m 国的中间需求价值量；Y^{mn} 为 $S\times1$ 的列向量，代表 n 国对 m 国产品的最终消费价值量；Va^{C} 为 $1\times S$ 的行向量，代表 C 国的增加值；X^{C} 为 $S\times1$ 的列向量，代表 C 国的总产出价值。基于此可得，$A^{mn}=Z^{mn}/(X^{C})$ 为 $S\times S$ 的 C 国的直接消耗系数矩阵；$V^{C}=Va^{A}/(X^{C})$ 为 $1\times S$ 的矩阵，代表 C 国的增加值系数。根据投入产出的平衡关系，有下列方程式：$X^{m}=\sum_{n\neq m}^{G}A^{mn}X^{n}+\sum_{n\neq m}^{G}Y^{mn}$，简写整理得，$X=(I-A)^{-1}Y=BY$，其矩阵形式为：

$$\begin{bmatrix}X_C\\X_D\\\vdots\\X_G\end{bmatrix}=\begin{bmatrix}I-A_{CC} & -A_{DC} & \cdots & -A_{CG}\\-A_{DC} & I-A_{DD} & \cdots & -A_{DG}\\\vdots & \vdots & \ddots & \vdots\\-A_{GC} & -A_{GD} & \cdots & I-A_{GG}\end{bmatrix}^{-1}\begin{bmatrix}\sum_{S}^{G}Y_{CS}\\\sum_{S}^{G}Y_{DS}\\\vdots\\\sum_{S}^{G}Y_{GS}\end{bmatrix}$$

$$=\begin{bmatrix}B_{CC} & B_{CD} & \cdots & B_{CG}\\B_{DC} & B_{DD} & \cdots & B_{DG}\\\vdots & \vdots & \ddots & \vdots\\B_{GC} & B_{GD} & \cdots & B_{GG}\end{bmatrix}\begin{bmatrix}Y_C\\Y_D\\\vdots\\Y_G\end{bmatrix}\tag{10.1}$$

表 10.3　　非竞争型国家间投入产出

投入＼产出		中间需求				最终需求				总产出
		C 国	D 国	…	G 国	C 国	D 国	…	G 国	
中间投入	C 国	Z^{CC}	Z^{CD}	…	Z^{CG}	Y^{CC}	Y^{CD}	…	Y^{CG}	X^{C}
	D 国	Z^{DC}	Z^{DD}	…	Z^{DG}	Y^{DC}	Y^{DD}	…	Y^{DG}	X^{D}
	⋮	⋮	⋮	⋱	⋮	⋮	⋮	⋱	⋮	⋮
	G 国	Z^{GC}	Z^{GD}	…	Z^{GG}	Y^{GC}	Y^{GD}	…	Y^{GG}	X^{G}
增加值		Va^{C}	Va^{D}	…	Va^{G}	—	—	—	—	—
总投入		$(X^{C})'$①	$(X^{D})'$	…	$(X^{G})'$	—	—	—	—	—

注：上标 CD 中 C 代表来源国，D 代表目的国。

① $(X^{C})'$表示 X^{C} 的转置。

此公式为投入产出模型最核心的公式，其反映了国家间最终需求与总产出之间的关系，通过此方程得出 B，B^{mn} 称为 $S \times S$ 的完全需求系数矩阵（里昂惕夫逆矩阵），代表 n 国生产最终需求所需要的 m 国的总产出。然后将 G 个国家的总增加值 V（直接增值系数矩阵）先对角化得到 $\hat{V}$,① 再以 E^{mn} 表示 m 国向 n 国的出口，同样将 E 对角化得到 $\hat{E}$，最后将其三部分（$\hat{V}B\hat{E}$）相乘，可得 G 个国家 S 个部门对外出口增加值矩阵，如式（10.2）所示：

$$\begin{bmatrix} \hat{V}_C & 0 & \cdots & 0 \\ 0 & \hat{V}_D & \cdots & 0 \\ \vdots & \vdots & \ddots & \vdots \\ 0 & 0 & \cdots & \hat{V}_G \end{bmatrix} \begin{bmatrix} B_{CC} & B_{CD} & \cdots & B_{CG} \\ B_{DC} & B_{DD} & \cdots & B_{DG} \\ \vdots & \vdots & \ddots & \vdots \\ B_{GC} & B_{GD} & \cdots & B_{GG} \end{bmatrix} \begin{bmatrix} E_C & 0 & \cdots & 0 \\ 0 & E_D & \cdots & 0 \\ \vdots & \vdots & \ddots & \vdots \\ 0 & 0 & \cdots & E_G \end{bmatrix}$$

$$= \begin{bmatrix} \hat{V}_C \sum_{n}^{G} B_{Cn} Y_{nC} & \hat{V}_C \sum_{n}^{G} B_{Cn} Y_{nD} & \cdots & \hat{V}_C \sum_{n}^{G} B_{Cn} Y_{nG} \\ \hat{V}_D \sum_{n}^{G} B_{Dn} Y_{nC} & \hat{V}_D \sum_{n}^{G} B_{Dn} Y_{nD} & \cdots & \hat{V}_D \sum_{n}^{G} B_{Dn} Y_{nG} \\ \vdots & \vdots & \ddots & \vdots \\ \hat{V}_G \sum_{n}^{G} B_{Gn} Y_{nC} & \hat{V}_G \sum_{n}^{G} B_{Gn} Y_{nD} & \cdots & \hat{V}_G \sum_{n}^{G} B_{Gn} Y_{nG} \end{bmatrix} \tag{10.2}$$

其中，$\hat{V}B\hat{E}$ 矩阵各对角线元素为 m 国出口的国内增加值 DV，各行非对角元素的和代表国内增加值中被直接进口国用来生产第三国所需产品的中间品出口（国内增加值的间接增加值出口）IV，$\hat{V}B\hat{E}$ 矩阵中各列非对角元素的和代表 m 国出口的国外增加值 FV。根据分解，m 国最终需求的增加值出口应由三个部分组成，其一是被本国吸收的增加值，其二是直接由目的地国家吸收的增加值，其三是第三方国家 t 吸收的增加值。则 m 国的总出口表示为：

$$E_m = \sum_{n \neq m}^{G} E_{mn} = \sum_{n \neq m}^{G} (A_{mn} X_n + Y_{mn}) \tag{10.3}$$

① 矩阵上方的符号“∧”表示将一个向量对角化。

通过进一步分解，得到 G 国家 S 个生产部门的出口总额：

$$
\begin{aligned}
E_m = & V_m \sum_{n \neq m}^{G} B_{mm} Y_{mn} + V_m \sum_{n \neq m}^{G} B_{mn} Y_{nn} + V_m \sum_{n \neq m}^{G} \sum_{t \neq m}^{G} B_{mn} Y_{nt} + V_m \sum_{n \neq m}^{G} B_{mn} Y_{nm} \\
& + V_m \sum_{n \neq m}^{G} B_{mm} Y_{nm} (I - A_{mm})^{-1} Y_{mm} + V_m \sum_{n \neq m}^{G} B_{mn} Y_{nm} (I - A_{mm})^{-1} E_m \\
& + \sum_{t \neq m}^{G} \sum_{n \neq m}^{G} V_t B_{tm} Y_{mn} + \sum_{t \neq m}^{G} \sum_{n \neq m}^{G} V_t B_{tm} Y_{mn} (I - A_{nn})^{-1} Y_{nn} \\
& + \sum_{t \neq m}^{G} V_t B_{tm} A_{mn} \sum_{n \neq m}^{G} (I - A_{nn})^{-1} E_n
\end{aligned} \tag{10.4}
$$

根据上述分解，全球价值链分工地位指数具体公式如下：

$$
GVC\_Position_{in} = \ln\left(1 + \frac{IV_{in}}{E_{in}}\right) - \ln\left(1 + \frac{FV_{in}}{E_{in}}\right) \tag{10.5}
$$

其中，i 表示行业，n 表示国家；IV_{in} 表示 n 国 i 行业中间品出口至 m 国，经 m 国加工后再出口至第三国的间接增加值；FV_{in} 表示 n 国 i 行业的国外增加值；E_{in} 表示 n 国 i 行业的总出口；$\frac{IV_{in}}{E_{in}}$ 为前向参与指数；$\frac{FV_{in}}{E_{in}}$ 为后向参与指数；$GVC\_Position_{in}$ 反映了 n 国 i 行业在全球价值链中的分工位置，指数越大意味着 n 国越嵌入全球价值链的上游，n 国通过提供原材料或中间产品给其他国家来参与全球生产，即 n 国的间接增加值与总出口的比值高于国外增加值的比值。反之则在下游位置。本章基于此指标测算中国相关产业整体参与全球价值链的地位，再借鉴刘修岩等（2013）、余振等（2016）的研究方法，综合考虑产业差异与地区差异，重新调整长江经济带产业的实际增加值，则 n 国 r 地区 i 行业的全球价值链地位指数公式为：

$$
GVC\_Position_{irn} = \ln\left(1 + \frac{IV_{in}\frac{Va_{ir}}{Va_{in}}}{E_{in}\frac{T_r}{T_n}}\right) - \ln\left(1 + \frac{FV_{in}\frac{Va_{ir}}{Va_{in}}}{E_{in}\frac{T_r}{T_n}}\right) \tag{10.6}
$$

Va_{ir} 表示 r 地区 i 行业的产值；Va_{in} 表示 n 国 i 行业的产值；T_r 表示 r 地区的对外出口总值；T_n 表示 n 国的对外出口总值；IV_{in} 表示 n 国 i 行业国内间接增加值；FV_{in} 表示 n 国 i 行业的国外增加值；E_{in} 表示 n 国 i 行业的总出口；$GVC\_Position_{irn}$ 表示 n 国 i 行业 r 地区的全球价值链分工地位指数。

10.3.2 数据来源及处理说明

本章中产业贸易数据和投入产出数据采用世界投入产出数据库（*WIOD*）中 2016 年发布的最新投入产出数据，其中产业分类遵循第 4 版国际标准行业分类方法（*ISIC Rec*4），涵盖 2004～2014 年 44 个经济体（43 个国家和世界其他地区 *ROW*）、56 个行业的投入产出数据；长江经济带省市面板数据（2004～2014 年）来源于《中国统计年鉴》《中国工业统计年鉴》以及各省市统计年鉴。2004 年工业总产值数据在各省市统计年鉴中缺失，故该数据取自《中国科技统计年鉴 2005》。因《中国统计年鉴》与《中国工业统计年鉴》采用中国国民经济行业分类方法（GB/T 4754—2002），需要与 WIOD 数据库行业分类方法对比分析（结果见表 10.4）。另外，根据国民经济行业分类标准将《中国工业统计年鉴》中 2012～2014 年汽车制造业与铁路、航空航天和其他运输设备制造业相关数据合并记为交通运输设备制造业。

表 10.4　　　　国民经济行业分类与 *ISIC Rec.* 4 对比表

长江经济带代表产业	*ISIC Rev.* 4		国民经济行业分类方法	
主要产业	代码	相关产业	代码	相关产业
通信、计算机及其他电子设备制造业	C26	计算机、电子及光学产品制造业	C40	通信、计算机及其他电子设备制造业
纺织服装、服饰业	C13～C14	纺织、服装相关产品制造	C18	纺织服装、服饰业
金属制品业	C24	基本金属制造业	C34	金属制品业
	C25	机械设备除外的金属制品制造		
交通运输设备制造业	C29	汽车、拖车和半挂车制造业	C37	交通运输设备制造业
	C30	其他运输设备制造业		
电气机械及器材制造业	C27	电力设备制造业	C38	电气机械及器材制造业

资料来源：作者根据 *ISIC Rev.* 4 与国民经济行业分类（GB/T 4754—2002）对比整理得到。

10.3.3 价值链地位指数分析

基于上述方法，采用 Matlab2012a、Stata13.0 等软件测算 2004～2014 年五个行业的全球价值链地位指数数据并作图如下：

根据图 10.7 总体来看：通信、计算机及其他电子设备和电气机械及器材制造业呈现出逐年上升趋势，交通运输设备业呈现先升后降趋势，但整体地位指数为正，纺织服装、金属制品业呈现先降后升的趋势，但这种行业趋势在省域间存在差异。图 10.7a 所示为长江经济带通信、计算机及其他电子设备产业的全球价值链地位指数在 2004～2013 年均为负，且呈现上升趋势，2014 年其地位指数表现为正，说明在全球价值链的分工中处于相对较低的位置，但在全球价值链分工中一直攀升，间接增加值比例逐年增加，从小于国外增加值变为大于国外增加值，产业加工贸易处在转型升级进程中；图 10.7b 为交通运输设备制造业全球价值链地位指数在 2004～2014 年均为正，表明交通运输设备制造业间接值比例大于国外增加值，出口产品价值捕获能力较强，在全球价值链占有一定优势；图 10.7c、图 10.7d 呈现出长江经济带电气机械及其他器材制造业、金属制品业的全球价值链地位指数在样本期间均为负，表明长江经济带的这两个产业在全球价值链中处于劣势，表现为出口产品的净价值流出，与王岚（2014）结果一致，金属制品业地位指数的绝对值相对较小，表明金属制品业在 GVC 中的分工地位相对较高；图 10.7e 为长江经济带纺织服装产业的全球价值链地位指数图，纺织服装总体呈现先降后升的趋势，整体地位指数为负，2011 年为分界点，之后迅速上升，表明在出口产品中不断累积价值，这可能是因为纺织服装属于劳动密集型行业，通过简单生产和加工组装等低端环节参与全球生产分工，虽在国际上拥有优势，但贸易模式的单一性、自主品牌的缺乏化使其竞争力仍受到极大挑战，2011 年之后有了明显的改善。从区域角度看长江经济带处于不同的发展阶段，通过发挥各区域的比较优势与专业化不同的生产阶段来参与全球价值链（倪红福，2016）。测算结果显示出上游地区的重庆、四川、贵州、云南的全球价值链地位指数明显高于长江中下游地区，下游地区的上海、浙江、江苏、安徽处在低位，这与黎峰等（2016）

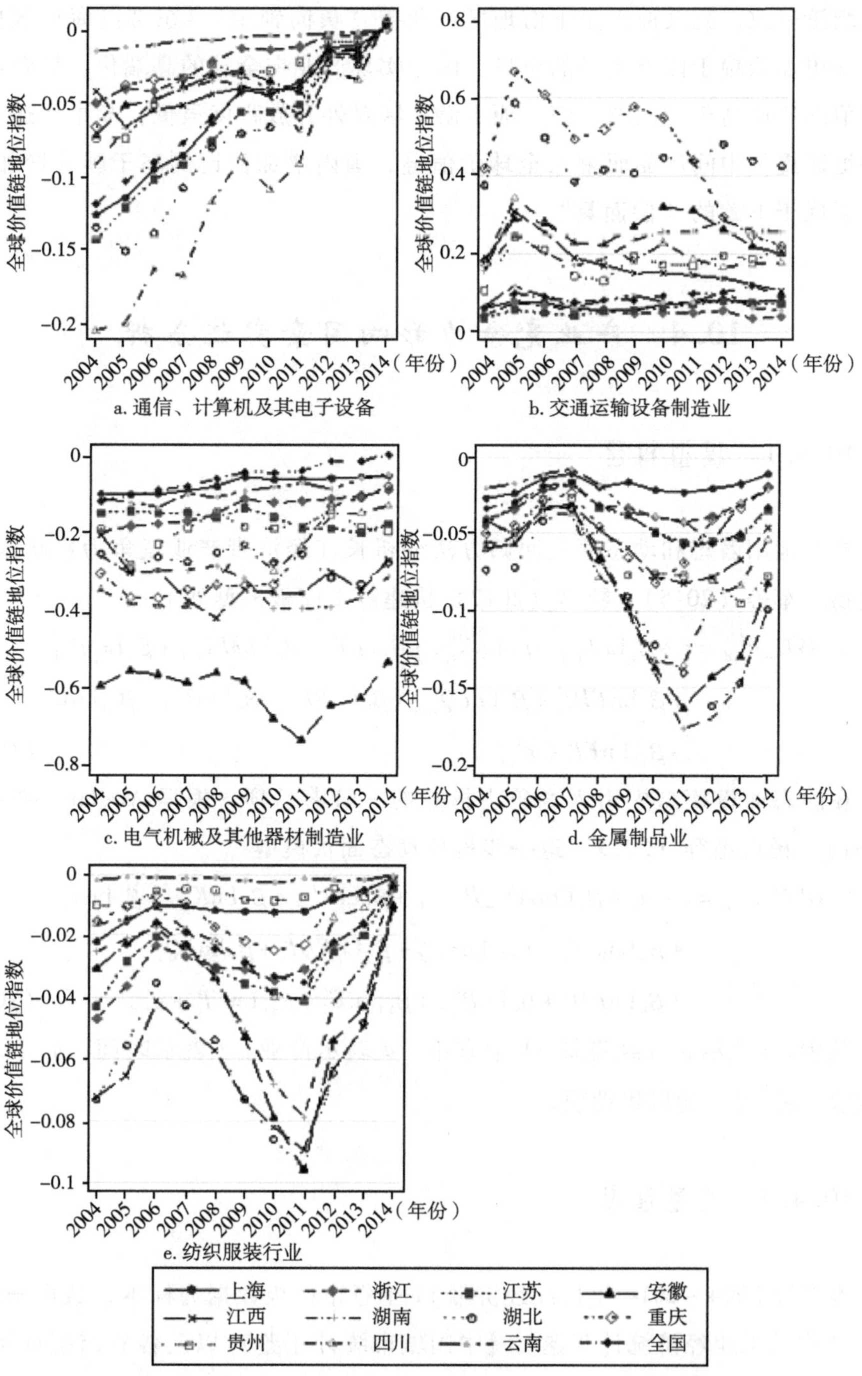

图 10.7　长江经济带 11 省（市）五大产业全球价值链地位指数

研究结论一致，究其原因是下游地区产业被“负向锁定”，东部沿海地区更早进入并更加依赖于国外主导的市场，因未实现产业在全球的高端化，导致国外增加值的比例高于国内增加值，而上游地区对外开放程度虽低，却主要通过给下游地区提供中间产品而融入全球价值链，国内增加值比例高于国外增加值，戴上了优于下游的“假面具”。

10.4 产业竞争力影响因素实证分析

10.4.1 模型构建

本节运用静态和动态面板回归方法分析长江经济带产业竞争力影响因素，借鉴杨继军等（2015）、黎峰（2017）构建静态面板模型如下：

$$\begin{aligned}\mathrm{Ln}GVC\_P_{i,d}^{t} &= c+\beta_1\mathrm{Ln}L_{i,d}^{t}+\beta_2\mathrm{Ln}K_{i,d}^{t}+\beta_3\mathrm{Ln}T_{i}^{t}+\beta_4\mathrm{Ln}MX_{i,d}^{t}+\beta_5\mathrm{Ln}\pi_{i,d}^{t}\\&\quad+\beta_6\mathrm{Ln}FDI_{i}^{t}+\beta_7\mathrm{Ln}LQ_{i,d}^{t}+\beta_8\mathrm{Ln}RD_{i}^{t}+\beta_9\mathrm{Ln}P_{i,d}^{t}+\beta_{10}\mathrm{Ln}E_{i}^{t}\\&\quad+\beta_{11}\mathrm{Ln}EI_{i}^{t}+\varepsilon_{i,d}^{t}\end{aligned}\tag{10.7}$$

在静态面板模型中引入竞争力指数的一阶滞后项，根据 Arellano 和 Bond（1991）、杨连星等（2019）进一步构建动态面板模型：

$$\begin{aligned}\mathrm{Ln}GVC\_P_{i,d}^{t} &= c+u_i+\beta_0\mathrm{Ln}GVC\_P_{i,d-1}^{t}+\beta_1\mathrm{Ln}L_{i,d}^{t}+\beta_2\mathrm{Ln}K_{i,d}^{t}+\beta_3\mathrm{Ln}T_{i}^{t}\\&\quad+\beta_4\mathrm{Ln}MX_{i,d}^{t}+\beta_5\mathrm{Ln}\pi_{i,d}^{t}+\beta_6\mathrm{Ln}FDI_{i}^{t}+\beta_7\mathrm{Ln}LQ_{i,d}^{t}\\&\quad+\beta_8\mathrm{Ln}RD_{i}^{t}+\beta_9\mathrm{Ln}P_{i,d}^{t}+\beta_{10}\mathrm{Ln}E_{i}^{t}+\beta_{11}\mathrm{Ln}EI_{i}^{t}+\varepsilon_{i,d}^{t}\end{aligned}\tag{10.8}$$

其中，i 表示长江经济带 11 个省市，d 表示产业，t 表示时间，u_i 表示个体效应，$\varepsilon_{i,d}^{t}$表示随机扰动项。

10.4.2 变量选取

本章以 2004 ~2014 年长江经济带 11 个省市面板数据为样本，数据来源于历年《中国工业经济统计年鉴》《中国城市统计年鉴》以及各省市统计年鉴，其中 2004 年数据来源于《中国经济普查年鉴 2004》。对于缺失数据，本章采用平均值法进行处理。具体如下：

（1）被解释变量

产业竞争力指数。研究将产业全球价值链分工地位指数作为产业国际竞争力指数的替代变量。GVC 指数综合了价值链分工环节与贸易增加值两个方面，在一定程度上弥补了传统竞争力指数的缺陷（戴翔，2017）。参考朱江丽等（2015）的做法，本章将 $GVC_P_{i,d}^{t}$变量平移一个单位并取对数处理，即$\mathrm{Ln}(GVC_P_{i,d+1}^{t})$ 作为被解释变量。

（2）解释变量

研究选取 8 个方面 10 个变量分析长江经济带产业竞争力的影响因素，包括：①劳动力。使用全部从业人员年平均人数代替劳动力。②资本存量。资本存量是在一定时点下生产单位中资本资产的数量，一般指固定资产，当期实际资本存量是上期实际资本存量与当期实际净投资之和（中国经济增长与宏观稳定课题组，2010）。因此，资本存量数据不可以直接从年鉴中获取，需要进行估算，本章需要估算长江经济带分省（市）分行业的物质资本存量。通过查看相关已有文献研究，缺乏对分省份分行业的资本存量研究。在已有相关研究基础上，本章将估算其资本存量，以期提高实证结果的准确性。本章通过参考相关文献，对折旧率、基年资本存量及新增投资额进行了认真的研究与计算，根据永续盘存法估算出长江经济带 11 个省市 2004～2014 年的物质资本存量。参考陈诗一（2011）的做法，其公式如下：

$$\text{资本存量}_t = \text{可比价全部口径投资额}_t + (1 - \text{折旧率}_t) \times \text{资本存量}_{t-1} \tag{10.9}$$

$$\text{可比价投资额}_t = \frac{\text{当年价投资额}_t}{\text{固定资产投资价格指数}_t} \tag{10.10}$$

参考张军等（2004）的做法，折旧率本章取 9.6%；以 2004 年为基期，初始资本存量为 2004 年固定资产净值除以 10% 作为该省（市）的初始资本存量；当年价投资额根据数据本身的合理性、与固定资产原值之差表达的一致性以及数据的可获得性等，以固定资产净值来代替，2012～2014 年固定资产净值等于当年固定资产原值减去当年累计折旧计算得到。然后对所得的投资额按照式（10.10）进行平减（2004 年 =1），最后将可比价全部口径投资额、折旧率与初始资本存量代入式（10.9）中进行计算，得出长江经济带 11 省（市）五大行业的资本存量。③产业质量。产业质量以历年长江经济带省（市）的各产业利润总额表示。④产业集聚。产业集聚参考唐红祥（2017）、刘洪铎等（2016）的做法，采用区位熵来衡量，用 LQ 表示。区位熵具体计算公式为：

$$LQ_{mn} = \frac{\left(\frac{q_{mn}}{q_n}\right)}{\left(\frac{q_m}{q}\right)} \tag{10.11}$$

其中，LQ_{mn}为 n 地区 m 产业的区位熵，q_{mn}表示 n 地区 m 产业的相关指标，根据数据的可获得性与合理性，本章采用主营业务收入来计算。q_{mn}即 n 地区 m 产业的主营业务收入，q_n 为 n 地区所有产业的主营业务收入；q_m 为全国 m 产业主营业务收入；q 为全国所有产业主营业务收入。⑤产业规模。以 11 省市历年各产业的工业总产值表示。⑥市场开放。参照毛其淋等（2011）、袁茜等（2019）的做法，以外商直接投资和进出口贸易总额占 GDP 比重表示。⑦技术创新。以 11 省（市）历年 R&D 经费投入强度、专利授权量表示。⑧环境因素。环境因素对产业竞争力有重大影响，用单位 GDP 能耗、环境污染治理投资衡量。根据变量选取情况可知，为了减少异方差，对 L、P、K、π、T、EI、FDI 取对数。解释变量如表 10.5 所示。

表 10.5　　竞争力影响因素的相关指标

变量类型	变量名称	测量指标	指标符号
被解释变量	竞争力指数	全球价值链地位指数	GVC_P
解释变量	劳动力	全部从业人员年平均人数（万人）	L
	资本存量	资本存量（亿元）	K
	产业质量	利润总额（亿元）	π
	产业集聚	区位熵（%）	LQ
	产业规模	行业产值（亿元）	P
	市场开放	进出口/GDP（%）	MX
		外商直接投资（亿元）	FDI
	技术创新	R&D 经费投入强度（%）	$R\&D$
		专利授权量（项）	T
	环境因素	单位 GDP 能耗（吨标准煤/万元）	E
		环境污染治理投资（亿元）	EI

10.4.3 产业竞争力影响因素的实证分析

（1）基于产业维度的实证分析

①静态分析

本章首先采用Stata13.0软件对静态面板模型（10.7）进行估计，在回归之前分别对模型进行了异方差（Modified Wald）检验与序列相关（Wooldridge）检验，结果表明静态模型存在异方差及序列相关问题，所以采用PCSE方法进行稳健估计，更准确分析其竞争力的影响因素。回归结果见表10.6。

表10.6　　长江经济带五大产业竞争力影响因素静态估计结果

变量	通信、计算机及其他电子设备	电气机械及器材	金属制品业	交通运输设备	纺织服装
LnL	0.005 (0.63)	0.197* (1.91)	0.038** (2.46)	-0.073*** (-3.28)	-0.011 (-1.61)
LnK	-0.010** (-2.50)	-0.013 (-0.18)	-0.007 (-0.46)	0.034** (2.47)	0.007 (1.32)
LnT	0.030*** (5.83)	0.155*** (6.73)	0.009 (1.55)	-0.048*** (-4.72)	0.012*** (3.73)
LnFDI	0.019*** (7.93)	0.035*** (4.12)	-0.000 (-0.02)	-0.037*** (-3.43)	0.001 (0.72)
MX	-0.038*** (-3.03)	0.295*** (10.33)	0.066*** (5.25)	-0.175*** (-11.63)	0.024*** (4.18)
LnP	-0.036*** (-4.94)	-0.424*** (-4.91)	-0.027 (-1.56)	0.192*** (4.54)	-0.007 (-1.21)
Lnπ	0.003 (0.99)	0.037 (1.04)	-0.023* (-1.94)	-0.032 (-1.63)	-0.004** (-2.07)
LQ	0.048*** (7.12)	-0.092* (-1.83)	-0.008 (-0.51)	-0.001 (-0.35)	0.002 (0.51)
E	-0.031*** (-3.63)	0.051* (1.84)	-0.016 (-1.37)	0.030 (1.42)	0.000 (0.08)

续表

变量	通信、计算机及其他电子设备	电气机械及器材	金属制品业	交通运输设备	纺织服装
LnEI	-0.009 (-1.46)	0.120*** (2.76)	0.012 (1.28)	-0.033** (-2.36)	0.002 (0.62)
RD	-0.000 (-0.08)	-0.008 (-0.68)	-0.004 (-0.63)	0.007 (0.94)	-0.001 (-0.63)
常数项	-0.168*** (-4.53)	-0.449 (-1.07)	-0.003 (-0.04)	-0.124 (-0.74)	-0.142*** (-4.23)
R^2	0.6387	0.6413	0.5109	0.7103	0.5796
样本量	115	121	119	119	121

通过结果分析，得出以下结论：第一，劳动力系数在各行业之间存在差异。电气机械及器材和金属制品业系数显著为正，说明劳动力与两者竞争力存在正相关关系；交通运输设备系数显著为负，说明交通运输装备已经摆脱了劳动密集依赖。第二，资本存量系数在通信计算机及其他电子设备行业显著为负，表明两者存在负相关；在交通运输设备行业显著为正，表明该行业属于资本依赖型。第三，技术创新对行业竞争力的提升至关重要。专利授权量系数在通信、计算机及其他电子设备、电气机械及器材、纺织服装产业显著为正，说明三者与专利授权量的正相关关系，技术进步能够显著促进竞争力提升；交通运输设备行业中系数显著为负，表明两者存在负相关关系。第四，市场开放度在各行业中的影响存在差异。外商直接投资对通信、计算机及其他电子设备、电气机械及器材产业流入的产出弹性分别为0.019与0.035，说明随着外商直接投资每提高1%，产业竞争力可分别提高0.019%和0.035%，表明外商投资企业通过技术外溢效应对长江经济带通信、计算机及其他电子设备、电气机械及器材产业竞争力产生积极的推动作用；进出口额占GDP比重系数在电气机械及器材、金属制品业和纺织服装显著为正，表明三者与进出口额占GDP比重存在正相关关系；通信计算机及其他电子设备行业中系数显著为负，表明两者存在负相关关系。第五，产业规模系数在交通运输设备行业显著为正，表明存在正相关关系，通信、计算机及其他电子设备、电气机械及器材产业中系数显著为负，表明产业相对外向型程度逐渐降低；产业质量系数在金属制品业和

纺织服装行业显著为负，表明产业市场主要聚焦国内；产业集聚系数在通信、计算机及其他电子设备行业显著为正，表明产业集聚可促进该行业竞争力提升；单位 GDP 能耗系数在电气机械及其器材行业显著为正，表明两者存在正相关关系；通信、计算机及其他电子设备行业中系数在 1% 的水平下负显著，表明该行业竞争力的提高对能源的依赖程度降低；环境污染治理投资系数在电气机械及其器材显著为正，表明环境规制倒逼该行业竞争力的提升，交通运输设备行业中系数显著为负，表明环保力度加大在一定程度上可能降低行业竞争力。

②动态分析

本章采用 Durbin－Wu－Hausman 检验（DWH）来检验动态模型是否存在内生性问题（邵小快等，2013），结果显示 P 值显著的拒绝不存在内生性假设，表明模型存在内生性问题。GMM 模型能较好地处理内生性问题，同时通过把被解释变量的滞后项一同回归，能反映前期滞后性与作用效果的延续性，而差分 GMM 易产生弱工具变量问题，影响估计结果。因此，为了进一步探讨技术创新和市场开放对五大产业的影响，采用系统 GMM 估计方法进行回归。结果见表 10.7。

表 10.7　　长江经济带五大产业竞争力影响动态估计结果

变量	通信、计算机及其他电子设备	电气机械及器材	金属制品业	交通运输设备	纺织服装
LnGVC	0.931*** (7.82)	0.657*** (6.03)	0.782** (2.47)	0.629*** (5.79)	1.428*** (7.91)
LnL	0.000 (0.03)	−0.177** (−2.26)	−0.083** (−2.22)	0.071 (1.45)	−0.006 (−0.96)
LnK	−0.013** (−2.21)	0.084 (0.93)	0.146** (2.08)	0.000 (0.01)	0.020*** (2.78)
LnT	0.011* (1.71)	0.070*** (3.45)	−0.010 (−0.60)	−0.027** (−2.41)	−0.008** (−2.09)
LnFDI	−0.005* (−1.68)	0.014* (1.81)	−0.014* (−1.69)	−0.023*** (−3.67)	0.000 (0.24)

续表

变量	通信、计算机及其他电子设备	电气机械及器材	金属制品业	交通运输设备	纺织服装
MX	0.031** (2.57)	0.111* (1.98)	-0.048 (-1.35)	-0.056** (-2.23)	-0.038*** (-3.62)
常数项	0.000 (0.00)	-1.048*** (-2.96)	-0.386** (-2.14)	0.333** (2.09)	0.015 (0.47)
AR(1)	0.000	0.024	0.099	0.044	0.011
AR(2)	0.546	0.123	0.407	0.780	0.421
Sargan P	0.357	0.104	0.111	0.198	0.261
样本量	110	110	110	110	110

注：1. 在 stata13.0 估计中，SYS—GMM 采用 xtabond2 命令，采用 one—step 方法；

2. L.（*）表示（*）的滞后一期；

3. 由于工具变量受限于观察值个数，所以只选取几个核心变量进行回归分析；

4. 如无特别说明，下同。

根据估计结果，AR(1) 与 AR(2) 结果表明模型差分后的残差序列只存在一阶自相关，没有二阶序列相关性；过度识别检验（Sargan）中 P 值均大于 0.1，表明没有办法拒绝原假设，进一步说明模型中所选工具变量是合理的，基于以上检验可知模型是正确的。通过结果分析，得出以下结论：第一，滞后一期的 GVC 系数均在 1% 水平下显著，表明长江经济带产业竞争力具有累积性，会受到上一期竞争力水平的影响。第二，解决了内生性问题的劳动力系数在电气机械及器材和金属制品业由正转负且显著，表明行业实际上已摆脱劳动密集依赖。第三，资本存量系数在金属制品业和纺织服装行业为正且开始显著，表明加大资本投入能够提升行业竞争力。第四，专利授权量系数在通信、计算机及其他电子设备和电气机械及器材行业分别为 0.011 和 0.07，且在回归中显著，表明创新驱动产业竞争力提升；交通运输设备和纺织服装行业中显著为负，行业竞争力技术依赖性低。第五，外商直接投资系数在电气机械及其器材行业为 0.014，且在回归中显著，表明 FDI 增加有利于提升产业竞争力；通信计算机及其他电子设备、金属制品业和交通运输设备行业中显著为负，究其原因可能是 FDI 投资在产业低端或者投资过程中技术转移程度低。第六，进出口额占 GDP 比重系数在通信、计算机及其电子设备行业和电气机械及器材行业显著为正，说明这两个行业外向型程度高；交通运输设备和纺织服装行业中显著为负，说明这两个行业外向型程度低。

（2）基于区域维度的实证分析

长江经济带横跨东西，存在区域差异，分上游、中游、下游三个区域考察产业竞争力影响因素。系统 GMM 估计方法对样本时间跨度具有一定要求并适合个体较多的面板数据，对于样本个数较小的面板数据，采用纠偏后的虚拟变量最小二乘法（LSDV）估计可以纠正 90% 以上的偏误。回归结果如表 10.8 所示。

表 10.8　各产业下游竞争力影响因素分地区纠偏 LSDV 估计结果

变量	通信、计算机及其他电子设备	电气机械及器材	金属制品业	交通运输设备	纺织服装
L. LnGVC	31.856*** (31.82)	0.846*** (3.89)	1.193*** (10.37)	0.582*** (3.76)	0.826*** (4.79)
LnL	0.261 (0.32)	0.085 (0.31)	0.064*** (2.70)	0.068 (1.56)	0.007 (0.28)
LnK	25.978 (0.28)	0.471** (2.52)	0.163*** (4.91)	-0.043 (-0.79)	0.090*** (2.83)
lnT	0.159 (0.27)	0.030 (0.33)	-0.004 (-0.39)	-0.016 (-0.91)	-0.013 (-1.63)
LnFDI	-0.113 (-0.29)	0.065 (0.97)	-0.003 (-0.34)	-0.056*** (-4.15)	-0.016* (-1.74)
MX	5.741** (2.33)	-0.102 (-0.72)	0.020 (0.80)	0.016 (0.41)	-0.005 (-0.21)
LnP	-0.639 (-1.42)	0.022 (0.10)	-0.045 (-1.29)	0.037 (0.70)	-0.028 (-0.67)
Lnπ	-0.484 (-1.04)	-0.237** (-2.23)	-0.065*** (-3.69)	-0.010 (-0.45)	-0.003 (-0.58)
LQ	-0.263 (-0.31)	-0.063* (-1.86)	0.006 (0.97)	-0.000 (-0.22)	-0.006 (-0.41)
E	-1.542** (-2.25)	0.521 (1.38)	-0.094** (-2.32)	-0.118* (-1.84)	-0.087** (-1.98)

续表

变量	通信、计算机及其他电子设备	电气机械及器材	金属制品业	交通运输设备	纺织服装
LnEI	0.081 (0.41)	0.018 (0.28)	-0.013 (-1.14)	0.001 (0.08)	-0.006 (-0.59)
RD	-0.443*** (-4.95)	0.005 (0.18)	0.009** (2.48)	-0.006 (-1.03)	0.004 (1.14)
样本量	39	40	40	40	40

注：1. 在 stata13.0 估计中，采用一阶差分 GMM 获得系数初始值，标准误通过 Bootstrap100 次得到；

2. 如无特别说明，下同。

由表 10.8 可知，第一，长江下游地区滞后一期的 GVC 系数均在 1% 水平下显著，表明长江经济带下游地区产业竞争力具有累积性，会受到上一期竞争力水平的影响。第二，创新驱动和开放发展相关指标系数表现较差，这是因为在国外主导的价值链体系中，内生要素对于行业竞争力提升作用有限。R&D 经费投入强度系数在通信、计算机及其他电子设备中为 -0.443，且在 1% 的显著性水平下通过检验，表明研发投入加大并未促进该行业竞争力的提升，进一步表明创新投入产出低；进出口额占 GDP 比重系数在通信、计算机及其他电子设备行业中为 5.741，在 5% 的显著性水平下通过检验，表明对外开放能够显著促进该行业竞争力的提升。第三，单位 GDP 能耗系数在通信、计算机及其他电子设备、金属制品业、交通运输设备和纺织服装产业都呈现出较强的显著性且为负相关，表明下游地区更多地呈现出能源消耗较低的态势，通过绿色发展倒逼产业转型，表现出集约型经济增长方式，符合长江经济带绿色发展理念。总体来看，下游地区需要重新构建以自我为主体的价值链体系，提高创新效益和效率，规避研发投入“麦田圈”，走开放绿色的质量发展之路。

由表 10.9 可知，长江中游地区产业竞争力同样具有累积性，中游地区在开放发展的同时，更应该重视高端产业和技术的转移，FDI 系数在通信、计算机及其他电子设备、交通运输设备和纺织服装三大行业中显著为负，而只有在电气机械及器材行业中显著为正。另外，专利授权量系数在通信、计算机及其他电子设备行业中为 -0.081，且在 1% 的显著性水平下通过检验，创新成果在生产中“消化吸收”能力弱；单位 GDP 能耗系数在交通运输设备和纺织服装产业都呈现出较强的显著性且为负相关，符合预期。

表 10.9　各产业中游竞争力影响因素分地区纠偏 LSDV 估计结果

变量	通信、计算机及其他电子设备	电气机械及器材	金属制品业	交通运输设备	纺织服装
L. LnGVC	5.477*** (17.8)	0.00 (0.06)	1.098*** (4.80)	0.414** (2.32)	1.382*** (14.48)
LnL	-0.203*** (-6.60)	-0.096 (-0.97)	0.038 (0.71)	0.002 (0.05)	-0.014 (-0.26)
LnK	1.194*** (5.05)	0.238*** (2.59)	0.132** (2.27)	0.030 (0.27)	0.017 (0.42)
lnT	-0.081*** (-3.55)	-0.026 (-0.49)	-0.051 (-1.43)	0.031 (0.64)	0.037 (1.26)
LnFDI	-0.323*** (-8.98)	0.460*** (3.89)	0.050 (0.62)	-0.325*** (-3.62)	-0.119*** (-2.91)
MX	0.743** (2.42)	0.116 (0.77)	0.146 (1.61)	-0.361*** (-2.76)	0.050 (0.72)
LnP	0.211*** (5.61)	-0.359*** (-3.51)	-0.047 (-0.66)	-0.081 (-1.51)	0.031 (0.69)
Lnπ	0.002 (0.23)	0.078 (1.50)	-0.020 (-0.61)	0.065** (2.26)	-0.029* (-1.95)
LQ	0.342*** (3.24)	0.007 (0.18)	0.033 (1.42)	-0.008 (-1.18)	-0.010 (-0.62)
E	0.096* (1.67)	0.246* (1.76)	-0.075 (-0.83)	-0.365*** (-4.85)	-0.109** (-2.09)
LnEI	-0.012 (-1.02)	0.043 (1.20)	-0.008 (-0.45)	-0.002 (-0.07)	0.015 (1.15)
RD	-0.008** (-1.99)	-0.010 (-1.18)	-0.009* (-1.89)	1.647** (2.12)	-0.001 (-0.23)
样本量	29	30	30	30	30

10.5 长江上游地区与全球价值链

长江经济带上游地区属于欠发达地区，主要集中于矿物采选、部分装备制造业、轻纺工业、采掘业等领域的产业发展，但上中下游产业发展水平不一，产业结构层次低，如何承接中下游地区产业转移，缩小区域产业差异，是目前亟待解决的问题之一。通过分析上游五大产业竞争力影响因素，究其内因，提出关于上游产业竞争力提高的政策建议。

由表 10.10 可知，①上游竞争力除电气机械及器材产业不显著外，其余四大产业都表现为滞后一期在 1% 水平下显著，表明其竞争力存在较强的滞后性；②上游地区的劳动力在各产业之间存在差异，交通运输设备对上游地区产业竞争力促进作用显著，电气机械及器材表现为负向显著，金属制品业虽未通过检验但系数为正，表明提高金属制品业劳动力对上游地区产业竞争力发展有着至关重要的作用；③资本存量、外商直接投资、产业集聚对上游地区产业有较好的综合表现。资本存量对除了金属制品业以外的四个产业竞争力有着显著影响；外商直接投资中交通运输设备系数为负且没有通过检验，表明外商直接投资在交通运输设备中更多地呈现出挤出效应，表现为跨国公司对当地企业的技术打压等；产业集聚对金属制品业有着显著的促进作用；④上游地区的电子信息与金属制品业产业在市场开放度上对产业竞争力的影响表现为正，均在 1% 水平下表现为显著，意味着市场开放度对长江经济带上游地区两个产业竞争力有影响，其中金属制品业产业相关系数最高。可能存在的原因在于，上游地区受国外因素冲击较小，更多地依赖于国内市场，因而对产业竞争力具有显著影响；⑤上游地区的环境污染治理投资在通信、计算机及其他电子设备产业和纺织服装产业表现良好，表明这两个产业的环境污染治理投资越大，产业竞争力提升越显著，也与国家推动长江经济带绿色发展相符合。

表 10.10　各产业上游竞争力影响因素分地区纠偏 LSDV 估计结果

变量	通信、计算机及其他电子设备	电气机械及器材	金属制品业	交通运输设备	纺织服装
L. LnGVC	10.718*** (13.59)	0.022 (0.13)	22.618*** (21.37)	0.713*** (2.73)	0.393** (2.32)
LnL	-0.024 (-1.23)	-0.140* (-1.94)	0.149 (0.20)	0.804** (2.12)	-0.000 (-0.11)
LnK	12.192*** (4.86)	0.324*** (2.69)	1.105 (1.08)	0.246* (1.89)	0.017** (2.16)
lnT	-0.730*** (-40.87)	0.097** (2.08)	0.502 (0.84)	-0.000 (-0.00)	-0.004 (-0.80)
LnFDI	0.062*** (4.35)	0.015 (0.58)	0.663*** (3.56)	-0.021 (-0.43)	-0.007*** (-2.71)
MX	8.381*** (17.15)	0.505** (2.32)	-3.423 (-0.74)	-0.925 (-1.62)	0.052 (1.53)
LnP	0.012 (0.54)	-0.056 (-0.70)	-0.657*** (-5.15)	-0.324 (-1.34)	-0.006 (-1.37)
Lnπ	0.039*** (7.98)	0.021 (0.81)	0.048 (0.25)	0.042 (0.67)	0.000 (0.39)
LQ	-1.107*** (-18.17)	-0.087 (-1.46)	1.063*** (7.24)	0.012 (0.75)	-0.045* (-1.68)
E	0.088*** (4.60)	0.060 (1.35)	0.934 (0.95)	-0.188 (-1.20)	-0.008 (-1.47)
LnEI	0.416*** (25.54)	-0.023 (-0.63)	-0.382 (-0.81)	-0.087 (-0.97)	0.009** (2.19)
RD	0.066*** (12.90)	0.006 (0.76)	-0.151* (-1.85)	-0.017 (-0.60)	-0.001 (-0.49)
样本量	38	40	39	38	40

综合观察：①区域层面，上游、中游、下游产业影响因素对产业竞争力提升有明显差距，中上游地区总体表现较优于下游地区；②行业层面，通信、计算机及其他电子设备产业对技术有较高的要求，在上中下游地区表现出明显的差别，而相比于纺织服装行业，服装行业已积累丰富的国内资源，且国际垂直

专业化分工水平较低，因此在上中下游地区表现差异并不明显；③因素层面，资本存量对上游、中游、下游地区都呈现出显著影响，表明长江经济带地区已经由大额资本投入模式升级为资本驱动发展模式，在饱满的资本支撑下，长江经济带拥有创新能力，发展成为资本驱动与创新驱动双驱动模式；④环境因素对长江经济带中下游地区产业竞争力更显著，表明上游地区产业不发达，未受到过多开采，因此环境改善对其产业竞争力提升没有显著影响，而中下游地区因为城市化进程加快，产业迅速发展，环境污染较重，所以通过改善环境会显著提高产业竞争力。

10.6　本章结论与建议

本章运用增加值贸易法估算长江经济带五大产业全球价值链地位指数，将其作为竞争力指数，进一步构建计量模型，分行业和区域视角观察，运用PCSE、系统GMM和纠偏LSDV方法重点分析了长江经济带地区竞争力影响因素，主要结论如下：第一，通信、计算机及其他电子设备与电气机械及器材制造业呈现出逐年上升趋势，交通运输设备业呈现先升后降的趋势，纺织服装、金属制品业呈现先降后升的趋势，但这种行业趋势在省域间存在差异；第二，创新驱动、市场开放、资本存量、绿色发展等因素都对产业竞争力影响总体上较为显著，创新驱动、开放发展能够促进全球价值链地位提升，但上游、中游、下游提升路径存在差异。基于以上结论，为实现长江经济带五大产业提升和协同发展，提出以下政策建议：

（1）创新驱动，发挥技术创新对产业的基础作用。提升通信、计算机及其他电子设备、电气机械及器材制造业技术水平，提升交通运输设备和纺织服装行业创新效益。长江经济带下游地区充分发挥“引领创新、创新引领”的作用，瞄准全球行业尖端走自主创新之路；中下游地区应提升产业高级要素和增强产学研合作动力，重点规避“麦田圈”，实现创新能力和“消化吸收”能力双突破；强化长江经济带区域间技术溢出，形成流域经济带区域阶梯创新联动。

（2）开放发展，着力构建双向互济的新型开放格局。更加注重招商引资的数量和质量，采取多种方式将产业高端技术留在国内，同时强化产品出口管控，避免盲目扩张，高质量的出口和高质量引进中间产品相结合；强化长江经济带的关联开放，上游地区着力推动西部陆海新通道建设，下游协同构建一体化国际枢纽体系，切实降低物流成本为产业发展赋能；继续推进面向新兴市场的开放战略，构建开放型经济新格局。

（3）双链并行，健全完善国内价值链和全球价值链。传统价值链体系中，我国参与度较高的下游地区出现“低端锁定”，必须在价值链更新和发展过程中，推动产业高端化发展；推动长江经济带构建国内价值链有利于摆脱长江经济带单一依赖国外市场的局面，缩小地区差异，带动关联产业发展并促进产业升级；中上游地区通过补链成群承接国内外产业转移发展优势产业，下游地区减少对国外市场的依赖重构自我为主导的开放的国内价值链。

（4）绿色发展，健全环境规制对产业提升倒逼机制。长江经济带坚持走“共抓大保护，不搞大开发”之路。上游地区着力破解环境保护和经济发展对立难题，探索绿色经济发展新模式，发挥好长江上游生态屏障作用；中下游地区坚持向绿色集约型经济转型，健全环境保护倒逼企业技术改进的机制政策；建立流域区域间生态补偿机制，支持上游地区生态优先和绿色发展。

第11章　基于多维邻近的信息化发展水平与长江经济带现代经济集聚

信息化是推动第四次工业革命的基础力量，为经济发展提供新动能，党的十九大报告中提出要“推动互联网、大数据、人工智能和实体经济深度融合，建设数字中国、智慧社会。”根据阿里研究院发布的《2018 全球数字经济发展指数》，我国数字经济指数达到 0.718，全球排名第二，仅次于美国。以大数据、云计算、物联网、区块链等为特征的信息化正在深刻影响着资源要素的空间配置方式，极大地改进和提升了生产方式和产出效率，以信息化为支撑的“智能生产率”将会成为经济高质量发展的重要衡量标准，信息化正在直接或间接地改变着区域内部和区域间的经济集聚方式，但这会受到地理空间、认知水平、制度建设、技术创新、产业基础等“五维邻近”因素的影响，通过多维邻近视角细究信息化对经济集聚的内在影响，有利于明晰信息化对经济集聚的作用路径。长江经济带横贯东西、沟通南北，经济总量占全国的 45%，是全球影响力最大的经济支撑带之一，正在打造电子信息、高端装备、汽车、家电、纺织服装五大产业集群。在信息化水平不断提升的背景下，本章构建多维邻近视角下信息化发展影响经济集聚的新模型，刻画多维邻近的传输路径，据此提出相关政策建议，开辟经济集聚发展新局面，有助于推动长江经济带高质量发展。

11.1　理论机制梳理

多维邻近影响机理如图 11.1 所示。地理空间是经济集聚的载体，是区域要素流动的空间路径，因此地理邻近是研究多维邻近的起点。认知水平是经济发展的基础支撑，在资源空间配置中起到牵引作用，而观念、文化以及知识水平差异是造成区域发展差距与影响集聚发展的重要原因，因此认知邻近通过降低沟通壁垒促进集聚中的要素溢出。技术是经济发展的重要驱动力，技术邻近表现为技术基础与技术结构相近，以竞争加剧或者技术创新链分工的形式影响经济集聚。产业集聚是经济集聚的重要表现，区域产业布局、产业关联、组织形态、结构演变等产业特征均会对经济增长产生影响，因此产业邻近通过趋同竞争和分工合作来影响区域内外的经济集聚。制度是经济发展最为重要的环境变量，“制度距离”影响着区域间要素流向，完善、合理的制度能够促进区域内市场主体降低交易成本、规避市场风险、强化制度外部效应，吸引产业资源扎堆布局，形成经济集聚，因此制度邻近通过调节产业发展土壤环境实现区域内外的经济集聚。

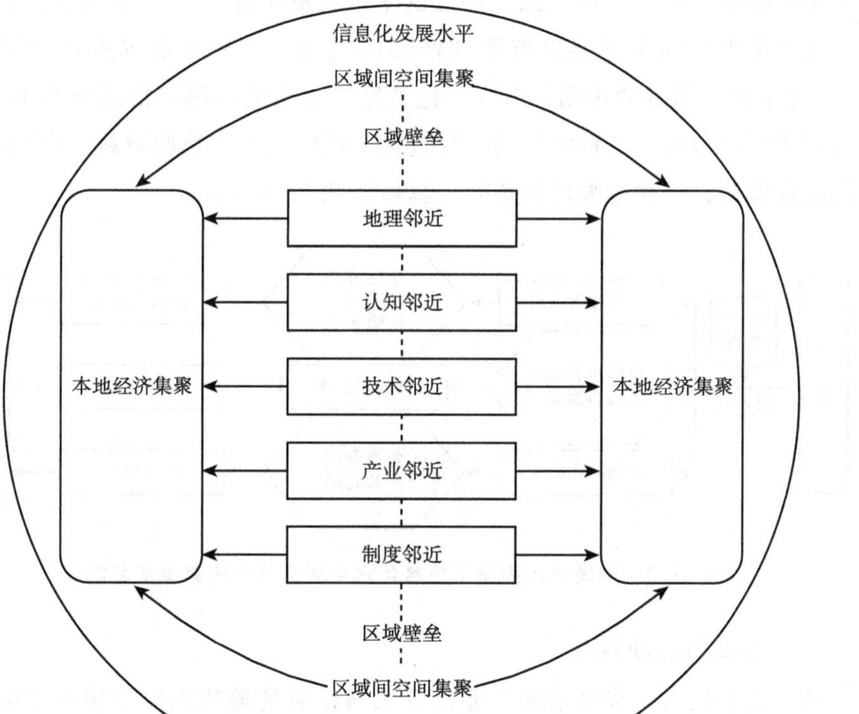

图 11.1　信息化发展水平影响下多维邻近对经济集聚作用机制

11.1.1 地理邻近下的集聚效应

地理空间是经济集聚的载体，是区域要素流动的基础路径，因此地理邻近是研究多维邻近的起点。地理距离决定区域主体合作成本，包括人员交流、资本对接、交通运输等方面，李琳和曾巍（2016）认为，地理邻近表示地区空间距离远近，表现为考虑成本的区域要素流动畅通程度，Breschi 和 Lissoni（2009）使用基于社会网络中物理距离表示信息成本，Ejermo 和 Karlsson（2006）采用交通时间衡量交通成本。徐德英和韩伯棠（2015）基于空间计量分析，肯定了单维度地理邻近对区域研发创新的积极影响，但是也发现信息化打破了地理距离对经济发展的局限。地理邻近对经济集聚的影响，在异质空间的作用机制会有不同，对“强”中心的集聚就意味着“弱”区域的要素溢出。信息化水平提升强化了要素资源和产品的流动，在更大范围进行空间配置，“弱”化了地理邻近的作用，“强”化了经济集聚的规模。信息化水平提升主要加强了区域劳动力与资本流动，通过促进区际贸易加快原材料、中间品、成品的区际流动，进而影响经济集聚。具体如图 11.2 所示。

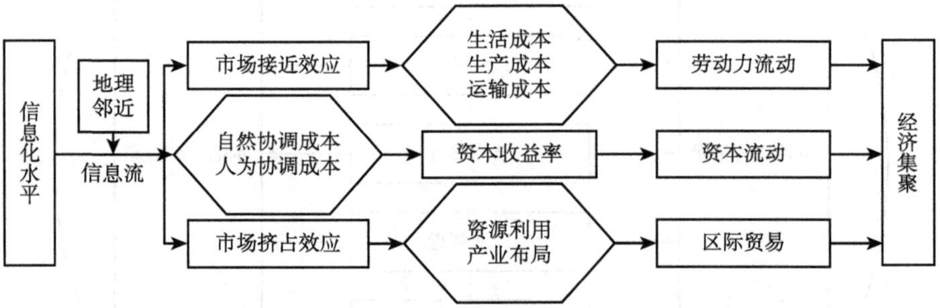

图 11.2 地理邻近视角下信息化水平对区域经济集聚的影响

（1）劳动力流动视角

基于信息技术进步带来的专业化分工与信息传输成本等规模经济的表现，步调一致的贸易行为将产生惊人的类似于物理共振的市场规模效应，地域邻近下的市场接近则会放大此效应。通信技术发展改变传统的专业化分工方式，提高市场交易效率，有利于发挥技术、资本等方面的外部性作用，促进地方大市场持续发展壮大。信息传输成本直接影响贸易成本，贸易效率随着信息产业的发展，总体上呈持续上升之势。相邻的市场更能把握住信息的实时性、准确性带来的机会，帮助降低贸易风险，间接降低贸易成本，提升贸易便利度，会同市场接近效应共同作用于集聚经济体发展。

地理邻近会产生市场接近效应，促使集聚区内的集聚力企业更容易雇用相邻区域的劳动力。这是因为在内外情况相同的情境下，区位选择会偏好集聚中心地区，获取生产、生活、运输所需的低成本优势。工业企业基于区域内大量劳动力产生的较高消费水平，进行产品规模化生产，不仅能够有效降低产品生产成本，还可以吸引更多劳动力进入集聚体。与此同时，人的消费偏好差异则带动产品丰富性增强，推进市场多元化发展，公共服务水平同步提升，生活便利度与满意度随之上升。集聚体内较高的薪酬与较低的生活成本，共同作用于实际工资的增加，继续吸引外来人口进入集聚区。另外，落后地区工业化程度相对偏低，生产处于产业链中低端，可能意味着产品的易腐性更高、质量更重，这使产品物流成本较高，不利于长途运输。地理上的高邻近则在一定程度上减小了以上劣势，促使原材料、中间产品、产成品便利地进入集聚体。

（2）资本流动视角

本章将资本的概念界定为能够转化为物质资本的货币资本，设备、厂房等流动性较弱，货币资本流动性更强。在地理邻近更强的地区之间，语言、文化、气候等差异及远距离协调的自然成本相对弱化，不断提升的信息化水平有利于降低资本流动中信息获取的高昂人为成本，进而提升资本流动的收益率。

各个部门通常集约使用资本和劳动力，流动性越强越能发挥效率优势。关于资本流向的决策遵循满意原则，提高决策满意度以更加快捷、全面的信息为支撑，而具备地理邻近更强的地区间不仅有贸易成本优势，还存在着信息流通效率的天然优势。一方面，虽然集聚初期市场规模受到要素禀赋影响较大，然而集聚体发展到一定地步，市场规模将基于整体贸易自由度而上升，降低集聚区产品贸易成本，基于近距离下的高频率面对面交流减小交流成本，借助本地市场优势减小协调成本。因此，资本这一流动要素将选择成本更低的集聚地区流动，从而促进资本收益率提升。由于资本可以脱离所有者单独流动，且总是追逐最高名义收益率，从而加大集聚体对资本流入的吸引力。另一方面，集聚结构在资本的流动过程中逐步得到强化，而资本对贸易自由度的影响力将显著增强。资本将伴随着轻微提高的贸易自由度形成大规模的流动，经济集聚的速度随之加快、体量随即增大。那么很容易理解，基于逐步完善的跨地区信息传递机制，促进商品一体化程度提高，依据集聚体与落后地区形成的明显的贸易成本差异，集聚区将依靠市场化规模优势进一步吸纳资本。

（3）区际贸易视角

区际贸易包含国际贸易，贸易对象包括原材料及初级产品等生产要素，农产品、中间投入品及工业制成品，交通运输、金融信贷、信息通信、技术讨论、科学研究等多元化服务。缺乏区位邻近优势和其他有利条件的地区在信息加速流动之下，在贸易便利度提升的影响下，导致要素、产品、服务等资源很难留在本地，极易形成对外部市场的依赖，天然错过行业垄断的机遇，在区域分工中处于被动地位，陷入区域资源丰富而经济发展水平不高的窘境，继续拉大与经济发达地区的差距。

就两个地区或者两个经济体而言，在信息流高效流动的前提下，产业发展都将走向集聚，或者地理邻近下依靠规模经济促进集聚，即市场接近效应，或者远距离条件下结合要素资源禀赋与产业结构生成集聚，即市场挤占效应。市场挤占是指，产业优势强大的核心区会挤占产业薄弱地区的市场，产业优势主要源于先天基础、后天培育与偶然性突发事件的影响，每个地区将形成在局部或者全局具备比较优势的产业，而综合产业优势的比拼主要在于本地优势产业的影响力。就“核心—外围”层面而言，邻近的区际聚集缩小了运输成本和贸易成本，由于发达地区和欠发达地区分别依靠优势产品挤占对方市场，发达地区的基础原材料供给将严重依赖周边地区，但周边地区受到发达地区较强的市场挤占效应影响，同样很难布局高回报核心产业，最终强化集聚效应。就两个地区或者两个经济体而言，即使区际贸易成本会由于区际距离增加而增加，但是依靠要素禀赋差异与比较优势形成的规模经济同样能促使贸易产生，通常存在既能满足本地消费产业，还能在一定程度上补齐外部市场缺口的产品，甚至挤占外部市场。不可否认，区域之间的市场挤占效应是多向存在的，也可能在相互作用中相互抵消，然而在地理距离一定的前提下，随着安全、高效的服务类信息平台日益发展，区际贸易自由度仍将继续增强，后一种空间层面下的地区经济将在符合各方优势的前提下继续发展壮大。

11.1.2　认知邻近下的集聚效应

认知水平是经济发展的基础，在资源空间配置中起到牵引作用，而知识水平差异是造成区域发展差距与经济集聚发展的重要原因，因此认知邻近在经济发展中具有天然优势，如图 11.3 所示。Boschma（2005）认为，认知邻近就是各主体通过外部信息感知世界，并依靠信息评估环境方式的相近程度，Knoben 和 Oerlemans（2006）与 Boschma 等（2010）以此为基础分析了认知邻近对主体之间合作创新的影响。李琳等（2017）将认知邻近作为挖掘区域经济合作潜力的推手，间接提出认知基础与认知结构共同决定了认知邻近。蒋含明（2019）实证检验了信息化水平提升通过拓宽信息传输渠道、增强知识的可编码程度，通过知识传播影响区域认知水平，进而作用于技术创新。信息化发展通过提升信息传输路径的通达度降低信息获取成本，改善区域信息不对称的情况，最终促进认知邻近。认知邻近会为资源要素合理配置提供先决条件，同时增强经济合作与市场竞争，有助于通过加强区域信息共享与相互学习对经济集聚效应的发挥产生积极影响。认知不邻近会形成区域沟通壁垒，阻碍资源要素精准落位，影响经济发展的质量，造成区域集聚不经济，动摇协同发展的基础。

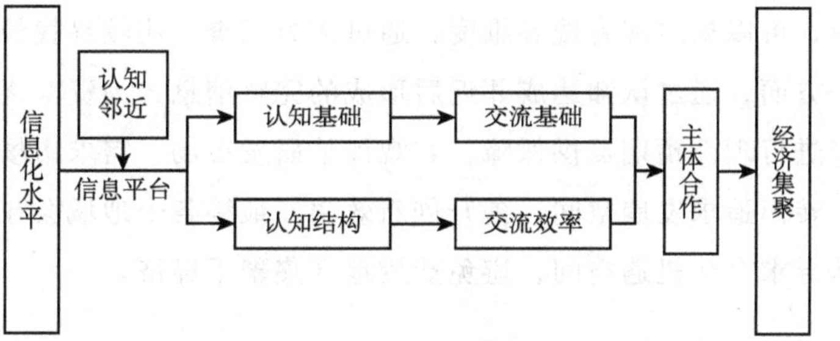

图 11.3　认知邻近视角下信息化水平对区域经济集聚的影响

认知邻近在区域经济层面体现为认知基础与认知结构两个方面，分别表示区域经济发展的可能性与可持续性，基于认知基础明晰认知结构的全面认知有助于克服信息不对称带来的决策障碍，有利于双方在较完全信息的状态下进行理性预期，促成合作落地（李琳等，2017）。信息化水平通过公共传媒机构拓宽自身认知角度，通过自媒体加深认知程度，通过主动学习深入了解事物状态。

认知邻近下信息化水平将从视野差异与认知结构两方面决定彼此交流基础，影响主体之间合作机会与合作导向。认知邻近偏弱导致认知不对称，形成区域认知差距，并不易于形成合作机会，但从合作态势来看处在高级别认知地位的一方更可能在谈判中掌握主动权，能够凭借全局视野把握整体合作形势，将合作利益诱导向己方，而认知弱势方虽不一定造成损失，但会由于身处被动位置造成本地区资源外流和经济外溢，最终区域之间会由于经济发展中的虹吸效应加强集聚发展趋势。但是认知基础相差过大导致经济发展难以从中心扩散到周边，集聚地区产生涓滴效应需要较长时间。建立在深厚认知基础之上的信息交流，主体信任感强，文化认同度高，信息传输更有效率，双方更容易形成共同目标。文化相通在主体交流中具备天然优势，通常意味着主体之间具有相似的行为准则、价值标准以及在较长认知历史中产生的相互接触时的信任感，利于形成和谐的氛围，有助于主体间开展合作，是经济集聚产生的初始条件之一。

认知结构匹配程度表示各方资源汇聚的路径通达度，直接影响信息流通的成本要素，决定资源对接后的使用效率。一方面，认知深度的深入为提升主体认同提供积极因素，资源持有者和需求方基于信息传输、共享、再造提供的多重扩散渠道，可以拓展现有搜寻维度，通过多方探查、比较寻找最佳资源匹配方式；另一方面，通过认知达成邻近后形成的完整信息，为资本逐利者与创业主体对未来进行理性预期提供保障，客观评估研发市场、需求市场，避开要素拥堵路径，转而追求发展空间，提升创新效率，最终各个地域会在集聚外围借助结构优势寻求合作机遇空间，避免造成地区集聚不经济。

11.1.3 技术邻近下的集聚效应

在 Romer（1990）提出的知识溢出模型中，利用技术外部性解释了长期经济增长，并将技术进步视为经济增长的唯一源泉，而技术邻近是获取技术外部性的重要条件。Cohen 等（1990）指出技术邻近暗含技术吸收能力相近的意义，新知识的高效传播与组织合作的快速展开均依赖于知识的识别、理解、吸收与利用。王庆喜等（2013）和谢伟伟等（2019）基于专利数据构建技术空间权重矩阵，实证了技术邻近的空间效应，有利于区域创新产出。另外，信息技术作为通用技术的一种，Welfens（2002）将信息技术纳入技术进步因素当中，并作为内生化的生产要素引入生产函数中。技术基础相当的企业、产业更可能建立合作关系，技术结构相似的企业、产业则更可能建立互助联盟，从而对彼此的经济集聚产生影响。信息化巨大的渗透效应通过信息技术多样化应用与融合增强地区经济的集聚动力，而信息化自身的网络效应则为区域经济增长带来显著的空间溢出效应，从而影响空间经济集聚。

如图 11.4 所示，基于信息化水平提升进行大数据联盟与专业化数据库建设，将隐形技术空间明朗化，描摹出较为清晰的技术轮廓，进一步凸显产业共性关键节点技术，增大了借助多元主体之间的技术溢出与吸收进行协同创新的可能。通过聚集高校、企业、政府等各方优势，打造联合互助的网络化创新平台，构建知识对接、整合、创新的桥梁，促使技术知识在地区间快速扩散。然而，技术本身具备的知识深度决定了技术的学习难度较大，技术提升需要以一定程度的知识获取能力与吸收能力为基础，因为主体之间认知水平必须达到技术沟通的要求，便于彰显技术的扩散效应。基于畅通的技术溢出、获取、吸收的路径，多元主体推进技术攻关，市场频繁的互动加速技术应用，有效提高知识及技术创新成功率与回报率。因此，技术邻近常常被视作大范围的经济高质量发展的重要动力。

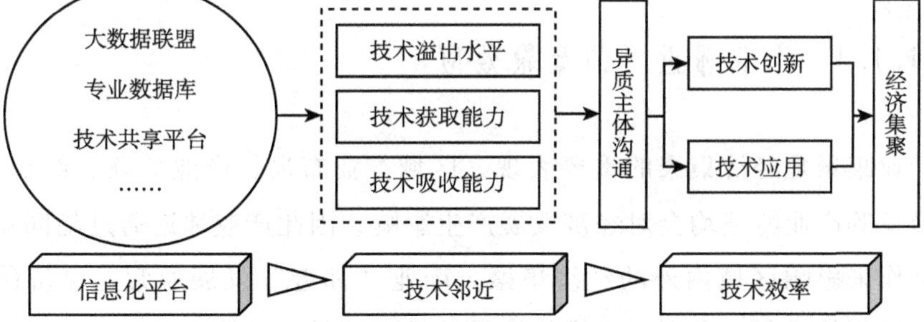

图 11.4　技术邻近视角下信息化水平对区域经济集聚的影响

市场需求端的多样性决定供给需要既重量又重质，产生于需求端的技术概念有利于落地应用。现实行动几乎总是滞后于市场反映，通过获取、分析、整合等处理方法实现对信息的深度把握，明晰信息化产生的高阶细分模块化服务需求。市场多样性持续扩充必然带动市场需求扩张，这样的扩张既为企业进行技术创新活动提供目标和机会，也促使企业不断改进技术和服务。市场动态环境之下，满足新需求是发展的常规动力源，通过技术的引进、消化、再吸收对产品进行开发式创新改进产品，或进行突破性创新，研发全新产品，从而增强各部门创新能力。不仅如此，新产品的开发会同时带动产业链上关联中间产品的研发、设计和生产，影响研发人员在行业、企业之间流动，强化知识的溢出效应，并通过培训机制进一步扩大这种效应，提升相应的知识接收能力和自主研发实力，甚至孕育出新的运作模式，延长当前或开启新的增长周期。

必须指出，技术过度邻近意味着市场同质化，多样化需求难以得到满足，对区域经济发展的作用力将减弱。首先，过度技术邻近容易导致地区之间的技术结构趋同，意味着各地区未能充分依据自身资源形成比较优势，造成技术的结构性臃肿。同时可能导致在要素市场和产品市场形成过于激烈的竞争，阻挠地区之间经济协同发展，阻碍集聚区扩散效应。技术联盟等专业信息化平台会明显提升主体之间的技术邻近，从而加剧趋同发展的态势。其次，创新是需要异质性、互补性知识相互融合、碰撞，即需要一定的技术距离。平台作用下，技术过度邻近会降低区域之间隐形资源的差异性，导致区域经济因路径依赖而缺乏创新活力。最后，过度的技术邻近导致知识过度溢出，并不利于知识产权的保护，妨碍企业积极创新，阻碍区域经济集聚与扩散的有序进行。

11.1.4 产业邻近下的集聚效应

产业集聚是经济集聚的重要表现，区域产业布局、产业关联、组织形态、结构演变等产业特征均会对经济发展产生影响，因此产业邻近通过趋同竞争和分工合作来影响区域内外的经济集聚。产业“邻近”发展通常是经济落后地区必然经历的过程，主要由于模仿发展的难度较低，且符合经济学意义上的理性选择。信息化强化了技术与产业深度的融合，这是升级传统产业、产业融合发展的契机。周勤等（2012）就信息化对经济的微观影响进行了研究，结果表明信息化促进了技术进步，扩展、深化了产业分工结构，形成了良性的规模报酬递增机制。谢康等（2018）认为，通过工业化与信息化相辅相成的发展，有利于形成系统的融合创新体系以突破经济发展的内部结构与外部环境的“双向挤压”困局。贺灿飞和魏后凯（2001）、张战仁和方文君（2015）研究发现，信息化产生的共享效益引导了投资“跟进”的宏观策略，加强了产业集聚。产业布局的选择通常集中在具有比较优势以及集聚效应显著的地区，容易造成禀赋相同、规模相近的地区产业向“邻近”发展，形成相对独立的本地经济集聚系统。然而，信息化发展增强了产业关联效应，不同地区能够通过产业生态布局实现产业互补，促使本地经济集聚向空间经济集聚发展。具体如图 11.5 所示。

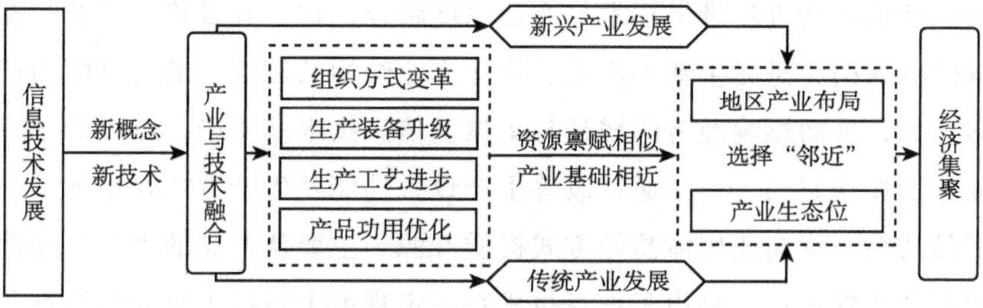

图 11.5　产业邻近视角下信息化水平对区域经济集聚的影响

产业集聚是区域集聚发展中常见的表现方式，产业在区域布局、地区关联、组织形态、结构演变等方面的变化均会对经济发展产生深重影响。首先，对于经济发展相对滞后的地区而言，产业“邻近”发展通常是必然经历的过程。其次，对于亟待取得经济突破的地区而言，模仿发展的难度较低，能够在短时间内起到拉动就业、提振经济的效果，模仿发展要求发展条件有相近之处，基于相似禀赋的“邻近”发展满足“搭便车”的发展愿望。最后，集聚区产业布局相似情况下，产业链生态位的选择可能不同，此时产业邻近本质上体现在区域之间产业链不同位次企业相互依存的关联关系上，关系越紧密，地区经济基础越扎实。因此，产业邻近发展在经济不平衡的地区被视为一种合理的方式。即便如此，产业邻近带来的快速发展可能导致发展的路径依赖，缺乏改变产业发展的长期动力，邻近程度不断提升将影响经济增长速度，即“邻近”发展将在未来某刻迎来增长的拐点，出现增长退坡的情况。基于比较资源优势与比较产业优势发展的地区，需要在产业发展势头衰退之前进行改革，将从依靠显性资源获得发展转变为占领产业链上游核心生态位取得持续发展，否则，地区不足以仅依靠现有资源在市场化条件下形成规模经济，难以应对经济全球化带来的外部竞争，难以支撑经济集聚发展。

以往研究中，通常将产业邻近作为认知邻近的一部分，认为产业结构的相似性衡量了地区宏观主体的认知相近。本章认为，将产业邻近囊括进认知邻近扩大了认知邻近的覆盖面，这样不但不利于深究认知邻近中的微观联系，而且掩盖了产业发展中趋同发展、互补发展的特殊含义。因此，本章把产业邻近从认知邻近中剥离出来，将其区分为地区产业布局邻近与产业链生态位邻近两类，研究该因素对经济集聚的作用。

信息技术不断进步带来技术与产业深度融合，这是升级传统产业、提升产业质量的机遇期，是诞生新兴产业、优化产业结构的契机，最终可能向产业邻近方向发展，进而影响经济的增长与集聚。信息技术基于产品流程的中后端影响产业的选择与布局，一是通过改善生产设备性能及生产方式降本增效，通过优化产品功能、提高使用体验等方式提质开源，主要从产品的生产及功能体验方面影响产业发展；二是由于信息技术在一定程度上打破了空间的制约与时间的滞后，改变了传统消费理念，导致整个产业组织方式的变革，随着市场化、全球化不断推进，产业结构面临重组。市场化发展意味着地区政府将进行“以我为主”的发展，以自然资源禀赋为条件形成产业格局，以既定产业基础为依托升级产业、延伸产业、衍生新的产业，虽然有利于专业化分工，但是可能导致禀赋相同、基础相近的地区产业结构发展“邻近”。

11.1.5 制度邻近下的集聚效应

完善、合理的制度是降低交易成本、规避市场风险、强化制度环境外部效应的重要保障，能够吸引产业与企业扎堆布局，形成集聚。North（1991）认为，制度就是通过设置非正式或正式的约束，制约政治进步、经济发展、社会变迁。夏丽娟等（2017）把制度邻近看作个体、组织、国家面临的非正式约束与正式约束的相似程度，具体体现为非正式制度（如价值观念、行为习惯）和正式制度（如法律法规、政策规划）。赵伟和王春晖（2013）认为，区域开放的过程也是制度优化的过程，党兴华和弓志刚（2013）则将区域市场化程度作为表现制度环境差异的衡量指标。丁慧等（2018）在关于市场信息的研究中发现，社交媒体平台拓宽了市场信息获取渠道，专业化行业交流互动平台提升了市场主体对信息的解读能力。制度邻近对经济集聚的影响，主要体现在通过降低区域制度壁垒扩大经济集聚的溢出效应，强化区域之间的联系，提高区域经济合作水平。信息化发展促进区域市场开放，虽然有益于市场环境改善，但是并不代表市场化体制的建立健全，再加上区域经济基础方面存在的先天差异，导致“一刀切”地选择开放邻近市场可能加剧弱势地区经济集聚的负溢出效应，而在空间上加强“强”中心的经济集聚效应。具体如图 11.6 所示。

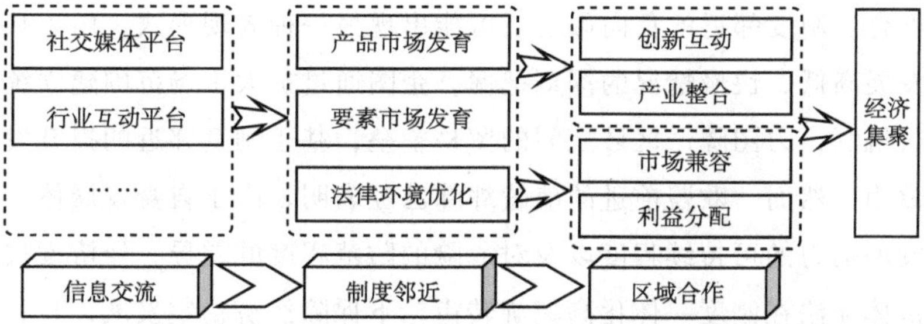

图 11.6　制度邻近视角下信息化水平对区域经济集聚的影响

信息化水平提升对市场效率产生重要影响，诸如“微博”等社交媒体平台拓宽了市场信息获取渠道，“上海 e 互动”等专业化行业交流互动平台显著提高了市场主体信息获取和解读的能力。容易看出，信息化的发展对制度邻近的推进起到了加速的作用，进而影响区域合作。社会制度和文化环境等正式制度和非正式制度，影响地区行动方式及协调程度，制度环境的差异是对区域合作与影响力发挥的重要干扰因素，地区在要素、环境等方面显现出来的差异性可能导致区域匹配、互动整合等方面的不兼容。相反，制度邻近的地区之间更可能基于相近的理念维护共同的规则，以此弱化过程与结果的可变性，交易成本随之得到降低，最终吸引更多市场主体进入邻近地区参与项目合作。最终，经济集聚随着制度邻近水平提升而得到加强。

然而在地理条件、自然环境、文化水平、资源要素等先天方面都呈现出较大差异的前提下，“一刀切”地认为加强制度邻近有助于经济发展的想法存在明显缺陷。我国长江经济带地跨东、中、西，要素分布不均衡，经济与文化水平东强西弱，自然地势西高东地。可见，对于整体发展水平差异较大的区域，差异化的市场制度更有利于整合地区各方面本地资源，实现高效发展。与此相反，快速进步的信息技术虽然诞生了新的市场信息工具，降低了市场信息获取、信息准确性及未来预期等方面的偏差，不过由于各地区在招商引资、产业发展等方面实行的地方保护主义与市场机制下为了争夺发展机会进行的重复性建设，制度邻近更可能导致恶性竞争，加之地区产业趋同化发展，市场化作用方向受到极大诱导，表面上市场信息的流动掩盖了深层次区域之间存在低效的沟通，主要由于不同区域主体在表达方式、运作模式、市场规范、行业规则、行政法规等方面存在的先天距离，导致市场运行中的低效兼容，从而阻碍跨区域市场整合。制度邻近的负向影响还可能出现另一种表现形式，由于缺乏对区域整体发展高低、快慢情况的深刻把握，企图通过扩大市场范围建立统一的市场化运行机制，力图降低区域之间的贸易壁垒，基于制度邻近的提升发挥规模经济的效用。然而，欧盟前进的磕磕绊绊已经表明，由于自身发展体系的完善程度、发展动力的可持续程度以及对危险的防范程度的差异，经济发展水平较低的经济体无法在制度一体化高速旋转齿轮下保障经济稳定发展，盲目迎合或企图迎合制度邻近的地区当以此为例。除了希腊等弱势经济体遭受长期桎梏外，还拖累了英国等发达经济体。

制度邻近对经济增长产生的负向效应是由于区域经济发展的不平衡，然而在把握住市场开放度的前提下，制度邻近仍然将持续优化市场机制，在市场化作用下促进经济集聚。即使是在恶性竞争中，市场主体仍旧能够相互交流，市场的先发主体通过利用发展的优势取得发展，市场后发主体通过对先发主体发展路径的检验避开发展的“陷阱”，利用发展的捷径，两者以“前赴后继”的方式逐步完善市场机制。制度邻近在名义上对本地经济的负向影响，说明当前市场机制正处在试错、磨合阶段，最优市场制度仍然在探索之中。随着制度距离不断缩短，市场运行的弊病、制度制定的缺陷也在逐层暴露，更利于监管机构发现问题、政府部门优化制度，最终完善并强化市场的功能。

11.2　经济政策与信息化发展

新经济地理学中强调偶然性与累积性因素在区域经济集聚发展中往往发挥着决定性作用，地区发展战略可能受到众多未知因素的影响，政策因素在长江经济带集聚演变历程中起到了关键作用。在地区服从国家的整体发展思维指引下，长江经济带集聚发展走过了从低水平均衡→局部优先→全面协调的曲折历程。当前，长江流域得到多重战略支持，将在国家整体实力综合提升的过程中贡献举足轻重的力量。

11.2.1　长江经济带政策演变

长江沿岸经济带属于我国“T”字型经济战略中的一级发展轴，同东部沿海经济带构成我国经济发展的宏观格局。虽然因此凸显了长三角地区的经济主导作用，但也由此逐渐拉大同长江中上游地区的发展差距。20世纪末，伴随西部大开发战略的提出，“T”字型格局由此演变为“H”型，“H”的左边正是代表西部大开发的广大地区，长江由此正式从地理上横贯东西的河流演变为经济意义上的经济带。

政策是实现长江经济带各阶段发展目标的外生基础，具体见表11.1。第一阶段，国家采取均衡发展战略，优先发展中西部内陆地区，虽然资源配置效率不高，但缩小了东部与中西部的差距；第二阶段，1978年后，我国实行“引进来”政策，迈出经济发展的“第一步”，在“先富带动后富”战略、设立经济特区、开放沿海城市等政策的引导下，全国发展重心进一步向东南沿海移动，长江流域发展差距逐渐拉大。第三阶段，进入21世纪，国家战略从“第一步”迈向“第二步”，促进区域平衡发展，缩小东西差距，鼓励“走出去”。第四阶段，党的十八大以后，长江经济带作为三大经济战略之一被重点推出，成为拓展中国经济发展空间的重中之重。

表 11.1　　　　我国区域发展战略演变

发展理念	均衡发展（1953～1978 年）	不平衡发展（1978～1999 年）	平衡发展（1999～2013 年）	协调发展（2014 年至今）
区域划分	沿海地区、内陆地区；一线、二线、三线	东部地区、中部地区、西部地区	东部地区、中部地区、西部地区、东北地区	东部地区、中部地区、西部地区、东北地区；"一带一路"、长江经济带、京津冀地区、粤港澳大湾区
区域布局	重点布局中西部地区、进行三线建设、自成体系	建立经济特区、开放沿海城市	西部大开发、中部崛起、振兴东北、建立主体功能区	四大板块＋三个支撑带、主体功能区战略、城镇化战略
资源配置机制	计划经济为主	建立社会主义市场经济、积极"引进来"	完善社会主义市场经济体制、鼓励"走出去"	市场起决定性作用、政府的重要作用
发展差距	经济差距拉大，公共服务差距缩小	经济差距先趋同、后趋异，公共服务趋同化发展	经济差距缩小、公共服务均等化发展	三大差距基本趋同、社保覆盖全民

表 11.2　　　　关于长江经济带的交叉布局情况

三大支撑带		四大经济板块			
		东部地区	中部地区	西部地区	东北地区
长江经济带战略			覆盖：苏、浙、沪	覆盖：湘、鄂、赣、徽	覆盖：川、渝、滇、黔
"一带一路"	丝绸之路经济带	延伸：苏	延伸：豫	覆盖：渝、川、云、陕、甘、青、宁、新、桂、藏、蒙	覆盖：辽、吉、黑
	21 世纪海上丝绸之路	覆盖：浙、沪、闽、粤、琼； 联动：辽（大连）、津、鲁（青岛、烟台）		覆盖：桂	
京津冀协同发展战略		邻近：辽	邻近：晋、豫	覆盖：京、津、冀； 邻近：鲁	邻近：蒙

长江经济带在“三大支撑带”中发挥引领作用，不仅有机融合了东、中、西“三大经济板块”，还具备正面衔接东部海岸经济带与“一带一路”的战略地位，是沿海开放与内陆发展共同推进的核心地区。长江经济带上游、中游、下游三个地区，分属我国经济格局中的西部、中部、东部三大板块。下游地区江浙沪三省市被划定为长江三角洲，“一带一路”中海上丝路的东方起点，定位为全国经济中心，建设有一批全球典范的城市群。上游地区包括丝绸之路经济带的重要节点，重庆、四川、云南定位于丝绸之路的门户与枢纽，着眼于内陆开放高地建设，具体见表 11.2。

表 11.3　关于长江经济带的主要政策

时间	部门	政策文件	主要目标（定位）
2019 年 12 月	国家发展改革委	《长江三角洲区域一体化发展规划纲要》	科创产业融合发展，基础设施互联互通，生态环境共保联治，公共服务便利
2019 年 8 月	国家发展改革委	《西部陆海新通道总体规划》	重要枢纽建设，西部陆海新通道建设
2019 年 7 月	交通运输部	《关于推进长江航运高质量发展的意见》	长江航运高质量发展
2019 年 1 月	生态环境部、国家发展改革委	《长江保护修复攻坚战行动计划》	生态保护红线勘界定标，控制单元考核断面和生态环境管控，工业园区（产业园区）整治和改造等
2018 年 10 月	国家发展改革委等五部委	《关于加快推进长江经济带农业面源污染治理的指导意见》	农业农村面源污染治理，种养业布局优化，农业农村废弃物资源化利用等
2018 年 2 月	国家发展改革委	《长江经济带绿色发展专项中央预算内投资管理暂行办法》	综合交通枢纽、生态环境监测能力、长江岸线整治修复等项目建设
2017 年 12 月	最高法	《关于全面加强长江流域生态文明建设与绿色发展司法保障的意见》	遵循自然规律，坚持保护优先，促进绿色发展，注重区域协同
2017 年 8 月	交通运输部	《关于推进长江经济带绿色航运发展的指导意见》	航道网络有效衔接、港口布局科学合理、船舶装备节能环保、航运资源节约利用、运输组织先进高效

续表

时间	部门	政策文件	主要目标（定位）
2017 年 7 月	环境保护部等三部委	《长江经济带生态环境保护规划》	围绕长江流域生态环境，加强系统稳定性、服务功能完善、生态保护机制等方面建设
2016 年 5 月	国家发展改革委	《长江经济带发展规划纲要》	构建长江经济带东西双向、海陆统筹的对外开放新格局
2016 年 5 月	国家发展改革委、住建部	《成渝城市群发展规划》	建设具有全球影响力的城市群
2016 年 5 月	国家发展改革委	《长江三角洲城市群发展规划》	带动长江全流域发展，建设发挥全球引领作用的城市群
2016 年 3 月	国家发展改革委等三部委	《长江经济带创新驱动产业转型升级方案》	建成创新驱动型产业体系、统筹发展的重要引擎
2016 年 2 月	水利部	《长江经济带发展水利专项规划》	明确节约用水与水资源配置、水资源保护与水生态修复建设任务
2016 年 2 月	国家发展改革委	《“十三五”时期推进长江经济带发展的主要任务》	围绕长江黄金水道建设、环境污染防控治理、省际协商合作机制、打击长江非法采砂及治理非法码头等重大问题，加强专题研究协调
2015 年 6 月	国家发展改革委	《关于建设长江经济带国家级转型升级示范开发区的实施意见》	生态优先、绿色发展、创新驱动、开放合作、深化改革
2015 年 4 月	国务院	《长江中游城市群发展规划》	建设具有全球竞争力的城市群
2014 年 9 月	国务院	《长江经济带综合立体交通走廊规划（2014—2020 年）》	基于铁、公、水、空、管道建设综合立体交通走廊
2014 年 9 月	国务院	《关于依托黄金水道推动长江经济带发展的指导意见》	提升长江黄金水道功能，创新区域协调发展体制机制
2014 年 5 月	国家发展改革委	《依托长江建设中国经济新支撑带指导意见》	建成现代化综合交通运输体系，形成城市群轨道交通网络骨架
2013 年 1 月	国务院	《长江流域综合规划》	制定了防洪减灾、水资源综合利用、水资源与水生态环境保护、流域综合管理 4 大体系规划布局与方案

11.2.2 长江经济带信息化发展

(1) 我国信息化发展历程

进入21世纪以来，我国信息化建设和发展经历了近20年的发展，根据发展速度可大致分为三个阶段：快速起步（2000~2006年）、平稳追赶（2007~2012年）、加速应用（2013年至今）。

快速起步阶段（2000~2006年）：信息化快速发展。此阶段，信息基础设施建设快速推进，固定电话、移动电话随着我国“二元”结构发展迅速普及，计算机使用率也逐年上升，信息产业增加值占GDP比重持续攀升，网络用户群体呈规模化增长。在基础设施持续改善，以及在人民对外部信息需求的期盼之下，网络影响覆盖面陡然扩大。2000年5月17日，我国移动互联网开始投入运行；2001年，互联网协会成立。百度、新浪、网易、搜狐等门户网站均在此阶段于纳斯达克上市，互联网主要表现为搜索与社交两大方面。

平稳发展阶段（2007~2012年）：信息化平稳进行。经历基础建设、门户搭建等信息化初级阶段后，中国进入信息化的移动互联探索阶段，尝试在不同的应用领域寻求信息化解决方案。此阶段，信息化导向转变为以应用服务为引领，更加注重信息化在不同领域中的全方位推广，导致发展速度有所放缓。2007年，首次在国家层面将电商服务业确定为重要的新兴产业，电商服务业借此取得快速发展，成为移动互联探索的重要成功案例。全球信息化争夺战已见端倪，充足后备力量是保障持久战成功的关键，关乎信息化的普及、教育等。

加速应用阶段（2013年至今）：信息化向智能化发展。“十二五”中后期，信息化在各领域的推广和应用得到加强，信息通信技术的变革带来了产业变革的机遇，首次提出“互联网+”产业融合概念，智能化成为信息化的未来方向。4G的出现为数据高速传输提供技术保障，随着网络基础设施逐步更迭完善，信息技术提升极大刺激了互联网的发展，带来了高效的移动互联体验，促进远程医疗、远程教育等领域的顺畅实现。5G的出现强化了数据实时传输作用，主要体现为高速率、大容量、低延时。未来，信息产业本身、基于信息化的产业融合发展将形成新的经济动力的核心力量。

（2）信息化发展评价体系

①指标体系设计

对于信息化水平的衡量，本章参照中国统计出版社出版的《中国信息化发展指数统计监测年度报告（2013）》中关于信息化指数（Ⅱ）的衡量标准选取数据，基于层次分析法计算长江经济带各地区的信息化指数。原数据只存在2002～2013年的指数，缺失数据较多导致无法借用。本章参考报告中指数计算方法，根据实际研究需求建立衡量信息化指数的指标体系，根据研究的必要性、数据的可获得性与数据的完整度等方面实际情况建立衡量信息化指数的指标体系，将信息化指数分为基础应用指数、产业发展指数与知识支撑指数三类，共计8项数据指标。

基础设施是信息化发展的基本物质条件，根据我国信息基础设施建设的总体趋势，本章选取电话拥有率、电视机拥有率与计算机拥有率作为衡量指标。信息通信技术是信息产业发展的核心，反映信息化发展的进程，直接影响社会享受信息化发展成果的质量，因此本章考虑以下指标衡量产业技术指数：人均电信产值与每百万人发明专利申请量。知识水平对信息技术的持续性研发与新信息技术的使用有着非常重要的影响，信息产业与技术人才能够对产业融合发展起到重要推动作用，因此本章采用教育指数与信息产业从业人员比重2个指标衡量。需要说明的是，教育指数由成人识字率与平均受教育年限共同反映。

具体指标体系见表11.4。

表11.4　信息化指数指标体系

<table>
<tr><th>总指数</th><th>分类指数</th><th colspan="2">衡量指标</th><th>数据来源</th></tr>
<tr><td rowspan="8">信息化指数</td><td rowspan="3">基础设施指数</td><td colspan="2">电话拥有率（部/百户）</td><td>《中国通信统计年度报告》</td></tr>
<tr><td colspan="2">电视机拥有率（台/百户）</td><td>《中国统计年鉴》</td></tr>
<tr><td colspan="2">计算机拥有率（台/百户）</td><td>《中国统计年鉴》</td></tr>
<tr><td rowspan="2">产业发展指数</td><td colspan="2">人均电信业产值（元/人）</td><td>《中国通信统计年度报告》</td></tr>
<tr><td colspan="2">每百万人发明专利申请量（个/百万人）</td><td>《中国统计年鉴》</td></tr>
<tr><td rowspan="3">知识支撑指数</td><td rowspan="2">教育指数（成人识字率×2/3＋平均受教育年限×1/3）</td><td>成人识字率（%）</td><td>《中国统计年鉴》</td></tr>
<tr><td>平均受教育年限</td><td>《中国统计年鉴》</td></tr>
<tr><td colspan="2">信息产业从业人员比重（%）①</td><td>《中国统计年鉴》</td></tr>
</table>

① 用第三产业从业人员比重代替。

②指数计算方法

信息化指数基于对分类数据指标的线性加权求得，计算公式为：

$$Info = \sum_{i=1}^{n} W_i \left(\sum_{j=1}^{m} W_{ij} P_{ij} \right) \tag{11.1}$$

其中，$Info$ 表示某省市信息化指数，W_i 表示分类指数权重，且 $\sum_{l=1}^{n} W_i = 1$。P_{ij} 为第 i 类的第 j 项指标标准化后的值。W_{ij} 为第 j 个指标在第 i 类指数中的权重，且 $\sum_{i=1}^{m} W_{ij} = 1$。

将数据代入公式计算前，需通过无量纲化将数据标准化。参考信息化发展指数（Ⅱ）的阈值确定原则，确定每个指标的最大阈值与最小阈值，且均采用固定数值。具体数值见表 11.5。

表 11.5　信息化指数实际采用指标的阈值

指标名称	最小阈值	最大阈值
电话拥有率（部/百户）	0	300
电视机拥有率（台/百户）	0	200
计算机拥有率（台/百户）	0	150
人均电信业产值（元/人）	1	4000
发明专利申请量（个/百万人）	1	6000
第三产业从业比重（%）	0	80
教育指数①	—	—

标准化包括两类情形：

a. 一般标准化。当数据呈均匀分布时，采用的标准化公式如下：

$$Z_i = \frac{X_i - X_{\min}}{X_{\max} - X_{\min}} \tag{11.2}$$

其中，X_i 为指标值；$X_{\min}$ 为指标数据最小阈值；$X_{\max}$ 为指标数据最大阈值。

b. 对数标准化。如果各地区数据差别较大，则采用对数的标准化计算方法，以尽力消除指标数据差别较大带来的不利影响，计算公式为：

① 教育指数本身即为 0—1 的数值，所以无须再确定阈值。

$$Z_i = \frac{\lg X_i - \lg X_{\min}}{\lg X_{\max} - \lg X_{\min}} \tag{11.3}$$

其中，X_i为指标值；$X_{\min}$为指标数据最小阈值；$X_{\max}$为指标数据最大阈值。

③指标权重设计

本章借鉴世界上主要国际组织对信息化综合统计指数权重的设置方法，采用平均赋权的方法衡量三类分类指数权重。如国际电信联盟提出的信息化发展指数（IDIITU)、联合国贸发会议提出的信息化扩散指数（CJT—DI）等。此外，联合国开发计划署提出的人文发展指数（HDI）等一些社会经济指数也采用了平均赋权方法。

（3）地区信息化发展现状

①信息化指数持续增长

2000 年以来，长江经济带沿线省市信息化发展水平逐年提升，2017 年信息化指数均超过 0.6。其中，上海、浙江、江苏信息化指数分别达到 0.962、0.846 和 0.823，并且始终位居前三位；重庆、安徽、湖北、江西分列 4 ~ 7 位，分别达到 0.723、0.699、0.683 和 0.68；四川与湖南同列第 8，信息化指数为 0.659；云南与贵州的信息化发展相对落后，信息化指数只有 0.613、0.601。从信息化指数水平提升的增长来看，贵州、云南、四川占据前三位，2017 年分别增长 10.8%、8.2% 和 6.6%；其余省市，除湖南的增长率达到 5.3% 外，均未超过 5%，具体如图 11.7 所示。

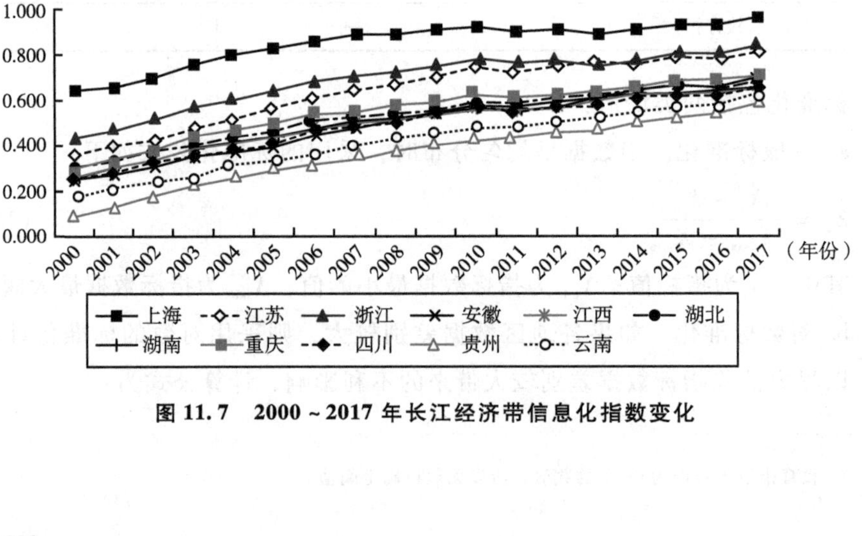

图 11.7　2000 ~ 2017 年长江经济带信息化指数变化

②各省市发展规划出台（具体见表 11.6）

表 11.6　长江经济带各省市信息化相关发展规划

地区	时间	文件名称
上海市	2017 年 5 月	《上海市推进信息化与工业化深度融合“十三五”发展规划》
江苏省	2016 年 10 月	《江苏省“十三五”信息通信业发展规划》
浙江省	2016 年 8 月	《浙江省信息化发展“十三五”规划（“数字浙江 2.0”发展规划）》
安徽省	2017 年 6 月	《安徽省“十三五”信息化发展规划》
江西省	2016 年 10 月	《江西省“十三五”信息化发展规划》
湖北省	2007 年 10 月	《2006—2020 年湖北省信息化发展战略》
湖南省	2018 年 12 月	《湖南省“十三五”信息化发展规划》
重庆市	2017 年 8 月	《重庆市“十三五”信息化规划》
四川省	2017 年 12 月	《四川省“十三五”信息化规划》
贵州省	2017 年 4 月	《贵州省“十三五”信息化规划》
云南省	2017 年 1 月	《云南省信息产业发展规划（2016—2020 年）》

11.3　经济集聚及其影响因素的度量与发展现状分析

11.3.1　指标选取与数据来源

（1）经济集聚

本章关注的是长江经济带经济集聚的影响因素，选择沿线 11 省市作为研究样本，时间跨度为 2000 ~ 2017 年。考虑到内生经济增长模型衍生于生产函数，本章选用经济密度衡量经济集聚程度，由地区的产值与土地面积的比值来衡量（赵儒煜、刘畅，2012；宗刚、张雪薇，2018）。

（2）信息化水平

利用上面测算的长江经济带各省市信息化发展指数，衡量该地区信息化发展水平，考察期为 2000 ~ 2017 年，指数大小介于 0 ~ 1。

(3) 多维邻近

文中多维邻近系数均是采用联合国工业发展组织国际工业研究中心提出的相似系数法计算得出，系数大小均介于0~1。

相似系数计算公式如下：

$$d_{ijt}=\frac{\sum_{k=1}^{n}(x_{ikt}x_{jkt})}{\sqrt{\sum_{k=1}^{n}x_{ikt}^{2}}\sqrt{\sum_{k=1}^{n}x_{jkt}^{2}}} \tag{11.4}$$

基于上式得出本地区与其他地区的邻近系数后，再通过算术平均的方法计算本地区与其他地区的平均邻近系数，即最终的多维邻近系数。需要说明的是，此公式与Jaffe在1986年提出的技术距离公式十分相近。

①地理邻近（Geo）

区别于将地理邻近界定为地理距离远近的做法，本章认为随着交通基础设施不断完善，交通便利能够在时间和空间上较好地体现地理邻近的含义，因此用“铁路营业里程”“内河航道里程”“公路里程”三项交通里程数据计算交通里程结构相似系数。

公式如下：

$$Geo_{ijt}=\frac{1}{10}\sum_{j=1}^{10}\frac{\sum_{o=1}^{3}(y_{iot}y_{jot})}{\sqrt{\sum_{o=1}^{3}y_{iot}^{2}}\sqrt{\sum_{o=1}^{3}y_{jot}^{2}}} \tag{11.5}$$

其中，y_{iot}、y_{jot}分别表示第t年地区i、j第n类交通里程的长度，Geo_{ijt}数值大小对应地理邻近程度高低，与地区之间交通建设水平差距成反比。

②认知邻近（Cogn）

认知邻近表示地区之间在行为、言行、文化等方面的认同度，在很大程度上依赖于地区受教育程度的相近程度，因此本章采用《中国人口与就业统计年鉴》与《中国劳动统计年鉴》中“全国分地区就业人员受教育程度构成”作为数据衡量指标，通过不同地区小学、初中、高中、大学专科（包含中等职业教育与高等职业教育）、大学本科以及研究生以上学历六类就业人员受教育人数综合计算地区从业人员受教育程度结构相似系数。

公式如下：

$$Cogn_{ijt} = \frac{1}{10}\sum_{j=1}^{10}\frac{\sum_{p=1}^{7}(z_{ipt}z_{jpt})}{\sqrt{\sum_{p=1}^{7}z_{ipt}^{2}}\sqrt{\sum_{p=1}^{7}z_{jpt}^{2}}} \tag{11.6}$$

其中，z_{ipt}、z_{jpt}分别表示第 t 年第 n 类学历的就业人员受教育人数，$Cogn_{ijt}$数值大小对应认知邻近程度高低，与认知距离成反比。

③制度邻近（Sys）

本章借鉴党兴华和弓志刚（2013）的做法，选用市场化程度相似性表示制度邻近。由樊纲、王小鲁等撰写出版的《中国分省份市场化指数报告》与《中国市场化指数》提供了各省、市、自治区市场化发展总指数及其五类分类指数,① 即“政府与市场的关系”“非国有经济的发展”“产品市场的发育程度”“要素市场的发育程度”“市场中介组织的发育和法律制度环境”。因此，本章根据以上五类指数计算地区市场化结构相似系数。

公式如下：

$$Sys_{ijt} = \frac{1}{10}\sum_{j=1}^{10}\frac{\sum_{q=1}^{5}(u_{iqt}u_{jqt})}{\sqrt{\sum_{q=1}^{5}u_{iqt}^{2}}\sqrt{\sum_{q=1}^{5}u_{jqt}^{2}}} \tag{11.7}$$

其中，u_{iqt}、u_{iqt}分别表示第 t 年 i、j 地区第 n 类市场化分指数，Sys_{ijt}数值大小表示制度邻近程度。

④产业邻近（Indu）

产业邻近表示地区产业发展中结构与生态上的相近程度，本章采用三大产业产值所占比重计算产业结构相似系数。

公式如下：

$$Indu_{ijt} = \frac{1}{10}\sum_{j=1}^{10}\frac{\sum_{m=1}^{3}(v_{imt}v_{jmt})}{\sqrt{\sum_{m=1}^{3}v_{imt}^{2}}\sqrt{\sum_{m=1}^{3}v_{jmt}^{2}}} \tag{11.8}$$

① 此报告是中国市场化指数课题的研究成果，课题从 2000 年开始进行，已出版 8 个研究报告，《中国分省份市场化指数报告》2016 年、2018 年的报告由社会科学文献出版社出版，《中国市场化指数》2000 年、2001 年、2004 年、2006 年、2009 年、2011 年的报告均由经济科学出版社出版。

其中，v_{imt}、v_{jmt}分别表示第 t 年 i、j 地区第 n 类产业产值，$Indu_{ijt}$数值大小表示产业邻近程度高低。

⑤技术邻近（T）

技术邻近表示地区之间技术研发情况，本章按照国际专利分类标准（IPC）专利部将专利分为八类，即"人类生活必需""作业、运输""化学、冶金""纺织、造纸""固定建筑物""机械工程、加热、武器""物理""化学"，通过 incoPat 专利网站①下载各省市分类专利申请量数据，进而计算地区技术结构相似系数。

基于 Jaffe 在 1986 年提出的技术距离概念计算技术邻近系数，公式如下：

$$T_{ijt} = \frac{1}{10}\sum_{j=1}^{10}\frac{\sum_{n=1}^{8}(f_{int}f_{jnt})}{\sqrt{\sum_{n=1}^{8}f_{int}^{2}}\sqrt{\sum_{n=1}^{8}f_{jnt}^{2}}} \tag{11.9}$$

其中，f_{int}、f_{jnt}分别表示第 t 年地区 i、j 地区第 n 类专利的专利申请量，T_{ijt}的数值大小对应技术邻近程度高低。

（4）其他控制变量

①物质资本存量（K）

物质资本存量是新古典经济增长模型中的核心变量，被认为是内生经济增长因素，最常用的测度方法是"永续盘存法"。参照张军等（2007）的资本存量计算方法计算地区资本存量：

$$K_{it} = K_{it-1}(1-\delta_{it}) + I_{it}, t = 2, \cdots, 17 \tag{11.10}$$

其中，K_{it}表示第 i 个省份 j 年的全社会资本存量，δ 表示折旧率。

a. 将 2000 年作为确定资本存量的基年。本章选取 2000～2017 年的面板数据进行研究，参照 Young（2003）、张军等（2007）的研究结论，用各省市 2000 年固定资本形成除以 10%，作为目标省市初始物质资本存量。

b. 构造各省市固定资产投资价格指数。以 2000 年为基期，对《中国统计年鉴》中的"固定资产投资价格指数"进行统一调整。

c. 参照张军等（2007）的研究结论，将各省市的固定资本形成总额的折

① 官方网站：www.incopat.com。

旧率确定为 9.6%。

d. 将“固定资产形成总额”确定为本章使用的各省市固定资产投资指标，数据源于《中国统计年鉴》。

运用上述方法，本章求得 2000 ~ 2017 年长江经济带全社会物质资本存量数据。

②人力资本存量（L）

人力资本存量作为新经济增长因素，测算方法多种多样，本章借鉴徐现详等（2004）、张学良（2012）的做法，将人力资本定义为“教育获得”，选择地区平均受教育程度作为人力资本存量衡量指标。平均受教育程度 $L = 6 \times S_1 + 9 \times S_2 + 12 \times S_3 + 16 \times (S_4 + S_5) + 19 \times S_6$，$S_1$、$S_2$、$S_3$、$S_4$、$S_5$、$S_6$分别代表地区 6 岁以上人口中小学文化程度、初中文化程度、高中文化程度、大专文化程度、大学本科文化程度、研究生及以上文化程度人口数所占比重。数据源于 2000 年以来出版的《中国劳动统计年鉴》与《中国人口与就业统计年鉴》。

③城市化进程（Urban）

改革开放以来，我国经济要素不断向城市集聚，有效推进城市化水平稳步提升，城市化也因此成为拉动经济增长的重要引擎。进入 21 世纪，“土地财政”作为推进基础性设施建设的重要手段，继续发挥城市化在经济发展中的作用。本章以地区城镇化率作为城市化水平的指标，数据源于《中国统计年鉴》与各省市统计年鉴。

表 11.7　变量描述性统计

变量	代表变量	均值	最大值	最小值	标准差
地均产值（Y）	GDP/地区面积	6.666	10.791	3.93	1.535
信息化水平（Info）	信息化指数	0.604	0.913	0.315	0.131
地理邻近（Geo）	交通里程结构相似系数	0.994	0.999	0.958	0.007
认知邻近（Cogn）	从业人员受教育程度结构相似系数	0.834	0.884	0.69	0.035
产业邻近（Indu）	产业结构相似系数	0.905	0.954	0.446	0.108
技术邻近（T）	技术结构相似系数	0.936	0.976	0.772	0.036
制度邻近（Sys）	市场化结构相似系数	0.952	0.983	0.857	0.023
人力资本存量（L）	平均受教育程度	8.783	12.68	6.16	1.351
物质资本存量（K）	全社会固定资产投资	3.47	18.53	0.46	3.08
城市化进程（Urban）	城镇化率	0.484	0.9	0.23	0.168

11.3.2 现状及时空演变分析

（1）经济集聚

根据如图 11.8 所示，长江经济带沿线省市中，长三角地区的经济集聚程度明显高于其他地区，上海市经济集聚的发展起点最高，发展速度最快，2017 年的地均产值已接近 50000 元/m^2，同其他省市的差距已经由不足 10000 元/m^2，拉大到近 40000 元/m^2，截至 2017 年，江苏和浙江的地均产值均未破万，但仍然明显高于中长江经济带中游、上游地区。

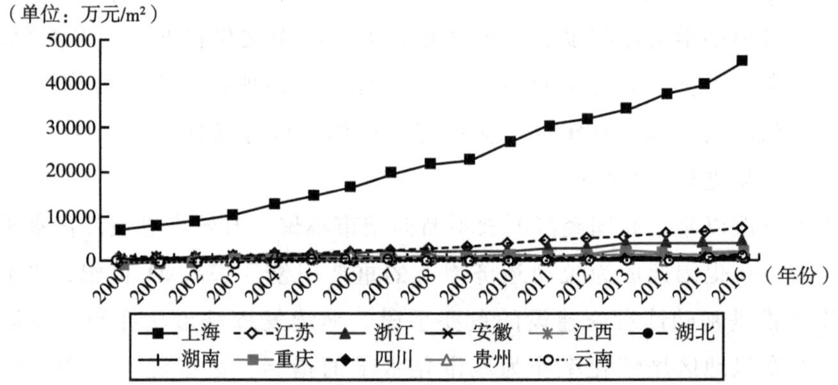

图 11.8　2000～2017 年长江经济带各省市经济集聚变化

根据图 11.9 展现出的长江经济带沿线省市经济集聚变化的五分位图，2000～2017 年，长江经济带的经济集聚总体状态基本稳定，由西到东呈现出逐级上升的三级阶梯分布。其中长江经济带下游地区依托长三角地区的强劲的集聚优势，始终保持较高的经济集聚水平，但安徽省明显受到江浙沪三省市的空间经济集聚影响，长期处在该地区经济发展的末端；中游地区，湖北和湖南两省始终保持着该地区的经济集聚优势地位，但湖北省的经济集聚突出效应出现一定程度的减弱，江西省则受到长江中下游多个经济强省的“虹吸效应”，经济集聚优势较弱；长江上游地区经济集聚格局，川渝占据经济集聚的优势地位，重庆市的集聚优势逐渐增强，滇黔依靠自身特殊优势取得集聚发展。

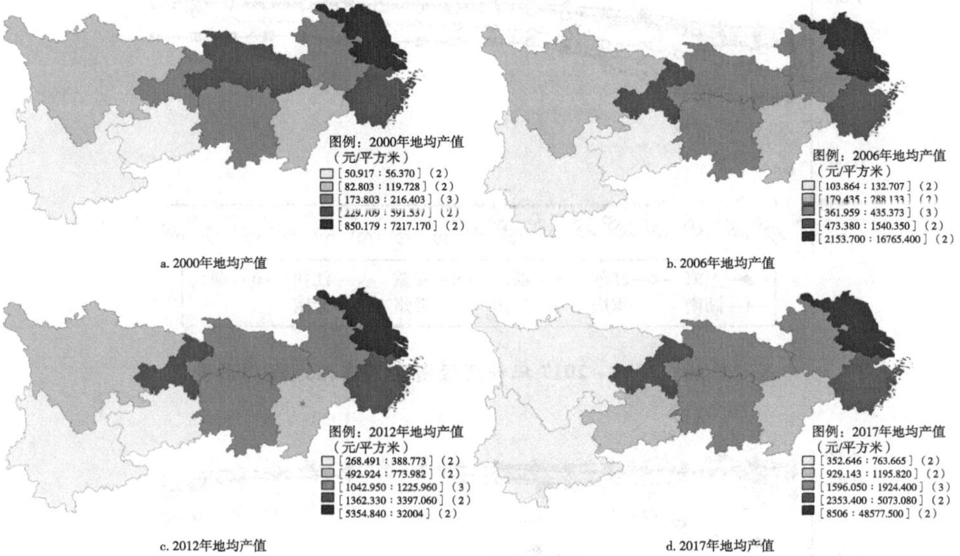

图 11.9　长江经济带沿线省市经济集聚变化的五分位图

（2）地理邻近

长江经济带地理邻近变动趋势如图 11.10 所示：从时间趋势上看，在交通便利逐渐强化的前提下，长江经济带沿线省市地理邻近逐年增强；2006 年之前，地理邻近水平增长速度较快，在此之后地区地理邻近水平增长速度稍慢；由于高铁、航运等交通基础设施的快速推进，江苏、上海的交通便利程度显著高于其他省市，是长三角作为地区增长极的现实反映；2006 年以后，长江经济带的地理邻近缓慢提升，考虑到邻近系数的中性反映，表明长江经济带交通基础设施建设是全面推进的。

（3）认知邻近

根据图 11.11，2000～2007 年，长江经济带认知邻近逐渐加强，这可能是由于教育的全面普及带来的良好结果；2007 年之后，上海与其他省市的认知邻近差距逐渐拉大，可能是由于上海教育体制先进性长期处在全国的前列，以及依靠强大的经济集聚优势吸引大量优秀人才进入导致的；从整体上也可以看出，上海、江苏的认知邻近比其他省市要低很多，进一步说明了这两个地区较高的认知水平与更合理的认知结构。

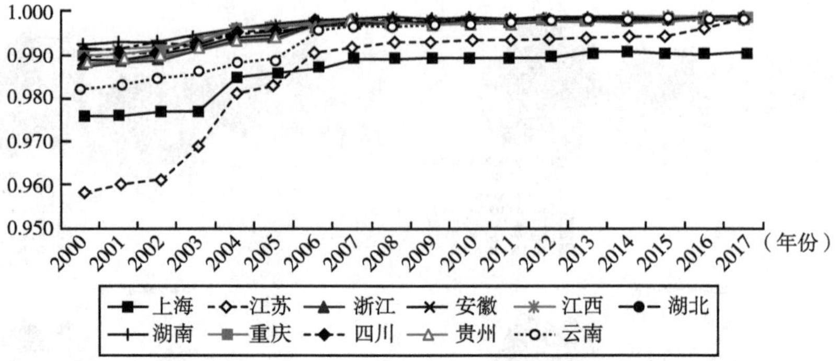

图 11.10　2000～2017 年长江经济带各省市地理邻近变化

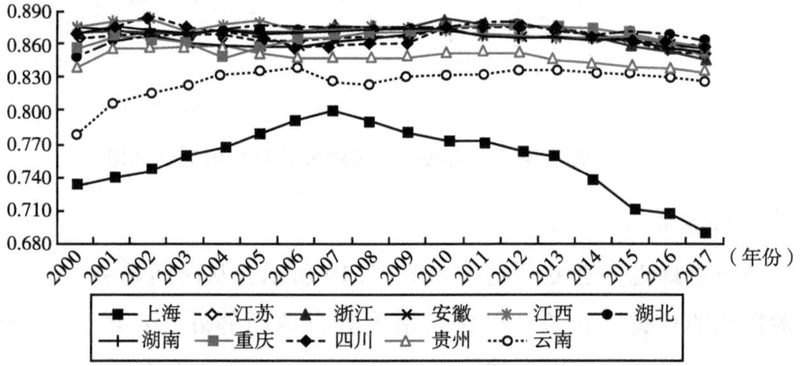

图 11.11　2000～2017 年长江经济带各省市认知邻近变化

（4）技术邻近

根据图 11.11，2000～2003 年，长江经济带技术邻近先加强后大幅减弱，2003 年后技术邻近逐渐加强，而后各省市之间技术邻近小幅变化。当前，云贵两省专利申请数明显与其他省市差距相对较大，导致技术邻近系数偏小；上海以长江经济带省市最少的人口与面积，2000 年以来每年申请的专利稳居长江经济带前列，并且专利申请分布面广，技术研发实力强，造成了同其他地区相对较大的技术差距。

（5）产业邻近

根据图 11.12，上海市的产业邻近系数与其他省市相差甚远，主要由于该地的三大产业在结构上与其他省市存在巨大差异，上海市的第三产业发展较快、占比较大，第一产业逐渐减少。总体上，长江经济带省市产业邻近先增强、后减弱、再增强，2000 ~ 2006 年逐步加强，而后逐渐变弱，除上海市外，其他省市均于 2011 年触底反弹。当前，长江沿线省市的产业邻近逐渐加强，预示着不同省市的产业发展趋向同质化，地区之间产业发展的竞争加剧。

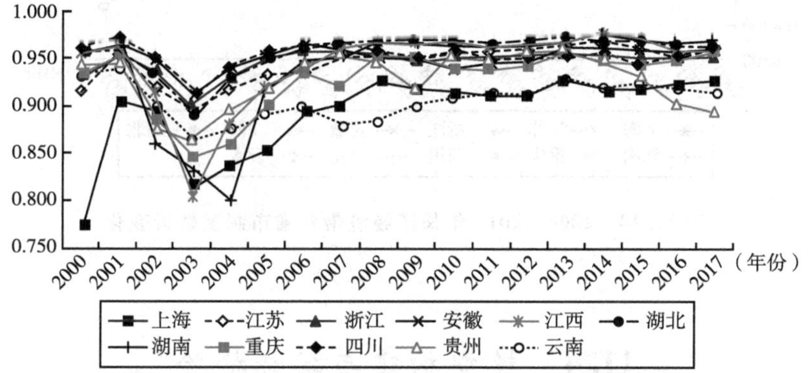

图 11.12 2000 ~ 2017 年长江经济带各省市技术邻近变化

（6）制度邻近

根据图 11.13，2005 年以前，长江经济带制度邻近总体逐渐加强，之后逐渐减弱；至 2012 年，贵州与云南的制度邻近持续快速减弱，主要是因为两地市场化发展较长江中下游相比速度较慢、水平较低，从而同其他地区制度邻近差距逐渐拉大；2017 年，位于长三角地区的上海、浙江、江苏三地的制度邻近同样逐渐减弱，主要是由于该地区市场化发展快于其他地区。具体如图 11.13 和图 11.14 所示。

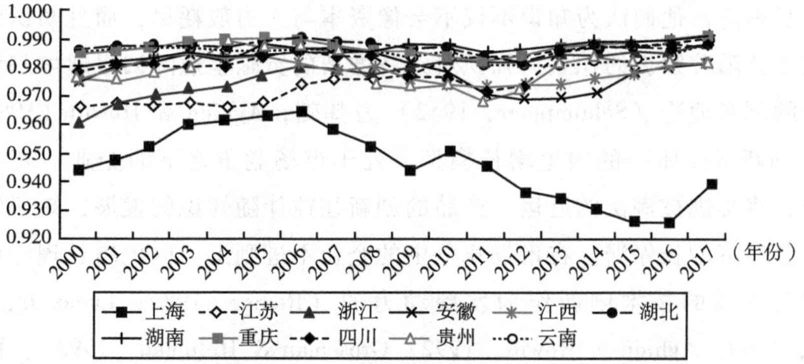

图 11.13 2000 ~ 2017 年长江经济带各省市制度邻近变化

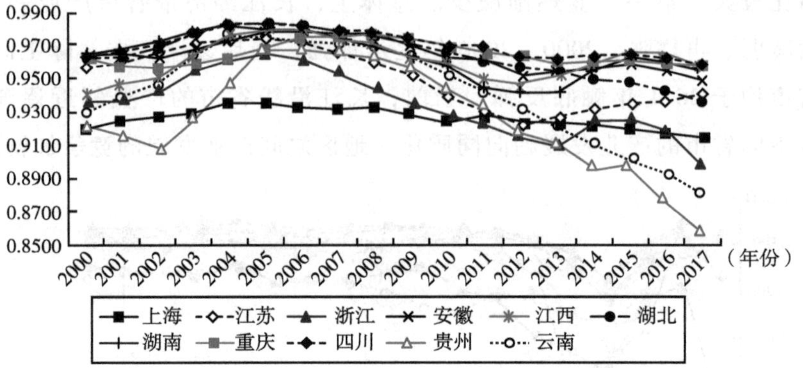

图 11.14　2000～2017 年长江经济带各省市制度邻近变化

11.4　模型构建与实证检验

11.4.1　基于内生经济增长的空间面板模型

(1) 内生经济增长模型

根据新经济增长理论（Solow，1956），只有资本和人力作为内生变量的经济最终会到达一个规模报酬不变的稳态，其经济的增长同人口增长相同。之后，Solow 在此基础上引入技术作为外生变量，认为技术进步能破解新古典增长模型的谜题。Arrow 提出“干中学”的观点，Romer 发展了从外生到内生的经济增长理论，他们认为知识不仅不会像资本与人力般耗尽，而且知识的外部性决定了伴随着知识的积累，知识对经济增长的贡献呈边际回报递增趋势。以熊彼特的创新理论（Schumpeter，1942）为基础，Aghion 和 Howitt（1992）发展了“创新型破坏”的内生增长模型，处于市场竞争之下的企业，若不能持续创新，将难逃被淘汰的厄运。产品的创新往往伴随知识的发展，缺乏知识积累将导致经济增长停滞，在市场竞争中的企业不进则退。内生增长理论就是将以知识为支撑的技术创新作为发展动力的（Romer，1986；Lucas Jr，1988；Romer，1990；Aghion & Howitt，1992；Grossman & Helpman，1993），而知识的积累与创新受益于信息的产生和传播。信息的传输是交互式的，高覆盖率的基础设施能有效提高信息传输效率，降低知识传播成本，利于提升劳动力知识水平，提高知识的外部性。信息的网络效应是经济增长中的重要因素，通过多对多的信息传输加快知识更新的速度，新的信息会在多重交互体验中得以更新（Hayek，1945），处在信息网络节点的区域会因信息的时间效应换取空间上的发展机会。

需要明确的是，基于应用范围和效率因素，不仅集聚区内的信息化水平往往比区域外的信息化水平高，而且集聚区域因此获得发展的内生性，从而远离外生性边际影响。这是因为城市的人口、企业、市场等规模更大，信息基础设施建设更广、利用率更高，从而吸引更多主体进入本地区域。随之，为满足区域内更大的信息需求，信息技术水平逐步提高，信息化水平继续提升。另外，地区通过信息基础设施建设促进信息化发展，最终获取整体发展机会是缩小落后地区与发达地区间经济差距的必要措施，分布式、多节点的信息基础设施建设方式是有效提升信息外部性的重要原则。

随着信息因素对经济的影响作用越来越明显，产生了以新古典经济增长理论为基础的经济模型，其中，将希克斯中性技术为基础确定的信息技术与经济发展的数学模型表示成：

$$Y_{it} = F(K_{it}, L_{it}) \tag{11.11}$$

其中，Y 表示经济总产出，K 表示物质资本投入量，L 表示人力资本投入，t 代表时间，F 是代表信息技术的外生变量，表示反映技术进步作用的因素。随着信息技术不断进步，信息化水平持续提高，极大改变了生产方式，生产力得到进一步释放，开始将信息技术作为促进经济增长的内生变量引入数学模型当中。

将模型（11.11）两边取对数，结果如下：

$$\ln Y_{it} = F(K_{it}, L_{it}) \tag{11.12}$$

Romer（1986）首先将科技创新内生化，认为技术提升是实现经济源源不断发展的原动力之一。Welfens（2002）更进一步把技术一分为二，将信息技术单独内生化，具体如下所示：

$$Y_{it} = AF(K_{it}, L_{it}, Info_{it}) \tag{11.13}$$

其中，$Info$ 表示信息技术进步因素，A 表示非技术进步因素。模型两端取对数后形式如下：

$$\ln Y_{it} = F(K_{it}, L_{it}, Info_{it}) \tag{11.14}$$

加入信息技术这一内生变量之后，经济增长的影响因素更为复杂，信息作为基本动力源，可能通过同多维要素空间共同作用于合作创新，进而促成经济集聚。

因此，本章考虑拓展式（11.14），在式右端加入多维邻近等新经济增长因素作为影响经济集聚的重要途径，建立新的经济模型，具体如下所示：

$$\ln Y_{it} = F(K_{it}, L_{it}, Geo_{it}, Cogn_{it}, T_{it}, Indu_{it}, Sys_{it}, X) \tag{11.15}$$

其中，Y 表示地均产值，K 表示物质资本存量，L 表示人力资本存量，Geo 表示地理邻近，$Cogn$ 表示认知邻近，Sys 表示制度邻近，$Indu$ 表示产业邻近，T 表示技术邻近，X 表示影响经济集聚的新经济增长因素。

引入信息化水平后，信息化与多维邻近交互作用下各地区经济集聚如下：

$$\ln Y_{it} = F(K_{it}, L_{it}, Info_{it}Geo_{it}, Info_{it}Cogn_{it}, Info_{it}T_{it}, Info_{it}Indu_{it}, Info_{it}Sys_{it}, X) \tag{11.16}$$

区域经济集聚不仅受到自身影响，还受到周边甚至更远地区相关因素的影响，因此有必要建立空间面板模型。本章将多维邻近、信息化发展水平与经济集聚之间的关系纳入实证研究当中，探究其背后的空间自相关性（Spatial Auto Correlation）。空间滞后模型（Spatial Lag Model，SLM）、空间误差模型（Spatial Error Model，SEM）和空间杜宾模型（Spatial Durbin Model，SDM）是最常用的空间面板模型。其中，SLM 与 SEM 用于检验静态信息化背景下的空间效应，SDM 则用于检验动态信息化影响下的空间效应。

①空间滞后模型。主要考察经济集聚在区域之间的溢出效应，基于式（11.11）的空间滞后模型如下：

$$\begin{aligned}\ln Y_{it} = {} & \lambda W \times \mathrm{Ln}Y_{it} + \beta_0 + \beta_1 \mathrm{Ln}K_{it} + \beta_2 \mathrm{Ln}L_{it} + \beta_3 Geo_{it} + \beta_4 Cogn_{it} + \beta_5 T_{it} \\ & + \beta_6 Indu_{it} + \beta_7 Sys_{it} + \beta_8 Urban_{it} + \varepsilon_{it}\end{aligned} \tag{11.17}$$

其中，λ 为空间滞后项系数，反映了被解释变量间的空间相关性；W 为 $n \times n$ 的权重矩阵，反映区域间的距离对被解释变量的影响程度，ε_{it} 为随机误差项向量，$\varepsilon_{it} \sim N(0, \sigma_{it}^2)$，$i$ 表示地区，t 表示时间。

②空间误差模型。空间误差模型是随机干扰项具有相关性的回归特例，实

际反映邻近地区经济集聚的误差冲击对本省经济集聚的间接影响，基于方程（11.11）的空间误差模型如下：

$$\ln Y_{it} = \beta_0 + \beta_1 \mathrm{Ln}K_{it} + \beta_2 \mathrm{Ln}L_{it} + \beta_3 Geo_{it} + \beta_4 Cogn_{it} + \beta_5 T_{it} + \beta_6 Indu_{it} + \beta_7 Sys_{it} + \beta_8 Urban_{it} + \mu_{it} \quad (11.18)$$

式（11.8）中，μ_{it}为正太分布的随机误差向量，i表示地区，t表示时间，$\mu_{it} = \lambda W \mu_{it} + \varepsilon_{it}$，$\varepsilon_{it} \sim N(0, \sigma_{it}^2)$，参数 λ 为空间误差项系数。

③空间杜宾模型。考虑到式（11.17）、式（11.18）只分析了静态信息化水平作为信息空间因素对经济集聚的影响，缺乏信息因素时间因素的检验，因此基于式（11.16），将信息化与多维邻近进行交互，以探究信息时变下的相互作用机制。

具体模型如下：

$$\begin{aligned} \ln Y_{it} = {} & \lambda W \times \mathrm{Ln}Y_{it} + \beta_0 + \beta_1 Info_{it}K_{it} + \beta_2 Info_{it}L_{it} + \beta_3 Info_{it}Geo_{it} + \beta_4 Info_{it}Cogn_{it} \\ & + \beta_5 Info_{it}T_{it} + \beta_6 Info_{it}Indu_{it} + \beta_7 Info_{it}Sys_{it} + \beta_8 Info_{it}Urban_{it} \\ & + \delta_1 W \times Info_{it}K_{it} + \delta_2 W \times Info_{it}L_{it} + \delta_3 W \times Info_{it}Geo_{it} + \delta_4 W \times Info_{it}Cogn_{it} \\ & + \delta_5 W \times Info_{it}T_{it} + \delta_6 W \times Info_{it}Indu_{it} + \delta_7 W \times Info_{it}Sys_{it} \\ & + \delta_8 W \times Info_{it}Urban_{it} + \varepsilon_{it} \end{aligned} \quad (11.19)$$

其中，$\varepsilon_{it} \in N(0, \sigma_{it}^2)$。

同 SLM 与 SEM 相比，SDM 中增加了对解释变量的空间效应检验项，用来表示邻省解释变量对本地区被解释变量的空间溢出效应，而 δ 为相应的系数向量。

（2）空间权重矩阵

本章参照林光平等（2006）的做法，构建地理邻接矩阵、地理距离矩阵、信息嵌套矩阵三种矩阵。

①地理邻接矩阵

地理邻接矩阵可以展现空间区域的地理邻接关系，对角线数字为0，其余单元按照相邻取“1”、不相邻则取“0”的原则确定，即：

$$W_{ij} = \begin{cases} 1 & i \text{ 和 } j \text{ 空间邻接} \\ 0 & i \text{ 和 } j \text{ 空间不邻接} \end{cases}, \quad (i \neq j) \quad (11.20)$$

式（11.20）中，需将邻接矩阵行标准化后使用。

②地理距离矩阵

考虑到区域覆盖较大的情况下，即使地理区位上不相邻，在经济活动也存在空间关联，因此建立空间反距离权重矩阵。具体如下：

$$W'_{ij} = \begin{cases} 1/d_{ij}^2 & i=j \\ 0 & i \neq j \end{cases} \tag{11.21}$$

式（11.21）中，d_{ij}表示由经纬度确定的省会城市（直辖市）之间的空间距离。对此矩阵进行标准化，并命名为 W_2。

③信息嵌套矩阵

信息网络空间作为信息通信技术发展的产物，信息化水平差异可能对区域集聚与扩散产生重要影响，信息资源分异与信息获取效率将影响区域集聚程度。因此，本章借鉴地理空间反距离的构造方法，利用信息化指数构建信息权重矩阵 $W_3 = E_{ij}$。具体如下：

$$E_{ij} = \begin{cases} \dfrac{1}{|\overline{Info_i} - \overline{Info_j}|} & i \neq j \\ 0 & i = j \end{cases} \tag{11.22}$$

$$\overline{Info_i} = \frac{1}{18}\sum_{t=2000}^{2017} Info_{it} \tag{11.23}$$

式（11.23）中，$\overline{Info_i}$代表 i 地区历年信息化指数的平均值，矩阵仍需进行标准化。

上述信息权重矩阵考虑了信息化不平衡条件下，信息化水平提升对各地区影响存在差异，展现多维邻近要素对经济集聚的直接作用与间接作用。单纯的信息权重矩阵虽剥离出信息空间的效用，然而将区域地理空间视为同质，忽略了区域之间的自然邻接关系、地理距离远近。因此，本章在上述矩阵基础之上同步考虑自然地理距离因素，在信息权重矩阵中嵌入地理邻接矩阵与地理空间反距离矩阵（即 W_1、W_2），深入探索信息空间下的经济集聚。

具体做法是：分别将 W_1与 W_2同 E_{ij}相乘，通过求取交互矩阵的方式在信息权重矩阵当中赋予其地理因素。即：

$$W_4 = W_1 \times E_{ij} \tag{11.24}$$

$$W_5 = W_2 \times E_{ij} \tag{11.25}$$

11.4.2　空间计量经济学全局莫兰指数检验

空间相关性是进行空间计量实证检验的前提条件，采用全局 Moran's I 对被解释变量进行空间相关性检验是较为普遍的做法。本章基于五种空间权重矩阵利用 Moran's I 对被解释变量进行空间相关性检验，当被解释变量通过空间相关性检验时，则证实经济集聚存在空间溢出效应。

全局 Moran's I 为负（$-1 \leqslant$ Moran's I$\leqslant 0$）表示区域经济集聚在空间上呈扩散状态，Moran's I 为正（$0 \leqslant$ Moran's I$\leqslant 1$）表示区域经济集聚在空间上呈集聚状态，Moran's I 的数值大小表示空间相关性强弱。

全局 Moran's I 的公式如下：

$$\frac{\sum_{i=1}^{N}\sum_{j=1}^{N} W_{ij}(M_i - \overline{M})(M_j - \overline{M})}{S^2 \sum_{i=1}^{N}\sum_{j=1}^{N} W_{ij}} \tag{11.26}$$

其中，N 表示省市数量，M_i、M_j 表示第 i 和 j 个空间单元的观测值，$\overline{M}$ 表示变量的均值，W_{ij} 表示空间权重矩阵中的元素，代表区域 i 和 j 之间的空间关联程度，$S^2 = \sum_{i=1}^{N}(M_i - \overline{M})^2$。

本章基于五种空间权重矩阵利用 Moran's I 对被解释变量进行空间自相关检验，结果如图 11.15 所示。除了在信息距离空间权重矩阵下，Moran's I 在 5% 的显著性水平下拒绝原假设外，其余空间权重矩阵下的 Moran's I 均在 1% 的显著性水平下拒绝原假设。

五种空间权重下，2000～2017 年长江经济带省市经济集聚呈显著的空间正相关性，并且以 2013 年为分水岭，集聚强度先增强后减弱。地理邻接矩阵（以下简称 W_1）、信息特征的地理邻接嵌套矩阵（以下简称 W_4）下的 Moran's I 指数显著大于地理距离矩阵（以下简称 W_2）、W_5 下得出的 Moran's I 指数，说明地理上的相邻是引起空间经济集聚的重要因素；基于 W_1 和 W_4 的 Moran's I 指数较为相似，但基于 W_5 的 Moran's I 指数显著大于 W_2 下的 Moran's I 指数，说明基于长江经济带的地理空间距离对于空间经济集聚的影响较弱，而信息化是加强区域空间经济集聚的重要因素。

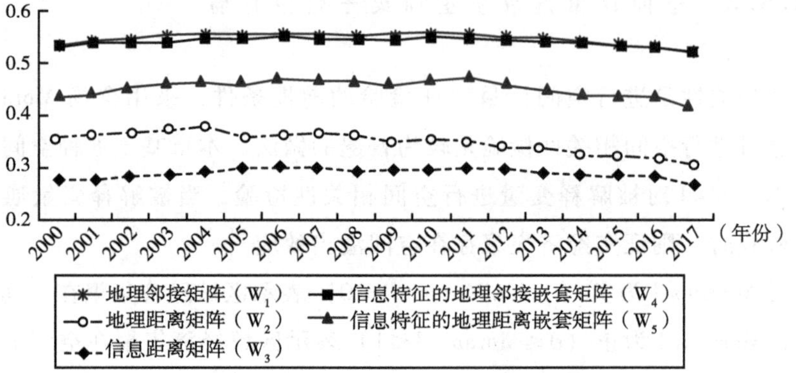

图 11.15　2000～2017 年全局莫兰指数变化情况

11.4.3　静态信息空间下的 SLM 与 SEM 估计

经 Hausman 检验，式（11.17）、式（11.18）的检验值均大于 0，后续估计采用固定效应模型进行估计是更好的选择，因此本章采用空间滞后固定效应模型与空间误差固定效应模型进行估计。考虑到传统的普通最小二乘法（OLS）易造成空间计量模型估计值偏误，应采用极大似然法（ML）进行估计。估计结果见表 11.8 与表 11.9。

表 11.8　　三种单因素空间权重矩阵下的估计结果

变量	地理邻接矩阵（W_1）		地理距离矩阵（W_2）		信息距离矩阵（W_3）	
	SLM (1)	SEM (2)	SLM (3)	SEM (4)	SLM (5)	SEM (6)
Geo	4.672*** (4.34)	20.90*** (9.23)	2.500** (2.36)	16.31*** (4.97)	1.877 (1.56)	17.73*** (6.14)
Cogn	−1.191*** (−3.35)	−3.000*** (−3.33)	−0.994*** (−2.91)	−3.640*** (−3.77)	−0.986** (−2.55)	−3.456*** (−3.66)
Sys	−0.989** (−3.04)	1.438* (1.94)	−1.037*** (−3.30)	1.462* (1.65)	−0.814** (−2.32)	1.635* (1.92)
Indu	2.324*** (8.84)	−0.161 (−0.26)	2.513*** (9.81)	0.299 (0.48)	2.382*** (8.34)	0.0266 (0.04)

续表

变量	地理邻接矩阵（W_1）		地理距离矩阵（W_2）		信息距离矩阵（W_3）	
	SLM (1)	SEM (2)	SLM (3)	SEM (4)	SLM (5)	SEM (6)
T	0.306** (2.02)	2.150*** (7.41)	0.325** (2.24)	2.324*** (5.73)	0.326** (1.99)	2.333*** (6.30)
L	0.0479*** (3.63)	0.250*** (9.47)	0.0518*** (4.11)	0.322*** (10.28)	0.0376*** (2.58)	0.308*** (9.83)
K	-0.0208*** (-6.03)	-0.0416*** (-5.43)	-0.0216*** (-6.54)	-0.0445*** (-4.82)	-0.0264*** (-7.14)	-0.0453*** (-5.21)
Urban	2.595*** (13.62)	7.845*** (26.50)	2.390*** (12.98)	7.079*** (18.56)	2.978*** (15.04)	7.277*** (19.06)
_cons	-5.502*** (-5.24)	-22.94*** (-11.62)	-3.895*** (-3.74)	-18.68*** (-5.62)	-3.119** (-2.66)	-20.15*** (-7.52)
ρ/λ	0.743*** (34.81)	-0.510*** (-4.25)	0.779*** (36.95)	0.0633 (0.43)	0.749*** (31.97)	-0.0999 (-0.68)
R^2	0.9922	0.9594	0.9602	0.9429	0.9942	0.9528
Log L	232.7302	73.3097	-26.818	-30.3576	-33.999	-49.507
LR	396.56***	454.51***	66.3292***	122.65***	50.5700***	14.1859***
Wald	24211.9***	2737.1***	11003.6***	5652.0***	9583.463***	6384.156***
N	198	198	198	198	198	198
LMERR	207.07***		142.51***		64.3208***	
R-LMERR	1.04		57.25***		8.8393***	
LMLAG	388.34***		164.89***		87.4715***	
R-LMLAG	182.31***		79.64***		31.9901***	

注：括号内的数字为 t 值，*、**、*** 分别表示 P<10%、P<5%、P<1%。

表 11.9　两种双因素嵌套空间权重矩阵下的估计结果

变量	信息特征地理邻接嵌套矩阵（W_4）		信息特征地理距离嵌套矩阵（W_5）	
	SLM (7)	SEM (8)	SLM (9)	SEM (10)
Geo	6.244*** (5.20)	20.32*** (8.75)	3.005** (2.36)	18.01*** (6.29)
Cogn	-1.197*** (-2.99)	-3.104*** (-3.46)	-1.496*** (-3.65)	-3.369*** (-3.54)

续表

变量	信息特征地理邻接嵌套矩阵（W_4）		信息特征地理距离嵌套矩阵（W_5）	
	SLM (7)	SEM (8)	SLM (9)	SEM (10)
Sys	-1.019*** (-2.77)	1.370* (1.77)	-0.765** (-2.03)	1.653** (1.98)
Indu	1.919*** (6.53)	0.314 (0.52)	2.652*** (8.61)	-0.0968 (-0.13)
T	0.503*** (2.98)	2.217*** (7.36)	0.392** (2.23)	2.297*** (6.26)
L	0.0619*** (4.18)	0.251*** (9.27)	0.0562*** (3.67)	0.307*** (10.13)
K	-0.0199*** (-5.12)	-0.0403*** (-5.04)	-0.0248*** (-6.27)	-0.0449*** (-5.27)
Urban	2.840*** (13.38)	7.895*** (25.28)	2.897*** (13.36)	7.267*** (20.75)
_cons	-6.950*** (-5.93)	-22.74*** (-11.37)	-4.214*** (-3.40)	-20.35*** (-7.71)
ρ/λ	0.688*** (29.79)	-0.441*** (-4.63)	0.729*** (28.93)	-0.110 (-0.91)
R^2	0.9907	0.9594	0.9864	0.9613
Log L	209.8479	74.5635	201.8103	67.1928
LR	184.53***	181.4***	43.69***	10.59***
Wald	20843.7***	4131.82***	11147.4***	7305.43***
N	198	198	198	198
LMERR	138.52***		51.07***	
R-LMERR	50.69***		5.57**	
LMLAG	147.69***		74.10***	
R-LMLAG	59.86***		28.54***	

注：括号内的数字为t值，*、**、*** 分别表示 $P<10\%$、$P<5\%$、$P<1\%$。

根据表11.8和表11.9的实证结果，五种空间权重矩阵下空间滞后项系数（ρ）均在1%的显著性水平下强烈拒绝被解释变量无空间溢出效应的原假设，表明长江经济带省域经济集聚存在明显的空间特征，本地经济集聚明显受到地理空间、信息空间以及信息与地理嵌套空间影响的其他省市集聚影响。其中，基于 W_4、W_5两类矩阵的空间滞后项估计系数分别为 0.688 和 0.729，均小于基于 W_1、W_2两类矩阵下的 0.743、0.779，表明信息化削弱了长江经济带的空间经济集聚效应，在一定程度上缩小了地区之间的发展差距，不过，空间滞后项系数的差值由 0.006 增大到 0.041，表明信息化放大了效应的辐射范围。空间误差项系数（λ）仅在 W_1、W_4两类矩阵下拒绝空间误差项无空间溢出效应的原假设，说明地理邻接与信息流动使得本地经济集聚受到区域间结构性差异的误差冲击，这种结构性差异体现在不同省市经济发展水平、多维邻近水平、物质资本投入水平、人力资本投入水平、城市化水平等因素的空间差异。

参照 Anselin 和 Griffith（1988）提出的检验方法，表 11.8 和表 11.9 中，基于五种权重矩阵估计后的 LMERR 与 LMLAG 值表现出较一致的高显著性水平，R－LMLAG 显著性水平同样较高，而 R－LMERR 的显著性水平与数值大小均比 R－LMLAG 低，因而用 SLM 的估计结果对样本进行讨论的解释力度更强。进一步的比较可知，SLM 模型中的 R^2 和 log likelihood 统计值明显大于 SEM 模型的值，说明以下的分析应当基于 SLM 中的固定效应模型进行。

Geo 的估计系数显著为正，说明地理邻近促进了长江经济带省市经济集聚。模型（5）的系数小于模型（1）与模型（3），说明信息化降低了本地经济集聚，这是由于交通信息化建设虽然提升了交通运输效率、加快了要素流动，但要素仅在少数地区表现出流入，大部分地区呈现出要素流出；模型（7）比模型（9）的系数大，说明信息化水平作用下的地理相邻更能有效促进经济集聚，表明信息化水平提升的前提下，要素流动与配置、主体合作仍然遵循就近原则。

Cogn 的估计系数显著为负，说明信息化与认知邻近共同减弱了长江经济带省市经济集聚水平。究其原因，信息化带来了大量的信息产品，虽然促进了地区认知邻近，但长江经济带认知水平整体表现较低，而这不符合以创新驱动发展的高层次人才培养需求。根据美国人口普查局的报告，截至 2017 年，25 岁以上美国人中的 1/3 获得了大学及以上学位。然而 2018 年《中国统计年鉴》显示，2017 年全国大学本科以上学历人口约占全国总人口的 6.5%，长江经济带大学本科以上人口仅占全域总人口的6.1%，表明我国整体受教育水平与发达国家差距悬殊，整体水平较低。

*T*的估计系数显著为正，说明信息化水平与技术邻近共同作用下，长江经济带省市经济集聚水平提到提升。模型（5）、模型（7）、模型（9）的估计系数大于模型（1）、模型（3）的估计系数，表明信息交流与技术邻近通过知识创新、技术开发、技术应用等方式共同促进经济集聚。模型（7）的估计系数为0.503，为五个模型中的最高值，说明地理上的相邻仍然是影响技术融合及扩散的最重要因素。

*Indu*的估计系数显著为正，说明信息化水平与产业邻近增强了长江经济带省市本地经济集聚。模型（7）与模型（9）的估计系数显著为正，说明信息化为传统产业结构调整升级与新兴产业发展带来了机遇，基于产业类别与产业链生态位的布局共同促进了地区产业生态的建立；还说明产业“邻近”发展是基础薄弱地区实现经济快速起步的重要手段，对地区经济集聚起到正向促进作用。

*Sys*的估计系数显著为负，说明信息化与制度邻近共同弱化了长江经济带的本地经济集聚。模型（5）中*Sys*的估计系数大于模型（1）与模型（3）的估计系数，模型（9）的估计系数大于模型（3）的估计系数，说明市场信息化并未破除区域间的制度壁垒，反而降低了区域间的制度邻近，增强了地区之间经济集聚效应。虽然信息化与制度邻近同时上升，但是市场机制不完善导致外在的邻近掩盖了现实中不合理的市场竞争，因而总体上呈现出对经济集聚的负向效应。随着信息化发展，长江经济带省市制度邻近持续下降，长江经济带信息化发展水平与经济基础不均是重要原因。

五个模型中的其他因素，*L*与*Urban*的估计系数显著为正，说明劳动力投入与城镇化水平对经济集聚的贡献仍然显著。劳动力城市化是城镇化水平提升的直接原因，但*Urban*的估计系数明显大于*L*的估计系数，意味着相较城镇化水平而言，长江经济带省市劳动力投入对经济集聚的促进作用小的多，这说明当前本地人力资本可能在经济发展中转移到了其他地域。需要强调的是，区域政策在人才培养及引进方面的作用非常明显，少数发达地区因人才实现经济辉煌，掩盖了其他地区因人才大量外流而难以实现发展转轨的事实。

11.4.4　动态信息化发展水平下的 SDM 估计

式（11.19）的 Hausman 检验结果为正，宜采用空间杜宾固定效应模型进行估计，同时结合 ML 估计方法避免估计偏误。估计结果如表 11.10 所示。

表 11.10　　信息因素与多维邻近交互下的 SDM 估计结果

变量	地理邻接矩阵（W_1）(11)			地理距离矩阵（W_2）(12)		
	Coefficient	t - value	P - value	Coefficient	t - value	P - value
Geo × Info	3.301 ***	4.64	0.000	0.907	1.55	0.121
Cogn × Info	-1.723 ***	-3.00	0.003	-0.614	-1.31	0.192
Sys × Info	-0.985 **	-2.10	0.035	-1.274 **	-2.22	0.027
Indu × Info	1.685 ***	7.41	0.000	1.804 ***	7.42	0.000
T × Info	0.556 *	1.89	0.059	0.674 **	2.38	0.017
L	0.0359 ***	2.63	0.009	0.0710 ***	5.43	0.000
K	-0.0230 ***	-5.22	0.000	-0.0254 ***	-7.33	0.000
Urban	2.281 ***	12.02	0.000	2.060 ***	11.52	0.000
_cons	-0.873 ***	-5.29	0.000	-0.474 ***	1.99	0.047
W × Geo × Info	-3.122 **	-2.12	0.034	-1.384	-0.97	0.330
W × Cogn × Info	-1.722	-1.31	0.192	1.484 *	1.74	0.084
W × Sys × Info	2.150 ***	2.88	0.004	2.638 ***	2.87	0.004
W × Indu × Info	-0.918 *	-1.64	0.096	-3.897 ***	-4.09	0.000
W × T × Info	1.674 ***	4.08	0.000	1.224 ***	3.04	0.002
W × L	0.0523 ***	2.95	0.003	0.0003	0.02	0.987
W × K	-0.00492	-0.74	0.458	0.0177 ***	2.84	0.005
W × Urban	1.599 ***	3.67	0.000	0.6818 *	1.65	0.094
ρ	0.471 ***	7.54	0.000	0.5032 ***	7.97	0.000
R^2	0.9960			0.9961		
LR	185.9633			42.1005		
Log L	303.4542			295.1477		

注：括号内的数字为 t 值，*、**、*** 分别表示 P<10%、P<5%、P<1%。

估计结果中，基于 W_1 与 W_2 的关于经济集聚的空间滞后项系数（ρ）显著为正，说明证实了长江经济带省市经济集聚呈现出的显著空间效应。模型（11）、模型（12）同模型（7）、模型（9）的比较中，解释变量直接系数的显著性及方向并没有发生根本性变化，说明信息化水平与多维邻近对经济集聚的作用是稳健的。

Geo × Info 与 Indu × Info 的直接效应估计系数小于 Geo 与 Indu 的估计系数，说明静态信息化水平放大了地理邻近与产业邻近对经济集聚的作用；T × Info 的估计系数大于 *T* 的系数，说明信息化水平提升与技术邻近共同加强了经济集聚的发展。

模型（11）中，Geo × Info 的直接影响系数（3.301）显著为正，空间滞后项系数（-3.122）显著为负，进一步验证了大部分地区要素净流出的分析，且说明本地信息化水平与地理邻近对本地经济集聚的贡献主要通过吸取周边地区资源取得。

Cogn × Info 在模型（11）中的直接影响系数显著为负，空间滞后项系数不显著，在模型（12）中的直接影响系数不显著，但间接影响系数显著为正，表明信息化与认知邻近共同弱化了本地经济集聚，而空间经济集聚仅发生在少数地区。说明少数在人才争夺战、劳动力吸引力等方面占据更大优势的地区通过吸取弱势地区人力资源促进经济集聚。

T × Info 的直接系数与空间滞后项系数均显著为正，说明长江经济带省市的技术交流与融合同时促进了本地区与其他地区的经济集聚，是本地经济集聚向协同集聚发展的动力，表明技术带来的空间溢出效应对区域经济集聚高质量发展具有显著积极作用。

Indu × Info 的直接系数显著为正，空间滞后项系数显著为负，说明信息化既为产业融合发展带来了机遇，也带来了竞争，当前基于产业“邻近”布局的经济集聚主要通过吸取其他省市的产业资源得以实现。

Sys × Info 的直接影响系数显著为负，空间滞后项系数显著为正，说明当前加快市场化的举措正在增强地区之间的单向制度壁垒，继续强化增长极地区的经济集聚。这意味着，信息化与市场化的双重作用下，疏通了我国以增长极优先发展的集聚通道，阻碍了区域协同发展的路径。

由于空间杜宾模型中的回归系数包含地区之间相互影响的反馈效应，导致对自变量的测度并不准确，而利用偏微分的方式可以消除原有模型中存在的反馈效应，将式（11.19）转化为：

$$\left[\frac{\partial \ln Y_1}{\partial \ln X_{1k}} \quad \cdots \quad \frac{\partial \ln Y_n}{\partial \ln X_{nk}}\right]_t = \begin{bmatrix} \frac{\partial \ln Y_1}{\partial \ln X_{1k}} & \cdots & \frac{\partial \ln Y_1}{\partial \ln X_{nk}} \\ \cdots & \ddots & \cdots \\ \frac{\partial \ln Y_n}{\partial \ln X_{1k}} & \cdots & \frac{\partial \ln Y_n}{\partial \ln X_{nk}} \end{bmatrix}$$

$$= (1-\rho W)^{-1} \begin{bmatrix} \beta_k & W_{12}\theta_k & \cdots & W_{1n}\theta_k \\ W_{21}\theta_k & \beta_k & \cdots & W_{2n}\theta_k \\ \cdots & \cdots & \ddots & \cdots \\ W_{n1}\theta_k & W_{n2}\theta_k & \cdots & \beta_k \end{bmatrix} \tag{11.27}$$

对角线元素的平均值为直接效应，反映本地自变量对本地因变量的影响；非对角线元素的平均值为间接效应，反映其他地区自变量对本地因变量的影响。

分解结果如表 11.11 所示。

表 11.11　　空间杜宾模型影响效应分解

变量	地理邻接矩阵（W_1）(13)			地理距离矩阵（W_2）(14)		
	总效应	直接效应	间接效应	总效应	直接效应	间接效应
Geo × Info	0.198 (0.07)	2.962*** (4.18)	-2.764* (-1.72)	-1.035 (-0.38)	0.700 (1.21)	-1.735 (-0.69)
Cogn × Info	-6.530** (-2.50)	-2.206*** (-3.50)	-4.324* (-1.88)	1.873 (0.87)	-0.366 (-0.68)	2.239* (1.86)
Sys × Info	2.320 (1.43)	-0.632 (-1.28)	2.953** (2.22)	2.846 (1.56)	-0.860 (-1.53)	3.706** (2.32)
Indu × Info	1.428 (0.97)	1.651*** (5.05)	-0.223 (-0.19)	-4.385* (-1.80)	1.200** (2.88)	-5.585** (-2.73)

续表

变量	地理邻接矩阵（W_1）(13)			地理距离矩阵（W_2）(14)		
	总效应	直接效应	间接效应	总效应	直接效应	间接效应
T × Info	4. 246*** (7. 11)	0. 945*** (3. 60)	3. 301*** (5. 64)	3. 840*** (6. 03)	0. 989*** (3. 90)	2. 850*** (4. 64)
L	0. 167*** (6. 72)	0. 0492*** (3. 78)	0. 118*** (4. 89)	0. 142*** (4. 87)	0. 0777*** (6. 16)	0. 0645* (2. 31)
K	-0. 0531*** (-3. 64)	-0. 0259*** (-5. 24)	-0. 0272*** (-2. 37)	-0. 0155 (-1. 26)	-0. 0243*** (-6. 71)	0. 00879 (0. 82)
Urban	7. 392*** (10. 30)	2. 794*** (16. 23)	4. 597*** (7. 26)	5. 564*** (7. 89)	2. 387*** (13. 86)	3. 176*** (5. 03)

注：括号内的数字为 t 值，*、**、*** 分别表示 P<10%、P<5%、P<1%。

根据表 11.11 中 SDM 的分解结果，模型（13）中的 Geo × Info 总效应不显著，说明交通信息化促使地区经济集聚发展。

模型（13）中，Cogn × Info 对本地经济集聚总效应（-6.530）、直接效应（-2.206）与间接效应（-4.324）均显著为负，进一步说明信息化发展导致多数地区出现负溢出效应，而强化了少数地区的集聚发展态势；模型（14）中的间接效应显著为正，这与剔除反馈效应前的结果相差较大，进一步验证了上述情况。

模型（13）与模型（14）中，T × Info 间接效应明显大于直接效应，说明通过技术交流缩短地区的技术落后距离，是促进本地经济集聚的主要方式，但自主研发也不容忽视。

模型（14）中，Indu × Info 的间接效应（-5.585）远大于直接效应（1.2），表现出较大空间负溢出效应，说明产业呈现出空间集聚的状态，但集聚的扩散效应未得到充分发挥。

Sys × Info 的总效应变得不显著，进一步说明地方保护主义、区域间竞争才是获取本地集聚优势的重要来源；间接效应显著为正，表明现实上两者共同促进经济集聚“局部俱乐部集团”的形成与壮大。

为了方便估计结果的对比，给出无信息因素而多维邻近单独作用下的 SDM 估计结果（见表 11.12）。

表 11.12　　　　多维邻近作用下的 SDM 估计结果

解释变量	地理邻接矩阵（W_1）(11)			地理距离矩阵（W_2）(12)		
	Coefficient	t - value	P - value	Coefficient	t - value	P - value
Geo	7.69***	5.37	0.000	4.58***	4.00	0.000
Cogn	0.234	0.52	0.602	0.128	0.35	0.728
Sys	-0.732**	-2.08	0.038	-0.616*	-1.66	0.097
Indu	2.306***	7.52	0.000	2.365***	8.59	0.000
T	0.237	1.19	0.234	0.401**	2.26	0.024
L	0.037**	2.3	0.022	0.064***	4.42	0.000
K	-0.029***	-6.11	0.000	0.031***	-7.71	0.000
Urban	2.783***	12.57	0.000	2.14***	12.15	0.000
_cons	-9.723***	-5.38	0.000	-6.373***	-4.01	0.000
W × Geo	0.505	0.22	0.829	1.624	0.88	0.379
W × Cogn	-0.353	-0.36	0.716	1.866**	2.45	0.014
W × Sys	1.3**	2.4	0.016	1.23*	1.94	0.053
W × Indu	-1.432**	-2.02	0.044	-4.808***	-4.83	0.000
W × T	0.797***	3.09	0.002	0.345	1.45	0.147
W × L	0.05**	2.43	0.015	-0.014	-0.71	0.476
W × K	0.014**	2.03	0.042	-0.029***	4.61	0.000
W × Urban	2.035***	4.06	0.000	-0.716*	1.79	0.074
ρ	0.461***	7.99	0.000	0.642***	14.56	0.000
R^2	0.9944			0.9943		
LR	67.568			123.5586		
Log L	264.0011			267.1295		

注：括号内的数字为 t 值，*、**、*** 分别表示 P<10%、P<5%、P<1%。

根据上面多种实证模型分析出的结果，以地理邻接与地理距离为区分汇总本章估计结果如表 11.13、表 11.14 所示。

表 11.13 估计结果汇总（地理邻接）

指标	区域内经济集聚（本地）			区域间经济集聚（空间）		
	无信息化	信息化条件	系数绝对值	无信息化	信息化条件	系数绝对值
地理邻近	正***	正***	↑	正	负**	—
认知邻近	负***	负***	↑	负	负	↑
制度邻近	负**	负***	↑	正**	正***	↑
产业邻近	正***	正***	↓	负**	负*	↓
技术邻近	正**	正***	↑	正***	正***	↑
地均产值	正***	正***	↓	正***	正***	↑

注：括号内的数字为 t 值，*、**、*** 分别表示 P<10%、P<5%、P<1%。

表 11.14 估计结果汇总（地理距离）

指标	区域内经济集聚（本地）			区域间经济集聚（空间）		
	无信息化	信息化条件	系数绝对值	无信息化	信息化条件	系数绝对值
地理邻近	正**	正**	↑	正	负	—
认知邻近	负***	负***	↑	正**	正*	↓
制度邻近	负***	负**	↓	正*	正***	↑
产业邻近	正***	正***	↑	负***	负***	↓
技术邻近	正**	正**	↑	正	正***	↑
地均产值	正***	正***	↓	正***	正***	↓

注：括号内的数字为 t 值，*、**、*** 分别表示 P<10%、P<5%、P<1%。

11.5 本章结论与建议

本章基于 2000~2017 年的长江经济带省际面板数据，采用空间计量的方法，探究了信息化条件下，地理邻近、认知邻近、制度邻近、产业邻近、技术邻近对经济集聚的影响机制及效果。首先，本章通过构建一套信息化指标体系计算了长江经济带省市的信息化发展指数，结合已有研究总结出了信息化与多维邻近对经济集聚的影响机制；其次，利用以往学者的常用方法计算了长江经济带多维邻近结构相似系数，借助空间滞后模型（SLM）与空间误差模型（SEM）探讨了动态信息化水平下多维邻近对经济集聚的影响；最后，采用空间杜宾模型（SDM）进一步验证了动态信息化发展水平下多维邻近对经济集聚的深层作用。

研究发现：长江经济带省市经济集聚具有显著的空间正相关，但邻接地区的空间溢出效应更大；信息化水平提升对本地经济集聚与空间经济集聚的作用显著，与多维邻近的共同作用对经济集聚的影响效应存在差异。地理邻近视角下，信息化明显加强了本地经济集聚，地区之间存在溢出效应；认知邻近或许是由于处于“低水平”阶段，总体上制约了本地经济集聚，但却存在加强了“极化空间”集聚的可能性；制度邻近视角下，信息化弱化了本地经济集聚，但促进了空间经济集聚；产业邻近视角下，信息化对本地经济集聚的作用效果不明显，却降低了经济集聚的空间负溢出；技术邻近视角下，信息化明显促进了本地经济集聚，也有利于经济溢出效应。总体来看，信息化对经济集聚的作用与其本身的发展趋势均明显，随着新一代通信技术的推广应用，信息通信技术与产业继续深度融合，对经济发展作用会日趋显著。基于研究结论和信息化水平逐渐提高的现实情况，提出建议：

（1）畅通通道网络，发展通道经济。综合交通运输体系是要素流动的基础，对发挥集聚效应作用重大。构建长江综合运输立体大通道，建立通道高效运营的体制机制，利用通道网络效应的辐射作用带动欠发达地区经济发展；推动综合交通治理信息化，以智能化带动交通运输现代化，以经济一体化去除各地区集聚发展的藩篱。

（2）创新人才使用机制，树立“不为所有，但为所用”的人才理念。加大教育投入力度，加快教育信息化，推动知识资源的共建共享；发挥人才在创新驱动发展战略中的核心作用，集聚和培养科技前沿领军人才；汇聚全球人才先进成果，针对域外建立健全引进人才、使用人才的政策体系。

（3）推进市场化改革、扩大内外开放。坚持深化市场化改革、扩大高水平开放，引入高端资源；搭建市场化平台，积极运用市场化的思维和手段，准确高效地解决区域间竞合问题；优化营商环境，推进各级政府从管理型向服务型转变，提升政府专业化程度，注重管理规范、服务效率，激发市场活力。

（4）统筹产业空间布局，推动经济协同发展。以长江经济带优势产业集群为抓手释放空间经济集聚效应，嵌入全球价值链和国内价值链，构建区域价值链，统筹布局、协同发展；加大信息化的产业融合力度，以“两化融合”为重点改造、升级传统产业，整合中低端产能、培育高端产能。

（5）加大创新投入，创新驱动发展。强调技术创新在经济发展方式转变中的核心作用，加大技术研发投入力度，加快攻关产业链“卡脖子”技术，实现产业生态位整体跃升；建立公共技术服务平台，打造行业创新集群和产业集群。同时，探索产学研协同创新的合作新模式，推动知识产权共享平台建设，加强对欠发达地区的技术扶持力度，有效发挥技术的空间溢出效应。

第 12 章 基于重庆视角的对外通道协同与开放格局构建

重庆位于“一带一路”和长江经济带“Y”字型联结点上，具有沟通南北、承东启西、通江达海的独特战略地位。“一带一路”、中新陆海新通道的南北向通道与长江经济带的东西向通道，通过陆路和水路的有机结合，将分散的开放节点有机串联起来，有效填补了对外开放格局中的“灰色地带”，形成一张多层次、全方位的对外开放网络，有利于构建陆海内外联动、东西双向互济的对外开放新格局。

12.1 重庆市对外通道总体概况

重庆内陆国际物流枢纽布局形态初步显现，东向、西向、南向、北向和航空五大国际物流通道基本建立，六大国际多式联运运营组织模式进入常态运行，全面衔接了国家“一带一路”国家和长江经济带沿线省市。2017 年，重庆国际物流总量 941 万吨，同比增长 3.7%；进出口集装箱（重箱）51.2 万标箱，同比增长 6.9%；进出口总额 4508 亿元人民币，同比增长 8.9%，综合交通为支撑重庆外向型经济更好发展奠定基础。重庆市开放区位独特，具有联动东西、带动南北的区位优势。构建了由航空、江海、铁海、公铁、公路和管道等构成立体对外运输通道体系，见表 12.1。

依托表 12.1 的运输通道，重庆构建了四维度的立体对外物流通道体系格局，见表 12.2。

表 12.1　　重庆市对外运输通道一览表

编号	运输通道	境内运输通道	目的地	备注
1	江海联运通道	长江快班轮、上海港出海	东盟、非、欧	已建成
2	渝新欧铁路通道	兰渝、兰新铁路，阿拉山口离境	欧洲、中亚	已建成
3	渝深铁海通道	渝深班列，盐田港出海	东盟、非、欧	已建成
4	渝桂铁海通道	渝黔、贵广、湘桂铁路，北部湾出海	东盟、非、欧	已建成
5	空中货运航道	客货运航线，江北机场离境	全球主要国家	已建成
6	中缅油气管道	石油、天然气的管道	皎漂→昆明重庆	已建成
7	中泰公路通道	渝昆高速 & 昆磨高速，磨憨 & 景洪出境	中南半岛	已建成
8	中越公路通道	渝黔桂高速，凭祥出境	越、新、泰	已建成
9	中缅公路通道	渝昆高速，瑞丽离境	缅、孟、印	已建成
10	中越铁路通道	渝黔、贵广，凭祥出境	越、柬	已建成
11	中泰铁路通道	渝昆和昆泰铁路，磨憨出境	老、泰、马、新	玉磨段在建
12	中缅铁路通道	渝昆、滇瑞、滇缅铁路，瑞丽离境	缅、非、欧	保丽段在建

表 12.2　　重庆市主要对外物流通道概况

编号	物流通道	国内运输通道	目的地	海域
1	东向长江通道	长江黄金水道	欧、美、澳	太平洋
2	陆海新通道（重庆）	渝滇和渝桂铁路与公路，凭祥、磨憨和瑞丽离境，北部湾出海	东盟、欧、非	印度洋
3	北向渝新欧通道	兰渝、兰新铁路，阿拉山口离境	欧洲、中亚	大西洋
4	空中航空航道	货运直达航线，江北机场离境	欧、美、亚太	三大洋

根据表 12.2，重庆向东通过长江黄金水道贯通长江经济带至上海出境，加强同太平洋、东亚和美洲等区域的经贸往来；向西北通过“渝新欧”国际铁路联运通道，密切了与中亚、欧洲及大西洋等区域的经贸往来；向西南依托南向国际物流通道打通南太平洋和印度洋入海口，拓展了与东盟、南亚、非洲、大洋洲等地区国家的经贸往来。其中，东向长江通为重庆物流主通道，其平均运量占重庆对外物流总量的 90% 以上，重庆国际物流仍呈现一江春水向东流的趋势。

12.2 重庆市对外物流通道现状

12.2.1 陆海南向通道

2018年中新签署《关于中新（重庆）战略性互联互通示范项目“国际陆海贸易新通道”建设合作的谅解备忘录》。服务网络已从越南、老挝、缅甸延伸至泰国曼谷、柬埔寨金边，以及马来西亚和新加坡等东南亚地区，进出的货物已经到达了六大洲80个国家和地区的190个港口。陆海新通道的主要货运物品包括：来自越南、泰国、柬埔寨的大米、胡椒、水果，以及来自越南、泰国的电子产品和汽车零配件。还有来自内陆的笔记本电脑、建筑陶瓷、轻工及医药产品、化工原料及制品、农业机械、白酒、化肥、轮胎、茶叶、工矿产品、有色金属、农副产品、中药材、高原夏菜等，以及云南的干果、植物提取物、鲜花、种苗、轧机及零部件等特色产品，货类涵盖汽车整车及零配件、建筑陶瓷、化工原料及制品、轻工及医药产品、粮食、生鲜冻货等品类超300种。其中，进口货源18%是牛皮，37%是纸浆，13%是越野车。

12.2.2 中欧西向通道

中欧班列（重庆）自2011年7月30日开通，从早期的开通试运行17列，到2018年1498列，实现大幅增长（见表12.3）。

表12.3 中欧班列（重庆）去回程班列数量及增长率（2011~2018年）

年份	2011	2012	2013	2014	2015	2016	2017	2018
去程班列量	17	41	44	108	156	278	406	721
增长率	—	1.41	0.07	1.45	0.44	0.78	0.46	0.78
回程班列数	—	—	1	22	101	142	257	777
增长率	—	—	—	21.00	3.59	0.41	0.81	2.02

同时往返班列开行数量走向平衡，2018 年回程甚至反超去程班列数。有效降低综合成本。国际运输网络不断拓展，班列物流成本显著降低。通过加强与沿线国家铁路及相关部门的合作，构建了“1 + N”国际运输网络和分拨体系。同时依托重庆区位优势，实现国际铁路与长江黄金水道无缝连接，如图 12.1 所示。

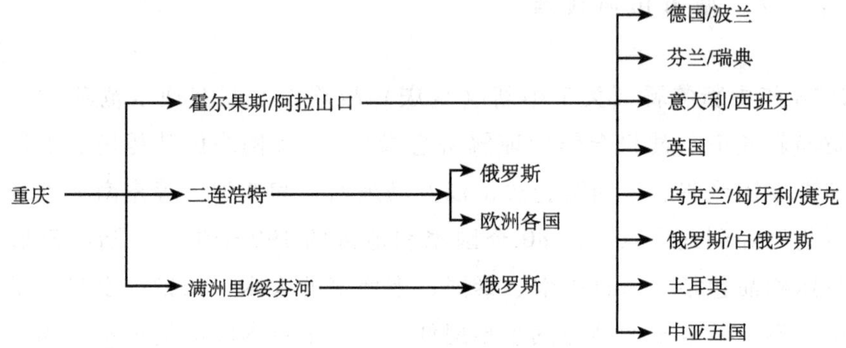

图 12.1　渝新欧主要运行线路

资料来源：重庆交通大学. 重庆对外通道布局优化课题组（成员：李红镝、李豪、崔利刚等）。

针对原班列线路单一和境外易拥堵的问题，重庆拓展了两条新线路。一是由二连浩特出境，经蒙古国、俄罗斯、乌克兰抵达斯洛伐克和匈牙利各地，辐射奥地利、罗马尼亚、捷克等地。二是由阿拉山口出境，经哈萨克斯坦、俄罗斯、白俄罗斯布鲁兹吉、波兰库兹尼察抵达杜伊斯堡。目前，这两条线路已逐步常态化，比传统线路缩短运时三天。

目前，渝新欧货源由初期 IT 产品拓展到整车及零部件、通信设备、机械、汽配、服装、小家电、化工品、食品、冷链、医药及器械、邮件等数十大类。从出口货源地看，重庆及周边省份货源占 30% ~40%，华东、华南等地占 60% ~70%。从进口货源地看，进口国家覆盖德国、丹麦、塞浦路斯、俄罗斯和中亚国家，转运国家拓展至日韩、新加坡、越南等，结束了早期高成本运行的艰难形势，进入货源货类多样化、客户来源差异化的良性发展周期。

12.2.3　长江东向通道

重庆是长江上游最大的主枢纽港口城市，是我国西南地区江海联运、水陆换装的重要枢纽和外贸口岸。近年来，重庆水运物流通道货运总量基本保持增长的趋势，具体见表 12. 4。重庆及周边地区对价值低的生产性资料需求增加，如对原料矿石、粮食、煤炭等的需求。同时，价值相对较高的产成品的出口也增加，这说明中国对外加工的产业，开始逐步向西部交通相对便利和发达的重庆及周边地区转移。

表 12. 4　　　　　　　　　重庆市历年水运量一览

年份	货运量（万吨）	货运周转量（亿吨公里）	集装箱量（万 TEU）
2005	3896	401	275572
2006	4551	533	401271
2007	5904	700	509425
2008	6961	866	540378
2009	7771	968	524721
2010	9660	1219	690112
2011	11762	1558	623583
2012	12874	1740	661143
2013	12924	1420	862044
2014	14117	1631	842058
2015	15039	1700	743878
2016	16648	1876	785117
2017	18505	2126	949000
2018	19452	2238	905000

（1）航道

重庆水运国际贸易通道的运输距离，上海至重庆（羊角滩）2335. 6 公里，具体各航段长度及水深情况见表 12. 5。以长江干线、嘉陵江、乌江国家高等级航道为骨架，渠江、大宁河、小江、梅溪河、涪江、綦江、抱龙河、东溪河、汤溪河和磨刀溪等地区重要航道为支撑，其他航道为补充，形成以“一干两支十线”13 条 1595 公里主要航道为重点的叶脉型航道体系。其中长江、嘉陵江、乌江一干两支承担了全市 90% 以上的货运量，见表 12. 6。

表 12.5　　　　重庆—上海各航道段里程及冬季枯水期水深

编号	航道段	维护水深	距离	备注
1	重庆羊角滩—涪陵李渡长江大桥	4.0 米	112 公里	
2	涪陵李渡—宜昌临江坪	4.5 米	559 公里	
3	宜昌临江坪—城陵矶	3.5 米	385 公里	
4	城陵矶—武汉长江大桥	4.2 米	228 公里	
5	武汉长江大桥—安庆皖河口	5.0 米	404 公里	
6	安庆皖河口—芜湖高安圩	6.0 米	168 公里	
7	芜湖高安圩—南京燕子矶	6.5 米	138 公里	
8	南京燕子矶—南京新生圩	10.5 米	4 公里	
9	南京新生圩—长江口	12.5 米	332 公里	
合计			2330 公里	

表 12.6　　　　重庆航道通航区域及航道等级

序号	航道名称	航道里程（公里）	通航区域	航道等级
1	长江干线	679	巫山鳊鱼溪至羊角滩 515 公里	二级
			羊角滩至四川合江沙溪口 164 公里	三级
2	嘉陵江	172	嘉陵江河口至合川草街 68 公里	三级
			合川草街至合川利泽 69 公里	三级
			合川利泽以上 35 公里	五级
3	乌江	231	乌江河口至涪陵白马 45 公里	三级
			白马至银盘 49 公里	五级
			银盘至彭水 53 公里	四级
			彭水电站至贵州黑獭堡 84 公里	四级
4	渠江	88	渠江河口至四川岳池富流滩 88 公里	四级
5	大宁河	42	大宁河河口至巫溪水口 42 公里	三级
6	小江	51	小江河口至开县白家溪 51 公里	三级
7	梅溪河	18	梅溪河河口至奉节康乐镇 18 公里	二级
8	涪江	130	涪江河口至渔南莲花寺船闸 90 公里	五级
			莲花寺船闸至三星大坝 40 公里	七级
9	綦江	135	綦江河口至綦江赶水 135 公里	七级

续表

序号	航道名称	航道里程（公里）	通航区域	航道等级
10	抱龙河	8	抱龙河河口至摸钱洞河段 8 公里	三级
11	东溪河	5	东溪河河口至新屋咀 5 公里	三级（在建）
12	汤溪河	13	汤溪河河口至白水 13 公里	三级（在建）
13	磨刀溪	23	磨刀溪河口至龙角 23 公里	三级（在建）

（2）港口

重庆已建成 3 个港口铁水联运集疏运体系（见图 12.2），在建或规划建设 6 个港口铁水联运集疏运体系。已建成主城果园、江津猫儿沱、万州红溪沟 3 个港口铁水联运集疏体系，分别与渝怀、渝黔、达万铁路相连。目前 3 个港口合计开行散货班列平均 10 班/周、集装箱班列平均 11 班/周，2017 年完成铁公水联运量 2960 万吨、集装箱 12.6 万标箱，主要货种为汽车零配件、建材、化工、煤炭、金属矿石、钢铁等，货物辐射范围为四川、云南、贵州、陕西、甘肃等。在建江津珞璜港铁水联运集疏体系，与渝黔铁路相连；今年计划开工涪

图 12.2 重庆市港口体系

陵龙头港、万州新田港铁水联运集疏体系，分别与渝怀铁路、宜万铁路相连；规划建设忠县新生港、渝北洛碛港、永川朱沱港铁水联运集疏体系。主要服务范围为贵州、四川、云南等。

重庆市铁、公、水联运的枢纽型港口及其综合集疏运体系仍在建设阶段，铁、公、水联运的枢纽型港口不足，仅有少数港区有进港铁路，加上铁路线通行能力趋于饱和，铁路、公路、水路联运尚未有效衔接。随着城镇化进程加快和城市功能不断拓展，部分城区港口集疏运条件不佳，亟须加快港口集疏运体系建设，实现港口与其他综合交通运输方式的高效衔接。另外，由于管理体制和机制的原因，信息平台、联运手续、技术标准在多式联运的应用上不够优化高效，多式联运综合优势难以得到充分发挥。

12.2.4 航空快速通道

2018 年，重庆江北国际机场完成旅客吞吐量 4159 万人次，比上年增加 7.4%，全国旅客吞吐量排第 9 位；货邮吞吐量 28.21 万吨，比上年增加 4.3%。虽然，增速近几年呈现下滑趋势，但 2019 年上半年，重庆江北机场旅客吞吐量完成 2198.06 万人次，同比增长 8.4%，成为国内十大机场中增速最快的机场。截至 2019 年 7 月，江北机场航线总数为 333 条，通航城市 207 个。其中，国内航线 247 条（客运 244 条，全货机 3 条），通航城市 142 个；国际（地区）航线 86 条（客运 71 条，货运 15 条），通航城市 65 个，通航国家 29 个。航空物流园区累计入驻企业 72 家，实际入驻企业 67 家，租赁率达到 88.8%，具体如图 12.3 和图 12.4 所示。

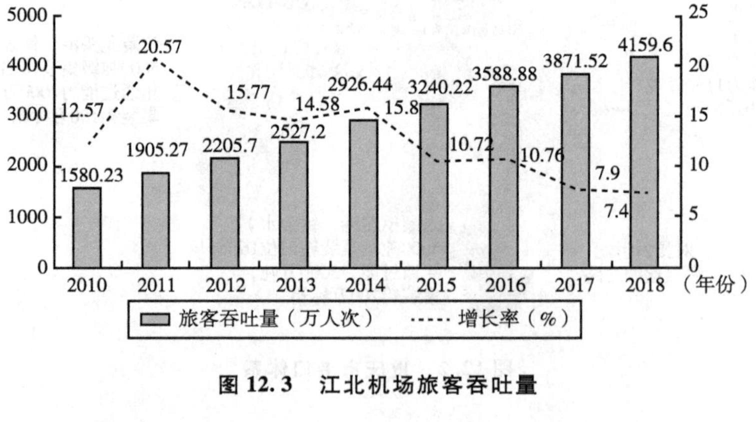

图 12.3 江北机场旅客吞吐量

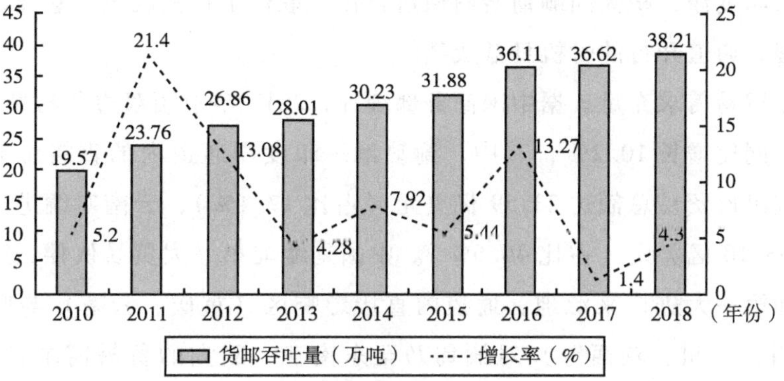

图 12.4　江北机场货邮吞吐量

12.2.5　渝滇缅印通道

渝滇缅—印度洋通道是中国内陆地区通往印度洋的物理最近通道，目前通道有公路、管道全线贯通。通道公路现状，中国境内段（重庆—瑞丽全程高速）约 1600 公里，缅甸境内段（木姐—皎漂水泥、沙石路面为主）约 1100 公里。通道铁路现状，中国境内段铁路已通达保山，1500 多公里，缅甸境内段铁路东北方向仅通至腊戌，西南方向仅通至马圭，腊戌至木姐与马圭至皎漂铁路尚未连通，且现状铁路均为米轨。通道水运依靠缅甸境内伊洛瓦底江：八莫至曼德勒航道全程约 400 公里，可通航 1000 吨级船队；曼德勒至仰光航道全程约 900 公里，可通航 3000 吨级以上船队。

目前，运往缅甸境内的货物均采用公路运输，由重庆经昆明至瑞丽口岸，由于中缅尚未签署汽车运输协定，中国货车必须在瑞丽口岸换装缅甸物流公司货车经木姐、腊戌将货物运至仰光。2018 年 3 月，中、缅、老、泰、越、柬六国签订了《关于实施〈大湄公河次区域跨境便利货物及人员运输协定〉“早期收获”的谅解备忘录》，有效期至 2021 年 6 月。符合条件的国际道路运输企业已获得 GMS 行车许可证和 TAD 海关暂准入境单证，但中缅两国尚未签署双边汽车运输协定，仅有瑞丽、打洛等口岸与缅方口岸当地政府部门签署的民间出入境运输管理协定，以边境贸易和边民往来为主。近年来，国家大力推动经缅甸进入印度洋，积极同缅甸会商通道合作，取得了积极成效，基础设施条件逐步完善，通道开行的时机日益成熟。

一是贸易需求充足。据中国商务部统计，2017 年中缅双边贸易额达 135.4 亿美元，同比增长 10.2%，其中，渝滇缅—印度洋通道内的直接影响区，重庆对缅进出口贸易总额达 23.59 亿美元（占比 17.4%），云南对缅进出口贸易总额达 63.10 亿美元（占比 46.6%）。中国是缅甸第一大贸易伙伴、第一大出口市场和第一大进口来源地，通道内直接影响区（重庆、云南）与间接影响区（四川、贵州、陕西等）对缅甸乃至东南亚、欧洲的贸易需求日益增加，主要出口成套设备和机电产品、纺织品、摩托车配件和化工产品等，主要进口原油、木材、农产品和矿产品等。

二是互通条件逐渐成熟。自 20 世纪 90 年代开始，在大湄公河次区域合作、泛亚铁路网、泛亚公路网、中越两廊一圈、泛北部湾合作等框架下，中国与缅甸就开始推进以交通基础设施为核心的互联互通，并已取得初步成效，通道具备互通的基础条件。铁路方面，通道内的中缅铁路作为泛亚铁路网的重要组成部分，中缅双方正展开合作洽谈，目前境内段已通达大理，预计 2022 年可通至瑞丽；公路方面，重庆至瑞丽段公路已实现全程高速，缅甸境内经木姐、曼德勒可直达皎漂，连通性较好；水路方面，伊洛瓦底江八莫至曼德勒航道全程可通航 1000 吨级船队，曼德勒至仰光航道可通航 3000 吨级以上船队，航运条件优越，可结合铁路、公路开展陆水联运；航空方面，昆明、芒市分别开设有直达缅甸曼德勒、内比都、仰光的航线，实现了基础互通。

12.3 重庆市对外通道存在问题

12.3.1 枢纽间转换需强化协作

重庆是西部地区唯一具有公、铁、水、空立体交通体系的城市，目前已经形成了集“三大交通枢纽（果园港、团结村铁路中心站、南彭公路物流基地）、三个一类开放口岸、三大保税监管区”于一体的“三个三合一”的内陆开放平台。但从物流运作的层面分析，这些平台大多各建各的通道，各用各的口岸，各有各的稳定客户群体，没有一个核心平台可以连通其他通道。需要构建口岸间、枢纽间联动作业机制，着力构建“大通道、大枢纽、大平台”内陆开放体系。具体而言：

一是口岸运营和管理主体不一致。口岸业主单位协调难是制约联动作业的最主要因素，团结村中心站业主为中铁联集，江北机场业主为首都机场。这些央企规模大、级别高，甚至超出了重庆市行政管理权限，亟须更高层面顶层设计。口岸管理部门协调难是制约口岸联动的另一个主要因素，立体口岸作业涉及海关、国检、边防、运政等多部门协调，分属海关总署、质检总局、公安部、交通部直接领导，尤其是海关（缉私）和边检实行海关和公安、公安和武警的双重领导，协调难度大；另外，各口岸间政策互融不够，中央与地方条块结合的管理体制也不顺。

二是口岸多式联运设施配套不完善。首先口岸集疏运设施不够完善。重庆近 80% 的国际集装箱走寸滩港，因无铁路入港，给周边交通造成极大的压力；江北机场也缺乏铁路进港，制约了渝新欧与空港的联运。其次口岸配套物流设施总体规模小，缺乏多式联运功能，影响物流集散和运输效率提高。最后口岸物流企业缺乏现代物流经营理念、信息集成度低，不能有效提供全程供应链物流服务，导致物流成本过高。

三是口岸单位间联通不畅。一方面，口岸联动作业所涉及的海关、国检、边防、海事、运政、工商、税务等单位间信息共享问题并未解决，未建成像海关 H2000 那样全国统一的通关管理系统。虽然重庆市智慧物流公共服务平台已部分集成了国际物流信息，但尚未与海关、国检、边防间实现真正的互通。另一方面，依托电子口岸推进建设的“单一窗口”，能够实现市域海关、边防、国检等间信息互通，但未整合物流信息和路政信息，受区域、经济水平、网络条件等差异性影响，跨区域和部门互通难度大。

12.3.2　物流通道存在堵点痛点

以陆海新通道为例：一是北部湾港口和海铁联运基础设施仍然薄弱。钦州港东站集装箱办理站、北部湾港航道及码头等关键性项目尚未建成，集装箱海铁联运“最后一公里”进港问题未解决，10 万吨级以上远洋货轮不能靠岸。港口、铁路站场建设滞后，冷链物流、装卸吊运等自动化设备不足。二是铁路瓶颈路段依然存在。隆昌—黄桶—百色铁路、黔桂铁路二线、南昆铁路百色威舍段、涪陵至柳州铁路等一批重点跨省区铁路项目仍处于推动阶段，尚未形成大能力通道和快捷便利的交通枢纽。三是口岸通关设施和效率有待提高。凭祥口岸、东兴二桥口岸、龙邦口岸等重点口岸尚未完成建设，通行能力未明显提升。钦州港口岸尚未实现节假日和周末通关。

以中欧班列为例：班列离境对应国口岸的换装和仓储能力不足，俄铁、哈铁等境外承运商调配车板有限，大量班列只能滞留境内。同时，波兰作为班列运行的重要过境国，其口岸站的换装和仓储能力同样不足，形成境外的堵点，降低了班列运行的时效。

以长江黄金通道为例：一是长江三峡船闸通过能力不足，据统计，2017 年三峡坝区日均待闸船舶 614 艘、平均待闸时间 106 小时，2018 年三峡船闸检修期间，日均待闸船舶 1098 艘、平均待闸时间 207 小时。二是长江中游荆江航道通过能力差，重庆羊角滩到涪陵李渡长江大桥段、宜昌下临江坪到枝江大埠街段、枝江大埠街到荆州四码头段和荆州四码头到岳阳城陵矶，还包括燕子窝水道段，枯水期只有 3000 吨级以下的船型才能通过。

以航空通道为例：从亚洲航线看，客运直飞航点重庆 24 个，昆明 40 个，成都 33 个，西安 25 个；从客运直飞亚洲航点班次看，重庆 171 班/周，成都 315 班/周，昆明 307 班/周，西安 148 班/周；从直飞亚洲航班平均班次看，重庆 7.13 次/周，成都 9.55 次/周，昆明 7.68 次/周，西安 5.92 次/周。昆明是南亚、东南亚、西亚枢纽，直飞点最多，成都频次最密集。从洲际航线来看，客运直飞洲际航点重庆 11 个，成都 22 个，昆明 5 个，西安 11 个；从航点总班次来看，重庆 26 班/周，成都 65 班/周，昆明 13 班/周，西安 27 班/周；从平均频次来看，重庆 2.36 次/周，成都 2.95 次/周，昆明 2.6 次/周，西安 2.45 次/周。

12.3.3 通道运行存在无序竞争

以中欧班列为例：中欧班列开行城市和数量爆发式增长和无序竞争，已破坏了实现市场化运行的基础条件，导致全国各中欧班列运行线路趋于同质化、货源争夺持续激烈的态势。为达到运量目标，一些城市不惜通过高额补贴以超低价进行揽货，破坏了中欧班列市场化运行的形成条件。中欧班列各个通道之间多头分散，各种运输方式互相竞争，多个平台之间协调困难，不同平台之间的交易成本高。

以陆海贸易通道为例：钦州港港口综合服务竞争力有待进一步提升，一是外贸直航航线少，远洋航线严重不足，企业进出口周期较长，存在极大的时间风险。集疏运能力弱，装卸货、再运输环节增加了运输时间。由于铁路箱与海运箱在海关检验检疫方面的不相通，多式联运标准化有待完善。二是综合物流成本居高不下，中介服务收费高、服务差，软环境配套亟待加强。中介代理、后端物流等生产性服务供给水平低、市场不成熟。有的环节还指定了专项代理，坐地起价时有发生。三是海关、边检监管力量不足。

以航空通道为例：枢纽机场的功能就是通过对客货运的中转，将航空网络中的不同节点连接成一个完整的航线网络。去年以来，重庆机场中转市场发展较快，但对比国内先进机场及周边机场，中转旅客总量和中转占比仍有较大差距。西安机场中转数据包含过站旅客，实际值估计应低于昆明，具体见表12.7。

表12.7　　　　2017年上半年中转旅客量

区域	机场	旅客吞吐量（万人次）	中转旅客量（万人次）	中转总量差（万人次）	中转旅客占比（%）	中转比重差
西部地区	重庆	3871.5	95	—	2.5	—
	成都	4980	229	-134	4.6	-2.1
	昆明	4473	367	-272	8.2	-5.7
	西安	4186	440	-345	10.5	-8
北上广	北京	9579	864	-769	9	-6.5
	上海（浦东）	7000	780	-685	11.1	-8.6
	广州	6581	775	-680	12	-9.5

12.4 重庆市对外通道优化策略

12.4.1 协同国际通道建设，提高运输效率

加强交通运输体系建设。一是加强各通道协同体系建设，主动发挥运营中心作用，提升各种运输方式的连接和转运效率，提高港口吞吐能力、服务水平和作业效率，大力发展江海直达运输，减少在沿海港口的二次倒驳，同时应加强与主要通道沿线口岸城市的协作；二是加强交通运输体系建设，提高通道运输能力。加快推进重庆铁路东环线及机场支线、进港铁路支线、西部物流园城市快速路建设，畅通“中间一公里”和“最后一公里”，引导铁路和公路站场、港口、机场加快转型升级，提高通道通行能力和效率。

加强物流标准化体系建设。一是加强设施与服务平台的深度对接，推动新通道沿线国家和地区仓库、物流中心、车站、码头、航空港等物流节点对接，以及法律制度、商业模式等支撑要素对接，特别是基础设施、运输装备、物流工具、信息技术网络和组织管理网络的对接和优化。二是促进物流标准化体系建设，建立多式联运标准体系，推进“一单制”服务；建立多式联运信息系统，整合货源、运输、单据、金融等全方位信息服务；建立智能转运系统，充分利用大数据、物联网等技术，提升多式联运换装转运的自动化水平。

建立跨区域跨领域合作机制。一是不断完善跨省区合作机制，完善国内联席会议机制和利益分享机制，推动省际联席会议机制及2019年西部省区市省际联席会议方案等事项；进一步完善区域协调机制，围绕设施互联互通、运输服务一体化、资源共享共建，强化地区之间的交流和联动。二是加快完善地区之间的共建共享机制，西部相关省市、运营公司、货主以及陆海新通道沿线国家或地区等共同设立陆海新通道国际物流联盟，推动组建陆海新通道区域性公司，作为新通道唯一运营主体进行统一运作，加快完善地区间的共建共享机制。

12.4.2　协同铁路班列布局，提升竞争能力

优化铁路通道布局，全面提升通道运行效率。（1）针对境外拥堵和运价高问题，可借鉴蓉欧、郑欧等开行路线，开行经乌克兰、斯洛伐克、捷克等北线线路，规避波兰马拉舍维奇和布列斯特等场站拥堵，还可节约 1～3 天的时间；（2）针对境外拥堵和运价高问题，开辟哈萨克斯坦过里海到阿塞拜疆巴库港，经 BTK 铁路到达欧洲的铁海联运路线，实现线路里程的降低；（3）针对境外拥堵和运价高问题，密切关注 TRACECA 运输走廊建设进展，适时开通经哈萨克斯坦、土耳其到达欧洲的国际运输路线，可降低 1500 美元/箱。

建立境外分拨体系和境内集结中心，降低中欧班列物流成本。（1）充分考虑海内外需求，加密“1 + N”的海外分拨体系。建议以德国杜伊斯堡仓库为圆心，拓展其周边地区分拨点，增建巴黎、米兰、布达佩斯、华沙以及马拉舍维奇等集疏中心，满足南欧、西欧国家的需求。（2）建议国家根据班列线路的开发区位、开发次序、开行密度和开行稳度等因素，规划班列境内枢纽点，建设班列集结中心，进行班列重新编组，增加线路实际运载率。

立足物流与产业联动互馈，积极拓展国际国内新业务，提升班线竞争力。（1）发展海铁、海运及空运境外配送业务，启动国际工程物流以及国际冷链物流，在“渝新欧+ 陆港园区”基础上拓展供应链金融业务，打造贸易综合服务集团，形成的供应链服务体系，拓展贸易新业态，吸引贸易导向型产业向重庆转移；（2）围绕海港、陆港打造物流集群，减少补贴规模、调整补贴方式，形成供应链和产业链的良性互动与融合。

12.4.3　研究三峡内河船型，畅通水运通道

一是加快启动三峡水运新通道建设和闸室船型尺度匹配度研究。建议国家启动三峡水运新通道建设，尽快开工建设三峡水运第二通道，并涵盖葛洲坝。建议第二通道的船闸闸室尺度至少为 330 米 ×50 米，吃水深度结合航道确定，同时新标中增加总长 150 米、总宽 24 米的船型。

二是整治长江中游荆江航道。建议国家加大对重庆羊角滩到涪陵李渡长江大桥段、宜昌下临江坪到枝江大埠街段、枝江大埠街到荆州四码头段和荆州四码头到岳阳城陵矶等航道的整治力度，保障枯水期维护水深达到4.5米。

三是争取“大长宽比”示范船补贴政策延续。为鼓励新建“三峡船型”船舶，有效缓解三峡枢纽拥堵，建议国家适当延长新建“大长宽比”示范船补贴政策，或出台新的新建“大长宽比”示范船鼓励政策。同时，向重庆市政府建议，争取出台新建“三峡船型”船舶的地方财政鼓励政策。

四是加快研究三峡新船型。研究主尺度为130米×16.3米的新型干散货船、商滚船和集装箱船型，打造经济性好、吃水浅、新动力、新驱动的绿色船舶。特别喷水推进装置广泛用于高速舰船和安静型潜艇上，同时适用于重载荷大中型运输船和浅吃水内河船。建议重庆加快研究采用喷水推进的浅吃水大型内河船，方便通过枯水期浅滩河段以及三峡和葛洲坝船闸。

12.4.4 协同成渝航空枢纽，创国际机场群

构建成渝世界级机场群，助推西部开发开放。一是深化川渝机场群的协同配合，持续深化重庆江北、成都双流以及天府机场等枢纽机场的协作，探索通过错位、错时布局国际航线、实施一体化运行服务标准、共同打造一体化中转联运产品等方式，提升整体竞争力。同时，应对川渝两地支线机场发展的目标、路径强化统筹规划，加强干支协同、支支联动，共同做大西部航空运输市场，促进区域开放和发展。二是积极争取国家政策支持，提高民航发展基金在川渝机场建设中的资本金投入比例，协调国家和地方政府建立多级财政补贴机制；支持空域、时刻等资源的扩充；支持航权开放政策，针对“一带一路”国家，在重庆等枢纽机场开放第五航权。支持成渝144小时过境免签、离境退税等政策，提高“一带一路”国家人员进出的通关便利性。

发挥航空的速度优势，前瞻性布局“一带一路”国际航线。以国际直达为重点，实施洲际远程航线“精品工程”；以向西、向南为重点，推进区域性国际航线“快线工程”；完善国内航线网络服务体系。一是在航空货运方面，围绕重庆产业结构升级布局，为“重庆造”“西部造”参与全球竞争架设空中

通道。在以“货”为主的陆海联动发展的同时，要重视发挥航空在促进信息、人才、资金、技术互联互通上的优势，使重庆成为衔接东南亚、南亚以及澳新至欧美的新枢纽。同时还应积极发展空铁联运、空水联运，统筹空铁公水多式联运，真正实现内外空地立体互联互通。二是在航空客运方面，围绕“一带一路”国家，努力提升已开通航线品质，加密伦敦、巴黎、罗马等主干线，提供更丰富更具竞争力的产品。同时，伺机开通到亚的斯亚贝巴、德里、孟买、圣彼得堡、约翰内斯堡、布达佩斯等地的国际客货运航线，为陆海联动发展提供助力。

增强机场保障能力，发挥航空的产业集聚优势。一是引入新加坡航空公司作为江北机场主基地航空公司，以便更好地发挥重庆与新加坡双枢纽的作用。考虑到目前国家不允许外资航空公司飞国内航线，因此，江北机场可利用新航成熟的国际航线网络，开辟和加密国际航班，并以此提高其中转率。二是加快建设第二机场。借助航空产业“杠杆”，有助于放大国内的资金、建设、管理、运营的优势，助力国家和地区的产业升级。以机场为核心的临空经济，要注意以航空产业为基础，和数字经济紧密结合，深化对新一代信息技术的消化应用，传导并引领传统产业转型升级。

12.4.5 活跃中缅经济走廊，打通渝缅通道

分期推进渝滇缅—印度洋通道的运营模式。在近期：一是在定位上主要服务面向重庆销往缅甸和印度洋沿线国家的货物；二是政策上政府给予政策支持和价格补贴，吸引聚集货源；三是运营上由政府有关部门牵头协调，依托重庆物流企业，联合云南缅甸物流企业共同成立物流运输联盟，依照现有的滇缅运输线路，开设重庆到缅甸的定时间、定地点公路货运班次或多式联运货运班次。在中远期：中缅铁路贯通和缅甸皎漂港建成后，推动重庆物流企业成立缅甸运输分公司，开通重庆直达缅甸铁路货运和面向欧洲、非洲和西亚的铁海联运班次，提高远端辐射率。

发挥国际通道重庆运营中心作用。充分发挥多通道联动优势。依托重庆在西部地区的交通枢纽优势，进一步增强各物流通道间的互联互通，整合物流资源，提升物流规模化服务能力，带动物流产业集聚，形成以重庆为核心的通道

运营中心，实现渝滇缅物流通道、国际陆海贸易新通道、渝新欧国际铁路大通道间多通道、多运输方式的协调运作。

12.5 基于通道经济协同的重庆内陆开放格局

12.5.1 发展通道经济

发挥通道纽带功能，强化通道互联互通，推进与川滇黔桂等通道沿线省区共建一批产业合作园区。紧扣陆海新通道、成渝地区双城经济圈等战略，围绕汽摩制造、智能制造、数字经济、金融和现代服务业等产业，联合打造创新性、战略性新兴产业基地，推进建设万达川渝统筹发展示范区等。发挥重庆与东盟、中亚、南亚等国家产业互补优势，开展国际产能和装备制造合作。鼓励重庆企业参与境外产业园区建设，建立加工和集采中心。吸引国际知名企业来渝投资发展，聚焦智能装备、精密仪器、生物医药等产业，建设一批国际经贸合作示范区。

12.5.2 培育枢纽经济

围绕重庆港口型国家物流枢纽建设，加快发展航运经济，优化提升重庆港口体系和功能布局，拓展果园港大宗商品分拨中心交易功能，建设大宗粮食、钢材、金属矿指定期货交割库和交易中心，建设水运服务集聚区，推进长江沿线临港产业转型升级。围绕重庆陆港型国家物流枢纽建设，做大电子信息、汽摩制造、生物医药、材料工业、装备制造、消费品生产等产业，打造高品质陆港经济区，完善铁路口岸通关设施，拓展国际商贸流通服务功能。围绕重庆空港型国家物流枢纽建设，建设国家级通用航空产业综合示范区和国家级临空经济示范区，培育发展通用航空整机、机体零构件、无人机、机载设备等，推动“航空+金融”“航空+旅游”“航空+会展”“航空+教育”等以航空运输为基础、航空关联产业为支撑的高端产业体系。

12.5.3 促进贸易提质增量

发展总部经济，完善进口商品分销体系，鼓励全球跨国公司在渝设立区域性物流运营中心，依托主辅枢纽建设融采购、展示、交易、仓储、分拨、集散、转运、衔接、流通加工、结算等功能于一体的国际商品交易展示中心和国际物流分拨中心。推动以电子料件、跨境电商、冻品生鲜等为主的保税区内仓储分拨业务的开展。建设“一带一路”保税商品展示交易中心，丰富进口商品种类。培育贸易新业态新模式，推动欧洲与东盟国家的优势产品在渝集散、分拨、中转、销售、结算等，推动西部地区大货车、平行进口车及零部件和过境转口东盟的欧洲汽车通过重庆口岸分拨。

12.5.4 积极发展特色物流

加快完善跨境冷链物流体系，大力发展铁路冷藏运输、冷藏集装箱多式联运及公路冷藏集装箱，支持通道市域主枢纽开通冷链班列、班车，开展航空冷链物流服务，积极构建重庆与东盟国家之间的双向冷链物流通道。依托综保区、水铁联运和双福农贸城优势，支持江津建设中国西部（重庆）东盟农副产品冷链分拨中心，鼓励发展冷链配送新模式。依托综合保税区及保税物流中心，推动建设跨境电商公共仓储、海外仓储、退（换）货中心等智能集散中心，完善服务平台功能，促进通道公共信息平台与跨境电商平台对接，建设内陆跨境电子商务进出口基地。积极推动专项物流发展，推动重庆国际物流枢纽园区、果园港国际多式联运枢纽发展大宗物资和商品车物流，重庆南彭贸易物流基地发展摩托车和电子产品物流等。

第13章　长江上游通道协同网络与区域新型开放格局构建思路

13.1　长江上游的通道协同策略

发挥流域运能需要抓住两大关键问题，即水路运输的畅通和水陆联运的便捷。一是继续推进长江黄金水道和立体交通走廊建设，尽快解决三峡通道梗阻问题对上游发展至关重要。二是加快长江上游“江海路桥”通道体系建设，打造中转高效、枢纽互通、关检直通、江海联通的“陆江海”贸易通道、经济通道。三是推进长江上游物流枢纽的网络的集约和集成，推进港口码头的结构优化和布局调整，政府引导、市场主导推进货运码头集约化、规模化、绿色化、智慧化发展，着力推进水铁、水公联运，以枢纽集成网络，以网络互联互通，切实增强经济的服务、集聚、辐射能力。四是构建跨国“1+3”集成物流网络，其中“1”代表信息平台；“3”代表由交通基础设施网络和物流节点构成物流运输网络硬件、物流服务供应商协同网络和政府间协作网络，“集成”多种物流网络要素的整体性，核心需求与供给并重，提高物流网络整体效率、可靠性与抗风险能力。

13.1.1　通道互联互通

(1) 推进铁路通道互联互通

以推动基础设施互联互通为核心，突出抓好跨区域大通道建设，协同推进交通、能源、通信、水利等重大基础设施项目实施，努力实现多层次、多形式基础设施互联互通，力促省际协商合作再上新台阶。

在国家高速铁路主通道方面。“八纵八横”通道中有“三纵四横”连接长江上游地区，分别是“八纵”通道的京昆通道（成渝、滇中）、包海通道（成渝、黔中）、兰广通道（成渝、黔中），“八横”通道的沿江通道（成渝）、沪昆通道（黔中、滇中）、夏渝通道（成渝）、广昆通道（滇中）。

在区际快捷大能力铁路通道方面。推进普速干线通道瓶颈路段、“卡脖子”路段及关键环节建设，形成跨区域、多径路、便捷化大能力区际通道。建设黔江—遵义—昭通—攀枝花—大理铁路，规划研究沿江货运铁路，构建上海—南京（合肥）—武汉—重庆—成都沿江通道，连接长三角、长江中游、成渝城市群；利用沪昆铁路等，构建长三角、长江中游至云贵地区通道；实施渝怀、黔贵、南昆铁路扩能。

在面向“一带一路”对外通道方面。西南地区铁路网络，以云南为辐射中心，以昆明、南宁、拉萨为支点，构建经东南亚、南亚至印度洋的国际大通道。实施南宁—凭祥铁路扩能，规划建设芒市—猴桥、临沧—清水河、日喀则—吉隆、日喀则—亚东、靖西—龙邦、防城港—东兴等铁路。

（2）推进西南民用航空运输机场群建设

助推“一带一路”、长江经济带、西部陆海新通道建设，从完善综合交通运输体系发展考虑，优化调整民用运输机场建设数量、空间布局、功能设置，形成与高速铁路、城际铁路优势互补、协同发展的格局。西南机场群由川渝滇黔藏机场构成，逐步提升昆明、成都和重庆机场国际枢纽的竞争力，科学谋划和合理布局“一市多场”；培育贵阳、拉萨等机场的区域枢纽功能；增加区域机场密度，优化布局结构，逐步提升万州、九寨、黄平、丽江、林芝等机场发展水平，推进巫山、巴中、仁怀、澜沧等机场建设。

（3）推动长江上游公路通道建设

按照“实现有效连接、提升通道能力、强化区际联系、优化路网衔接”的思路，加快推进补充完善国家高速公路网：拓展国家原高速公路网规划总体框架，补充连接新增 20 万以上城镇人口城市、地级行政中心、重要港口和重要国际运输通道；在运输繁忙的通道上布设平行路线，增设区际、省际通道和重要城际通道，加密成都、重庆、贵阳、昆明间高速公路，增加有效提高路网运输效率的联络线。补充连接地级行政中心和县级节点、重要的交通枢纽、物流节点城市和边境口岸，强化与一线城市的高速公路联系，增设沿边沿海路线，维持普通国道网相对独立，重点推进北京—昆明、银川—百色、兰州—海口、银川—昆明、上海—成都、上海—重庆、上海—昆明、厦门—成都、汕头—昆明、广州—昆明方向公路建设。

（4）推动长江上游港口码头资源整合

重庆市正在着力打造的“1 +3 +9”港口群，“1”指龙头示范港——果园枢纽港，“3”指江津珞璜、涪陵龙头、万州新田 3 个铁公水联运枢纽港，“9”指主城寸滩、永川朱沱、渝北洛碛、长寿胡家坪、丰都水天坪、忠县新生、奉节夔门、合川渭沱、武隆白马 9 个专业化重点港口。四川将优化港口功能布局，推动广安港、南充港、广元港与重庆两路寸滩保税港区协同合作发展，整合泸州、宜宾、乐山等地港口资源，建设长江上游（四川）航运中心。以市场为主体推动港口资源整合，成立长江上游组合港，协同规划，统筹分工，做到层次分明、功能明确、优势互补，形成有机结合的港口网络，协同推进国际贸易陆海通道建设，协同推进中欧班列建设，推动构建西南一体化开放新格局。

13.1.2 枢纽衔接高效

2018 年年底，为贯彻落实党中央、国务院关于加强物流等基础设施网络建设的决策部署，科学推进国家物流枢纽布局和建设，国家发展改革委、交通运输部会同相关部门研究制定了《国家物流枢纽布局和建设规划》。物流枢纽是集中实现货物集散、存储、分拨、转运等多种功能的物流设施群和物流活动组织中心。国家物流枢纽是物流体系的核心基础设施，是辐射区域更广、集聚效应更强、服务功能更优、运行效率更高的综合性物流枢纽，在全国物流网络中发挥关键节点、重要平台和骨干枢纽的作用，具体见表 13.1。

表 13.1 国家物流枢纽布局承载城市

1. 陆港型国家物流枢纽承载城市。包括重庆、成都、遂宁、贵阳、遵义、昆明。
2. 港口型国家物流枢纽承载城市。包括重庆、泸州。
3. 空港型国家物流枢纽承载城市。包括重庆、成都、贵阳、昆明。
4. 生产服务型国家物流枢纽承载城市。包括重庆、成都、攀枝花、贵阳。
5. 商贸服务型国家物流枢纽承载城市。包括重庆、成都、达州、贵阳、昆明、大理。
6. 陆上边境口岸型国家物流枢纽承载城市。包括德宏（瑞丽）、红河（河口）、西双版纳（磨憨）。

13.1.3 物流网络集成

构建国内物流干线通道网络。鼓励国家物流枢纽间协同开展规模化物流业务，建设高质量的干线物流通道网络。重点加快发展枢纽间的铁路干线运输，优化运输组织，构建便捷高效的铁路货运网络。鼓励陆港型、生产服务型枢纽推行大宗货物铁路中长期协议运输，面向腹地企业提供铁路货运班列、点到点货运列车、大宗货物直达列车等多样化铁路运输服务；支持陆港型、港口型、商贸服务型枢纽间开行“钟摆式”铁路货运专线、快运班列，促进货物列车客车化开行，提高铁路运输的稳定性和准时性，优先鼓励依托全国性和区域性铁路物流中心培育发展陆港型枢纽；加密港口型枢纽间的沿海沿江班轮航线网络，提升长江中上游港口码头基础配套水平和货物集散能力；拓展空港型枢纽货运航线网络，扩大全货机服务覆盖范围。完善进出枢纽的配套道路设施建设，提高联运疏解效率。

13.1.4 开放功能完备

推动自由贸易试验区改革。立足各自区位优势，深化与周边国家和地区经贸合作，更好服务对外开放总体战略布局。2017 年 3 月 31 日，国务院批复成立中国（重庆）自由贸易试验区、中国（四川）自由贸易试验区。2019 年 8 月 2 日，国务院批复同意设立中国（云南）自由贸易试验区。推进自由贸易港建设。

合理布局海关特殊监管区。海关特殊监管区作为海关实施封闭监管的特定经济功能区域，是承接国际产业转移、联接国际国内两个市场的重要平台，是开放型经济发展的先行区和加工贸易转型升级的集聚区，对打造开放型经济新平台和内陆开放新高地意义重大。

13.2 长江上游的开放格局构建

长江上游地区地处亚洲内陆，在国际贸易物流成本上具有天然劣势，伴随世界经济格局的发展和演变，全球产业分工的重塑，“一带一路”倡议的深入，西部地区面临着新的开放环境，也走向了新时代开放的前沿。

13.2.1 瞄准两个市场

面对复杂的国际国内环境，需要统筹国内国际两个大局，保持改革开放方向不动摇，实施更加积极主动的开放政策，推动形成全方位、多层次、宽领域的全面开放新格局，营造良好的国际环境、开拓更加广阔的发展空间。统筹推进国内、国际区域合作，积极参与全球经济开发与治理，“引进来”与“走出去”结合，对内开放与对外开放并重，内陆开放与沿陆桥开放并行，重塑国际竞争新优势，开展更高层次、更多维度、更多联动的合作，加快形成优势互补、分工协作、均衡协调的区域开放新格局。

（1）国外市场

瞄准国外市场，面向新时代，党的十九大提出了“陆海内外联动、东西双向互济”的新型开放格局，中国融入全球价值链的深度和广度将得到进一步提升。长江上游的开放，应该充分塑造和发挥西部地区比较优势，除了传统两头在外的开放格局外，着力构建“路由器”型和“哑铃型”开放格局，如图 13.1 和图 13.2 所示。

“路由器”型开放格局是面向新兴经济体市场的开放格局，充分吸收发达国家和先进地区创新要素、先进经验等优势，打通通道网络集聚生产资料等资源，利用中国“工程师”红利和国内健全产业链，为新型经济体提供工业产品的开放格局，比如中国高铁走出去。“一带一路”倡议推进下的中欧班列、陆海新通道，加之长江经济带战略，给长江上游地区带来“路由器”型开放格局的发展机遇。

图 13.1　“路由器”型开放战略格局

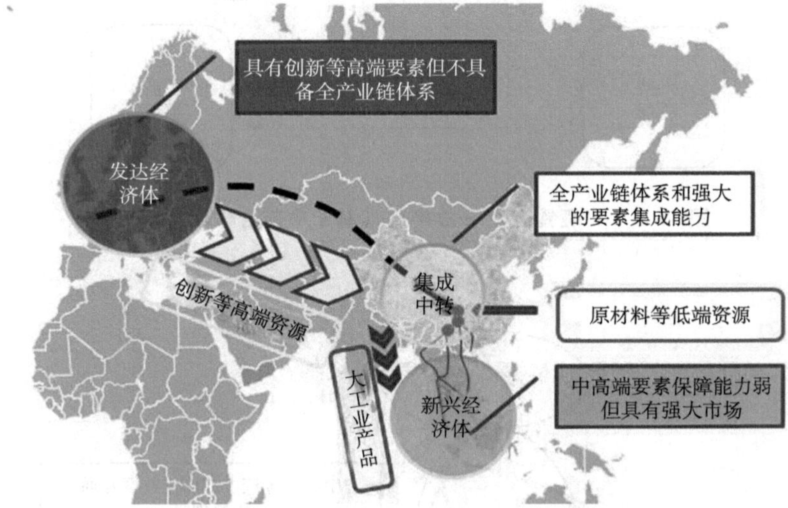

图 13.2　长江上游“路由器”型开放格局

如图 13.3 和图 13.4 所示，“哑铃型”开放格局是依托辐射能力强的双枢纽经济地区，向周边辐射形成的哑铃型通道经济带，“双城”经济圈是常见的“哑铃型”格局。基于中新合作互联互通项目和国际贸易陆海新通道战略，构建以重庆（成渝经济区）和新加坡为双枢纽的“哑铃型”开放格局，辐射西部地区和东盟国家。

（2）国内市场

中国人口规模庞大，2020 年将全面实现小康，2050 年实现中等发达国家水平，有条件形成强大国内市场和巨大经济规模。在当前全球经济环境下，以国内需求市场为主导，集聚国际先进要素，发挥比较优势和后发优势，实现长江上游地区产业先发增长，如图 13.5 所示。

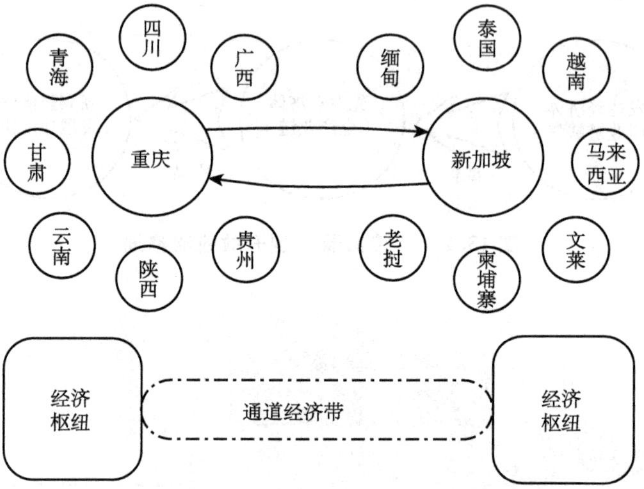

图 13.3 “哑铃型”开放格局（基于中新合作示范项目）

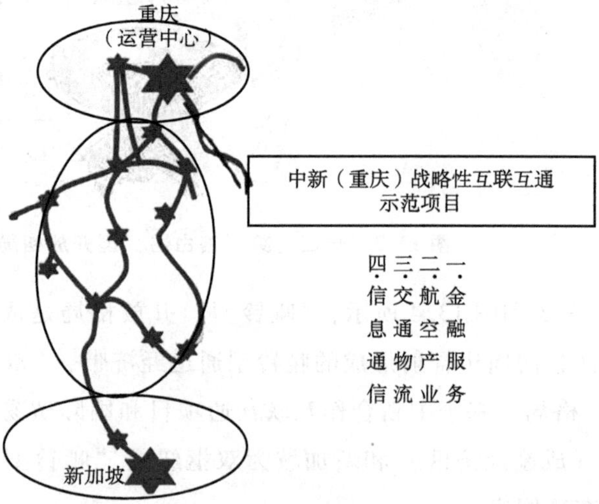

图 13.4 “哑铃型”开放格局（基于中新合作示范项目）

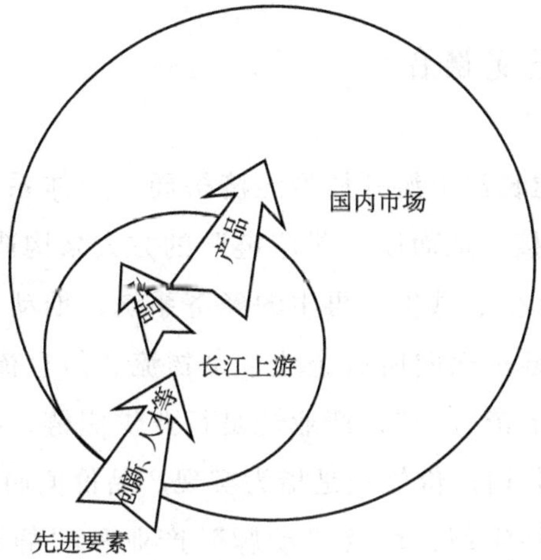

图 13.5　面向国内市场的开放格局

13.2.2　双链协同发展

传统外向型经济是依托东部沿海嵌入以发达国家为主导的全球价值链（GVC），在其底部进行以加工制造为主要特征的国际代工，中美摩擦等外部环境变化让我们意识到，必须注重内、外两个市场潜力的开发和利用，构建"双循环"价值链、供应链和产业链。一是沿长江经济带国内价值链（NVC）（区域价值链）的构建，进行产业重塑和市场开发，推动加快成渝地区双城经济圈建设，联动中下游城镇群，集聚新兴产业和科创中心，形成产业集聚、创新集聚的总部高地，同时出台政策支持长江中下游企业到长江上游投资建厂，将产业链、供应链在国内进行布局。二是建设以我为主面向新兴经济体的国际价值链，即要把在过去国际代工的经验，灵活地运用到对东南亚、南亚、中亚和非洲等"一带一路"开放上，依托国际贸易陆海新通道，充分利用自己丰富的有国际竞争力的产能，建立中国与"一带一路"国家的国际产能合作机制，利用好国家间比较优势，鼓励企业把一些产业链上的资源密集型、劳动密集型环节，以产业投资形式，导入"一带一路"国家，同时兼顾吸引先进技术和人才。

13.2.3 推动三链融合

“三链融合”构建长江上游开放型经济格局产业体系，以通道系统构建来实现“供应链”的衔接，从而以“供应链”的方式来构造“产业链”，以此实现“价值链”，构建互生、共生、再生的经济系统，推动长江上游地区的通道经济发展。企业供应链是面向所有企业，是物流、信息流、资金流、知识流、人员流、商务流的“五流合一”；产业链是行业供应链，指一组提供同类相互作用密切关联商品的公司；价值链是指为实现产品价值而连接生产、销售、回收等过程的跨企业网络组织，涉及“动脉”产业和“静脉”产业，直至最终消费和回收处理的价值增值整个过程。

13.2.4 协同通道经济

重点按照国际“一带一路”走向，国内以水系、铁路干线等为依托，依托物流大通道，以沿线中心城市为节点支撑，以重点经贸产业园区、产业合作基地和合作示范项目等作为合作平台，国际上共同打造新亚欧大陆桥、中—蒙—俄、中国—中亚—西亚、中国—中南半岛等国际经济合作走廊，推动中—巴、孟—中—印—缅两个与“一带一路”关联紧密经济走廊建设。重点拓展国际铁路联运大通道和陆海联运大通道。长江上游是中欧班列、西部陆海新通道、长江经济带以及中缅（渝滇缅）通道衔接地带，是内陆开放型经济战略腹地，协同通道体系，形成枢纽网络，发展枢纽经济，构建通道经济带，如图 13.6 所示。

确立长江上游“两群三轴多点”通道经济发展体系，两群即以成渝地区双城经济圈和渝黔合作带构建“成渝贵”城镇群，滇中城镇群；三轴即沿江开发轴、西部陆海新通道开发轴、沪昆开发轴；多点式建设重庆、成都、贵阳、昆明国家物流枢纽，构筑宜宾、泸州、南充、广元、万州、涪陵、攀枝花、凯里、毕节、曲靖等通道节点网络，突出丽江、大理、滇池、黄果树、六盘山特色经济功能。

图 13.6　长江上游开放型通道经济格局

13.3　保障措施与政策建议

13.3.1　规划政策引导

强化全球经济发展趋势研判，把握世界经济和地缘政治格局，立足全球视野和时代脉搏，科学制定发展规划。全面把握国家区域经济发展总体思想和规划政策体系，从全局谋划一域，以一域服务全局，从顶层设计和政策体系上防止重复建设、无序竞争、资源浪费，协同通道体系建设和发展格局，协同区域发展功能定位和布局。将通道经济发展作为长江上游川渝滇黔地区“十四五”时期和中长期规划发展的重点内容，将通道协同构筑区域开放新格局作为相关规划的指引，加强规划引导和政策引领。西部大开发战略要转变思路，强化内生开发模式，政策倾斜和外部援助要融入当地的产业发展之中，进一步激发西部地区的增长潜力，增强内生发展动力。同时西部大开发还要强化深度开发模式，给予西部地区特殊的扶持政策，支持落后地区、薄弱领域的发展。

13.3.2 建立市场机制

发挥市场在配置资源中的基础性、决定性作用，完善现代社会主义经济制度，构建新时代区域协调发展的动力。一是完善现代经济制度，党的十九届四中全会提出，健全劳动、资本、土地、知识、技术、管理、数据等生产要素由市场评价贡献、按贡献决定报酬的机制，反映了现代经济中知识、技术、管理等要素对经济增长的贡献明显上升的趋势；二是构建统一开放、竞争有序的市场体系，完善现代产权制度，推进区域资本、技术、人力、土地、技术、管理、数据市场建设，促进生产要素在区域间的顺畅流动和优化配置；三是继续深化改革开放，加强顶层设计，推进政府、市场的多元主体协作，打破阻碍要素自由流动的行政壁垒，协调区域利益冲突，强化共建分享；四是充分重视和发挥企业市场经济主体作用，处理好国有企业和民营企业之间的关系，营造亲清营商环境，向服务型政府转变。

13.3.3 强化省域协同

完善区域协同治理的顶层设计和组织协同机制，加强政府宏观调控，根据主体功能区等区域差异实施更加细化的区域发展政策，强化政府协同、分工与协作，完善政府跨区域治理能力，促进区域协同协调发展；在政府引导下，发挥市场主体作用，破除要素自由流动壁垒，探索建立跨区域产业转移、重大基础设施衔接、合作园区建设的成本分担和利益共享机制；推进协同融入国家开放、开发战略，以“一带一路”、长江经济带、西部陆海新通道、成渝地区双城经济圈等战略实施为契机，加强对话合作；深化改革开放，推进政府、市场与社会组织的多元协作，协同解决涉及跨区域的生态环境、流域治理、设施建设、社会服务、行政区经济等诸多问题。

13.3.4 优化开放环境

完善开放服务平台，建设“大通道”、打造“大枢纽”、搭建“大平台”、促进“大开放”，扭转长江上游区位劣势，汇聚全球要素资源，融入全球产业大格局，从深居内陆腹地的开放“末梢”发展成为内陆开放高地，助推国家开放型经济格局构建。要加快转变政府职能，持续深化“放管服”改革，培育市场化、法治化、国际化的营商环境，减轻企业税费负担、营造公平的竞争环境、加强产权保护、构建亲清新型政商关系、保护企业家人身和财产安全。

参考文献

[1] 白志礼，谭江蓉．基于竞争、协同、共生、互赢机制的川渝经济合作与发展探析［J］．软科学，2007（4）：75－78．

[2] 蔡昉，都阳．中国地区经济增长的趋同与差异——对西部开发战略的启示［J］．经济研究，2000（10）：30－37．

[3] 曹茉莉．北部湾地区经济发展的新思考：通道经济的视角［J］．开放导报，2007（1）：74－76．

[4] 曹兴，宋长江．认知邻近性、地理邻近性对双元创新影响的实证研究［J］．中国软科学，2017（4）：120－131．

[5] 钞小静，沈坤荣．城乡收入差距、劳动力质量与中国经济增长［J］．经济研究，2014，49（6）：30－43．

[6] 陈爱贞，刘志彪．决定我国装备制造业在全球价值链中地位的因素——基于各细分行业投入产出实证分析［J］．国际贸易问题，2011（4）：115－125．

[7] 陈德敏，张瑞，谭志雄．全要素能源效率与中国经济增长收敛性——基于动态面板数据的实证检验［J］．中国人口·资源与环境，2012（1）：130－137．

[8] 陈芳，龙志和，林光平．中国县域经济差距及其收敛性的实证研究［J］．云南财经大学学报，2011，27（6）：49－55．

[9] 陈宏，杨柳．京津冀区域经济一体化问题研究［J］．现代管理科学，2016（9）：78－80．

[10] 陈佳贵，黄群慧，钟宏武．中国地区工业化进程的综合评价和特征分析［J］．经济研究，2006（6）：4－15．

[11] 陈建军. 长江三角洲地区的产业同构及产业定位 [J]. 中国工业经济, 2004 (2): 19-26.

[12] 陈良文, 杨开忠. 产业集聚、市场结构与生产率——基于中国省份制造业面板数据的实证研究 [J]. 地理科学, 2008 (3): 325-330.

[13] 陈亮, 李杰伟, 徐长生. 信息基础设施与经济增长——基于中国省际数据分析 [J]. 管理科学, 2011, 24 (1): 98-107.

[14] 陈强. 高级计量经济学及Stata应用 [M]. 北京: 高等教育出版社, 2010.

[15] 陈诗一. 中国工业分行业统计数据估算: 1980—2008 [J]. 经济学 (季刊), 2011, 10 (3): 735-776.

[16] 陈晓玲, 李国平. 我国地区经济收敛的空间面板数据模型分析 [J]. 经济科学, 2006 (5): 5-17.

[17] 陈兴述, 田代贵. 长江上游经济带发展目标及空间发展战略 [J]. 上海经济研究, 2007 (1): 58-62.

[18] 程中华, 刘军. 产业集聚、空间溢出与制造业创新——基于中国城市数据的空间计量分析 [J]. 山西财经大学学报, 2015, 37 (4): 34-44.

[19] 戴翔, 李洲. 全球价值链下中国制造业国际竞争力再评估——基于Koopman分工地位指数的研究 [J]. 上海经济研究, 2017 (8): 89-100.

[20] 戴翔. 中国制造业国际竞争力——基于贸易附加值的测算 [J]. 中国工业经济, 2015 (1): 78-88.

[21] 党兴华, 弓志刚. 多维邻近性对跨区域技术创新合作的影响——基于中国共同专利数据的实证分析 [J]. 科学学研究, 2013, 31 (10): 1590-1600.

[22] 邓玲. 论沿长江交通干线推进西部大开发与长江上游经济带建设 [J]. 贵州财经学院学报, 2001 (6): 47-50.

[23] 邓玲. 长江上游经济带建设与推进西部大开发 [J]. 社会科学研究, 2002 (6): 40-44.

[24] 丁慧, 吕长江, 黄海杰. 社交媒体、投资者信息获取和解读能力与盈余预期——来自"上证e互动"平台的证据 [J]. 经济研究, 2018, 53

(1): 153 - 168.

[25] 董锁成. 区域运动论——区域经济发展的时空规律研究 [M]. 北京: 科学出版社, 1994, 34 - 37.

[26] 杜传忠, 陈维宣, 胡俊. 信息技术、所有制结构与电子商务产业集聚——产业集聚力影响因素的实证检验 [J]. 现代财经 (天津财经大学学报), 2018, 38 (12): 82 - 95.

[27] 段进军. 长江经济带联动发展的战略思考 [J]. 地域研究与开发, 2005 (1): 27 - 31.

[28] 樊纲, 王小鲁, 朱恒鹏. 中国市场化指数——各地区市场化相对进程 2011 年报告 [M]. 北京: 经济科学出版社, 2012.

[29] 樊茂清, 黄薇. 基于全球价值链分解的中国贸易产业结构演进研究 [J]. 世界经济, 2014, 37 (2): 50 - 70.

[30] 范剑勇. 产业集聚与地区间劳动生产率差异 [J]. 经济研究, 2006 (11): 72 - 81.

[31] 范晓莉, 崔艺苧. 异质性人力资本、基础设施与城乡收入差距——基于新经济地理视角的理论分析与实证检验 [J]. 西南民族大学学报 (人文社科版), 2018, 39 (11): 106 - 116.

[32] 方大春, 孙明月. 长江经济带核心城市影响力研究 [J]. 经济地理, 2015, 35 (1): 20, 76 - 81.

[33] 方远平, 谢蔓, 林彰平. 信息技术对服务业创新影响的空间计量分析 [J]. 地理学报, 2013, 68 (8): 1119 - 1130.

[34] 符淼. 地理距离和技术外溢效应——对技术和经济集聚现象的空间计量学解释 [J]. 经济学 (季刊), 2009, 8 (4): 1549 - 1566.

[35] 高新才. 丝绸之路经济带与通道经济发展 [J]. 中国流通经济, 2014 (4): 92 - 96.

[36] 高运胜, 甄程成, 郑乐凯. 中国制成品出口欧盟增加值分解研究——基于垂直专业化分工的视 角 [J]. 数量经济技术经济研究, 2015, 32 (9): 73 - 88.

[37] 龚胜生, 张涛, 丁明磊, 等. 长江中游城市群合作机制研究 [J].

中国软科学，2014（1）：96－104.

［38］韩宝龙，李琳，刘昱含．地理邻近性对高新区创新绩效影响效应的实证研究［J］．科技进步与对策，2010，27（17）：40－43.

［39］韩伯棠，艾凤义，张平淡．对流量经济理论的进一步探索［J］．经济经纬，2003（6）：56－59.

［40］韩增林，杨荫凯，张文尝，等．交通经济带的基础理论及其生命周期模式研究［J］．地理科学，2000（4）：295－300.

［41］何栋材，徐中民，王广玉．关中—天水经济区空间流量经济分析——以铁路客运部门为例［J］．冰川冻土，2009，31（1）：175－181.

［42］何江，张馨之．中国区域经济增长及其收敛性：空间面板数据分析［J］．南方经济，2006（5）：44－52.

［43］何龙斌．省际边缘区接受中心城市经济辐射研究［J］．经济纵横，2013（6）：12－16.

［44］贺灿飞，魏后凯．信息成本、集聚经济与中国外商投资区位［J］．中国工业经济，2001（9）：38－45.

［45］贺亦军，靳文舟．道路货物运输产业的结构调整探索［J］．公路交通科技，2002，19（4）：152－155.

［46］洪国志，胡华颖，李郇．中国区域经济发展收敛的空间计量分析［J］．地理学报，2010，65（12）：1548－1558.

［47］侯建昀，霍学喜．信息化能促进农户的市场参与吗？——来自中国苹果主产区的微观证据［J］．财经研究，2017，43（1）：134－144.

［48］胡鞍钢，周绍杰，鲁钰锋，等．重塑中国经济地理：从1.0版到4.0版［J］．经济地理，2015，35（12）：1－10.

［49］胡日东，李颖．我国房地产业发展的综合评价——基于动态因子分析法［J］．经济地理，2011，31（11）：1862－1866.

［50］胡荣才，刘晓岚，李伟．劳动力流动、工业化进程对区域经济影响研究——基于面板数据模型的视角［J］．人口与经济，2011（2）.

［51］胡小渝．成渝城市群协调发展及对策建议［J］．现代商业，2016（26）：26－28.

［52］ 黄承锋．“一带一路”视域下重庆市对外通道发展现状、瓶颈及对策［J］．企业经济，2016（8）：5－9.

［53］ 黄承锋．运输通道合理运行及经济聚集作用研究［D］［博士学位论文］．重庆：重庆大学，2001.

［54］ 黄永明，何伟，聂鸣．全球价值链视角下中国纺织服装企业的升级路径选择［J］．中国工业经济，2006（5）：56－63.

［55］ 蒋含明．外商直接投资知识溢出、信息化水平与技术创新能力［J］．江西财经大学学报，2019（1）：34－42.

［56］ 靳诚，陆玉麒．基于县域单元的江苏省经济空间格局演化［J］．地理学报，2009，64（6）：713－724.

［57］ 康淑娟．行业异质性视角下的中国制造业在全球价值链中的地位及影响因素［J］．国际商务（对外经济贸易大学学报），2018（4）：74－85.

［58］ 来逢波．综合运输体系对区域经济空间格局的塑造与优化研究［D］［博士学位论文］．济南：山东师范大学，2013.

［59］ 李超锋，魏国平．谈流量经济与广州中心城综合服务能力的提升［J］．商业时代，2010（11）：134－135.

［60］ 李福刚，王学军．地理邻近性与区域创新关系探讨［J］．中国人口·资源与环境，2007（3）：35－39.

［61］ 李海东，吴波亮．中国各省经济效率研究：基于超效率 DEA 三阶段模型［J］．贵州财经大学学报，2013（3）：14－22.

［62］ 李佳佳，罗能生．中国区域环境效率的收敛性、空间溢出及成因分析［J］．软科学，2016，30（8）：1－5.

［63］ 李建军，孙慧，田原．丝绸之路经济带全球价值链地位测评及政策建议［J］．国际贸易问题，2018（8）：80－93.

［64］ 李静．基于 SBM 模型的环境效率评价［J］．合肥工业大学学报（自然科学版），2008（5）：771－775.

［65］ 李琳，曾巍．地理邻近、认知邻近对省际边界区域经济协同发展影响机制研究——基于对中三角、长三角省际边界区域的实证［J］．华东经济管理，2016（5）：1－8，193.

[66] 李琳，邓如．产业生命周期视角下多维邻近性对集群创新的动态影响——以中国电子信息产业集群为例 [J]．软科学，2018，32 (8)：24-27，62.

[67] 李琳，龚晨．多维邻近性对不同知识基础产业创新的影响——基于ANN和OLS回归双重检验 [J]．科学学研究，2017，35 (8)：1273-1280.

[68] 李琳，韩宝龙．组织合作中的多维邻近性：西方文献评述与思考 [J]．社会科学家，2009 (7)：108-112.

[69] 李琳，刘莹．区域经济协同发展的驱动机制探析 [J]．当代经济研究，2015 (5)：67-73.

[70] 李琳，雒道政．多维邻近性与创新：西方研究回顾与展望 [J]．经济地理，2013，33 (6)：1-7，41.

[71] 李琳，熊雪梅．多维邻近性在集群外部知识获取与创新中的作用机制分析 [J]．科技进步与对策，2012，29 (21)：130-134.

[72] 李琳，杨军，郑刚，等．地理邻近对集群内企业合作创新的动态影响机制 [J]．科技管理研究，2012，32 (18)：188-191.

[73] 李琳，杨田．地理邻近和组织邻近对产业集群创新影响效应——基于对我国汽车产业集群的实证研究 [J]．中国软科学，2011 (9)：133-143.

[74] 李琳，张宇．地理邻近与认知邻近下企业战略联盟伙伴选择的影响机制——基于SIENA模型的实证研究 [J]．工业技术经济，2015 (4)：27-35.

[75] 李琳，周一成．“互联网+”是否促进了中国制造业发展质量的提升？——来自中国省级层面的经验证据 [J]．中南大学学报（社会科学版），2019，25 (5)：71-79.

[76] 李汝资．中国区域经济发展效率演变研究 [D] [博士学位论文]．长春：东北师范大学，2015.

[77] 李胜文，李大胜．中国工业全要素生产率的波动：1986~2005——基于细分行业的三投入随机前沿生产函数分析 [J]．数量经济技术经济研究，2008 (5)：43-54.

[78] 李实．中国农村劳动力流动与收入增长和分配 [J]．中国社会科

学，1999 (2)：16 - 33.

[79] 李昕，徐滇庆．中国外贸依存度和失衡度的重新估算——全球生产链中的增加值贸易 [J]．中国社会科学，2013 (1)：29 - 55，205.

[80] 梁玉红，张相林．对构建南昌市核心增长极促进发展方式转变的思考 [J]．求实，2012 (11)：54 - 56.

[81] 林光平，龙志和，吴梅．中国地区经济 σ - 收敛的空间计量实证分析 [J]．数量经济技术经济研究，2006，23 (4)：14 - 21.

[82] 林毅夫，刘明兴．中国的经济增长收敛与收入分配 [J]．世界经济，2003 (8)：3 - 14，80.

[83] 刘丙泉，吕高羊，于晓燕．基于超效率 DEA 的中国区域生态效率评价与时空分异研究 [J]．中国石油大学学报（社会科学版），2014，30 (4)：15 - 19.

[84] 刘炳炳，李豫新．环新疆经济圈内各经济体经济发展水平差异研究 [J]．中国软科学，2012 (2)：108 - 114.

[85] 刘芬，邓宏兵，李雪平．增长极理论、产业集群理论与我国区域经济发展 [J]．华中师范大学学报（自然科学版），2007 (1)：130 - 133.

[86] 刘凤朝，邬德林，马荣康．专利技术许可对企业创新产出的影响研究——三种邻近性的调节作用 [J]．科研管理，2015，36 (4)：91 - 100.

[87] 刘国新，刘升富．西部大开发的 H 型战略构想——兼论湖北经济发展的对策思路 [J]．科技进步与对策，2000 (11)：16 - 18.

[88] 刘洪铎．产业集聚对出口技术复杂度的影响研究——基于外贸发展方式转变视角的实证分析 [J]．中国社会科学院研究生院学报，2016 (4)：39 - 47.

[89] 刘季曾，包志军，周红缨，等．浦东新区信息流与流量经济的相关性探讨 [J]．上海统计，2002 (7)：26 - 27.

[90] 刘景江．信息技术环境下组织创新的系统行为及其复杂性 [J]．科学学研究，2009，27 (4)：598 - 603.

[91] 刘琳．中国参与全球价值链的测度与分析——基于附加值贸易的考察 [J]．世界经济研究，2015 (6)：71 - 83，128.

[92] 刘霖，秦宛顺．县域经济发展效率的地区比较——基于DEA方法的研究［J］．社会科学研究，2009（6）：23－27.

[93] 刘伦，尤喆，冯银，等．中部地区生态文明建设综合评价——基于动态因子分析法［J］．中国国土资源经济，2015，28（10）：56－60.

[94] 刘强．中国经济增长的收敛性分析［J］．经济研究，2001（6）：70－77.

[95] 刘瑞明，赵仁杰．西部大开发：增长驱动还是政策陷阱——基于PSM－DID方法的研究［J］．中国工业经济，2015（6）：32－43.

[96] 刘生龙，王亚华，胡鞍钢．西部大开发成效与中国区域经济收敛［J］．经济研究，2009，44（9）：94－105.

[97] 刘铁，王九云．区域战略性新兴产业选择过度趋同问题分析［J］．中国软科学，2012（2）：115－127.

[98] 刘维林．产品架构与功能架构的双重嵌入——本土制造业突破GVC低端锁定的攀升途径［J］．中国工业经济，2012（1）：152－160.

[99] 刘伟．长江经济带区域经济差异分析［J］．长江流域资源与环境，2006（2）：131－135.

[100] 刘雪妮．临空经济对区域经济的影响研究——以首都机场临空经济为例［J］．经济经纬，2009（3）：55－57.

[101] 刘玉堂．长江文化及其研究刍论［J］．长江文化论丛，2001（1）：9－15.

[102] 刘志彪，吴福象．"一带一路"倡议下全球价值链的双重嵌入［J］．中国社会科学，2018（8）：17－32.

[103] 刘志彪，张少军．总部经济、产业升级和区域协调——基于全球价值链的分析［J］．南京大学学报（哲学·人文科学·社会科学版），2009，46（6）：54－62，140.

[104] 柳新华，刘良忠．日本跨海通道经济及其对我国的启示［J］．特区经济，2006（10）：16－19.

[105] 柳宗伟，景广军．信息技术与我国城市危机管理机制创新［J］．中国软科学，2004（4）：32－36.

[106] 龙永敏．通道经济及其特点和基本规律研究——兼论通道经济发展战略在东巴凤的实施 [J]. 桂海论丛，2005 (2)：67 - 69.

[107] 陆大道．我国区域开发的宏观战略 [J]. 地理学报，1987 (2)：97 - 105.

[108] 陆大道．关于"点 - 轴"空间结构系统的形成机理分析 [J]. 地理科学，2002 (1)：1 - 6.

[109] 陆大道．区域发展及其空间结构 [M]. 北京：科学出版社，1999.

[110] 陆迁，刘志峰，朱捷．社会固定资产投资地区差距的结构分解 [J]. 软科学，2006，20 (1)：24 - 26.

[111] 骆玲．高速铁路对沿线城镇发展的影响 [J]. 西南民族大学学报（人文社会科学版），2013，34 (5)：109 - 113.

[112] 吕承超，商圆月．高技术产业集聚模式与创新产出的时空效应研究 [J]. 管理科学，2017，30 (2)：64 - 79.

[113] 吕越，陈帅，盛斌．嵌入全球价值链会导致中国制造的"低端锁定"吗？[J]. 管理世界，2018，34 (8)：11 - 29.

[114] 吕越，黄艳希，陈勇兵．全球价值链嵌入的生产率效应：影响与机制分析 [J]. 世界经济，2017，40 (7)：28 - 51.

[115] 孟令兴．系统动力学建构下交通枢纽型经济的发展理论与实证研究 [D][博士学位论文]. 成都：西南交通大学，2011.

[116] 孟卫东，江成山．论重庆市在长江上游经济区的中心城市作用 [J]. 重庆大学学报（社会科学版），2008 (2)：1 - 6.

[117] 莫晨宇．基于通道经济的钦州保税港区产业发展研究 [J]. 广西民族大学学报（哲学社会科学版），2012，34 (4)：89 - 93.

[118] 倪红福，夏杰长．中国区域在全球价值链中的作用及其变化 [J]. 财贸经济，2016 (10)：87 - 101.

[119] 倪红福．全球价值链位置测度理论的回顾和展望 [J]. 中南财经政法大学学报，2019 (3)：105 - 117，160.

[120] 潘文卿，王丰国，李根强．全球价值链背景下增加值贸易核算理论综述 [J]. 统计研究，2015，32 (3)：69 - 75.

[121] 潘文卿．中国的区域关联与经济增长的空间溢出效应［J］．经济研究，2012（1）：54－65.

[122] 潘文卿．中国区域经济差异与收敛［J］．中国社会科学，2010（1）：72－84，222－223.

[123] 潘越，杜小敏．劳动力流动、工业化进程与区域经济增长——基于非参数可加模型的实证研究［J］．数量经济技术经济研究，2010（5）：34－48.

[124] 彭国华．我国地区经济的“俱乐部”收敛性［J］．数量经济技术经济研究，2008，25（12）：49－57，86.

[125] 彭劲松．长江经济带区域协调发展的体制机制［J］．改革，2014（6）：36－38.

[126] 平新乔．产业内贸易理论与中美贸易关系［J］．国际经济评论，2005（5）：12－14.

[127] 饶光明．长江上游地区地方政府之间跨区域合作研究［J］．经济体制改革，2006（3）：87－91.

[128] 任胜钢，孙业利．流量经济增长模式分析［J］．经济理论与经济管理，2003（9）：13－18.

[129] 邵小快，胡怀国．经济增长实证研究中的内生性［J］．经济学动态，2013（3）：109－118.

[130] 沈桂龙，张晓娣．上海流量经济发展：必然趋势、现实状况与对策思路［J］．上海经济研究，2016（8）：3－18.

[131] 沈坤荣，马俊．中国经济增长的“俱乐部收敛”特征及其成因研究［J］．经济研究，2002（1）.

[132] 师萍，宋文飞，韩先锋，等．我国区域研发技术效率的空间相关性与收敛性分析［J］．管理学报，2011，8（7）：1045－1050.

[133] 施梅超．基于通道经济理论的广西走向东盟发展策略探讨［J］．物流工程与管理，2011，33（2）：105－107.

[134] 施欣．交通运输与外向型经济的分体相关关系分析［J］．世界经济研究，1993（3）：25－28.

[135] 石正方．海西对台综合通道建设内涵及对策取向研究——基于通道经济演化理论的视角 [J]．台湾研究集刊，2012 (6)：47 - 55.

[136] 宋学明．中国区域经济发展及其收敛性 [J]．经济研究，1996 (9)：38 - 44.

[137] 苏丹妮，邵朝对．全球价值链参与、区域经济增长与空间溢出效应 [J]．国际贸易问题，2017 (11)：48 - 59.

[138] 苏杭，郑磊，牟逸飞．要素禀赋与中国制造业产业升级——基于WIOD和中国工业企业数据库的分析 [J]．管理世界，2017 (4)：70 - 79.

[139] 孙尚志．长江上游地区新世纪初交通运输网络建设构想 [J]．重庆大学学报（社会科学版），2003 (3)：1 - 3.

[140] 孙威，李文会，林晓娜，等．长江经济带分地市承接产业转移能力研究 [J]．地理科学进展，2015，34 (11)：1470 - 1478.

[141] 孙希有．流量经济新论 [M]．北京：中国社会科学出版社，2015.

[142] 孙晓华，曹阳．中国城市经济增长的俱乐部收敛：识别方法与趋同机制——来自中国347个行政区的实证检验 [J]．当代经济科学，2018 (6)：14 - 25.

[143] 孙瑜康，李国平，席强敏．技术机会、行业异质性与大城市创新集聚——以北京市制造业为例 [J]．地理科学，2019，39 (2)：252 - 258.

[144] 唐红祥．交通基础设施视角下西部地区制造业集聚的区位熵分析 [J]．管理世界，2017 (6)：178 - 179.

[145] 唐建荣，房俞晓，张鑫和，等．产业集聚与区域经济增长的空间溢出效应研究——基于中国省级制造业空间杜宾模型 [J]．统计与信息论坛，2018，33 (10)：57 - 66.

[146] 王常君．信息资源促进绿色食品产业升级机制创新的路径选择——基于黑龙江省绿色食品产业升级的研究 [J]．管理世界，2018，34 (4)：180 - 181.

[147] 王红霞．要素流动、空间集聚与城市互动发展的定量研究——以长三角地区为例 [J]．上海经济研究，2011，279 (12)：45 - 55.

[148] 王缉慈．产业集群和工业园区发展中的企业邻近与集聚辨析 [J]．

中国软科学，2005（12）：91－98.

［149］王家庭，贾晨蕊．我国城市化与区域经济增长差异的空间计量研究［J］．经济科学，2015，31（3）：94－102.

［150］王江，陶磊．装备制造业强国竞争力比较及价值链地位测算［J］．上海经济研究，2017（9）：78－88.

［151］王金杰，周立群．新常态下区域协同发展的取向和路径——以京津冀的探索和实践为例［J］．江海学刊，2015（4）：73－79.

［152］王岚，盛斌．全球价值链分工背景下的中美增加值贸易与双边贸易利益［J］．财经研究，2014，40（9）：97－108.

［153］王庆喜，胡志学．长三角地区研发企业集聚与知识溢出强度——连续空间中的微观分析［J］．地理科学，2018，38（11）：1828－1836.

［154］王庆喜，王巧娜，徐维祥．我国高技术产业省际知识溢出基于地理和技术邻近的分析［J］．经济地理，2013（5）：111－116，136.

［155］王如玉，梁琦，李广乾．虚拟集聚：新一代信息技术与实体经济深度融合的空间组织新形态［J］．管理世界，2018，34（2）：13－21.

［156］王小鲁，樊纲，胡李鹏．中国分省份市场化指数报告（2018）［M］．北京：社会科学出版社，2019.

［157］王晓芳，姜玉培，卓蓉蓉，等．长江经济带地区发展差距与协调发展策略［J］．城市发展研究，2015，22（6）：65－70.

［158］王孝斌，李福刚．地理邻近在区域创新中的作用机理及其启示［J］．经济地理，2007（4）：543－546，552.

［159］王英，陈佳茜．中国装备制造业及细分行业的全球价值链地位测度［J］．产经论坛，2018，9（1）：118－131.

［160］王瑛．发展通道经济的理论探讨［J］．改革与战略，2004（10）：45－47.

［161］王瑛．西江经济带承接产业转移与现代物流的协同发展［J］．企业经济，2011，30（4）：114－116.

［162］王直，魏尚进，祝坤福．总贸易核算法：官方贸易统计与全球价值链的度量［J］．中国社会科学，2015（9）：108－127，205－206.

[163] 魏达志．东盟对东亚合作基础的转变与“C－P－C通道”经济——区域经济一体化视野中深圳与东盟的经贸合作［J］．深圳大学学报（人文社会科学版），2006（6）：22－27.

[164] 魏后凯．论我国区际收入差异的变动格局［J］．经济研究，1992（4）：61－65.

[165] 魏后凯．中国地区经济增长及其收敛性［J］．中国工业经济，1997（3）：31－37.

[166] 魏巍，李强．人力资本积累、经济增长与区域差异——基于省级面板数据的经验分析［J］．软科学，2014（1）：49－53.

[167] 文东伟，冼国明．垂直专业化与中国制造业贸易竞争力［J］．中国工业经济，2009（6）：77－87.

[168] 文东伟．全球价值链分工与中国的贸易失衡——基于增加值贸易的研究［J］．数量经济技术经济研究，2018，35（11）：39－57.

[169] 吴福象，刘志彪．城市化群落驱动经济增长的机制研究——来自长三角16个城市的经验证据［J］．经济研究，2008，43（11）：126－136.

[170] 吴旭晓．新型城镇化效率演化趋势及其驱动机制研究［J］．商业研究，2013（3）：44－51.

[171] 吴玉鸣．县域经济增长集聚与差异：空间计量经济实证分析［J］．世界经济文汇，2007（2）：37－57.

[172] 吴玉鸣．中国省域经济增长趋同的空间计量经济分析［J］．数量经济技术经济研究，2006，23（12）：101－108.

[173] 武剑，杨爱婷．基于ESDA和CSDA的京津冀区域经济空间结构实证分析［J］．中国软科学，2010（3）：111－119.

[174] 夏德根．流量经济与江西大开发战略［J］．江西社会科学，2003（5）：206－208.

[175] 夏丽娟，谢富纪，王海花．制度邻近、技术邻近与产学协同创新绩效——基于产学联合专利数据的研究［J］．科学学研究，2017（5）：782－791.

[176] 夏丽娟，谢富纪．多维邻近视角下的合作创新研究评述与未来展

望［J］. 外国经济与管理，2014，36（11）：45－54，81.

［177］夏友富，何宁．推动我国装备制造业迈向全球价值链中高端的机制、路径与对策［J］. 经济纵横，2018（4）：56－62.

［178］肖金成．长江上游经济区与成渝经济区的耦合与互动［J］. 西部论坛，2013（1）：80－83.

［179］肖现平．测定流量经济发展统计指标体系的初探［J］. 上海统计，2002（4）：20－23.

［180］谢康，廖雪华，肖静华．突破“双向挤压”：信息化与工业化融合创新［J］. 经济学动态，2018（5）：42－54.

［181］谢伟伟，邓宏兵，王楠．地理邻近与技术邻近对区域创新的空间溢出效应研究［J］. 华东经济管理，2019，33（7）：61－67.

［182］谢子远，吴丽娟．产业集聚水平与中国工业企业创新效率——基于20个工业行业2000—2012年面板数据的实证研究［J］. 科研管理，2017，38（1）：91－99.

［183］熊竞，李楠．贸易引力模型下南宁市流量经济发展水平研究［J］. 红河学院学报，2012，10（4）：48－52.

［184］徐德英，韩伯棠．地理、信息化与交通便利邻近与省际知识溢出［J］. 科学学研究，2015，33（10）：1555－1563.

［185］徐建，曹有挥，孙伟．基于公路运输成本的长三角轴—辐物流网络的构建［J］. 地理研究，2009，28（4）：911－919.

［186］徐娜，王伟斌，盛伟国．农民专业合作社信息化服务体系创新研究——基于信息技术视角［J］. 资源开发与市场，2016，32（3）：350－354.

［187］徐现祥，李郇．中国城市经济增长的趋同分析［J］. 经济研究，2004（5）：40－48.

［188］徐现祥，舒元．中国省区经济增长分布的演进（1978—1998）［J］. 经济学（季刊），2004（2）：619－638.

［189］徐长乐．建设长江经济带的产业分工与合作［J］. 改革，2014（6）：29－31.

［190］许桂灵．中国流域文化地理的丰碑——《中国珠江文化史》评介

[J]. 地理研究，2012，31 (1)：195－196.

[191] 杨彬. C－P－C 通道经济与深圳转型 [J]. 现代商业，2008 (3)：255－256.

[192] 杨德才，余玮. 制度创新、区域分工协作与长江经济带良性发展——基于国外流域经济带发展经验的思考 [J]. 中国发展，2014，14 (6)：80－86.

[193] 杨继军，范从来. "中国制造"对全球经济"大稳健"的影响——基于价值链的实证检验 [J]. 中国社会科学，2015 (10)：92－113，205－206.

[194] 杨开忠. 中国区域经济差异变动研究 [J]. 经济研究，1994 (12)：12，28－33.

[195] 杨龙，胡晓珍. 基于 DEA 的中国绿色经济效率地区差异与收敛分析 [J]. 经济学家，2010 (2)：46－54.

[196] 杨鹏. 通道经济区域经济发展的新兴模式 [M]. 北京：中国经济出版社，2012.

[197] 杨上广，吴柏均. 区域经济发展与空间格局演化——长三角经济增长与空间差异格局的实证分析 [J]. 世界经济文汇，2007 (1)：36－47.

[198] 殷广卫. 新经济地理学视角下的产业集聚机制研究 [D] [博士学位论文]. 天津：南开大学经济学院，2009.

[199] 尹伟华. 基于全球价值链视角的中美制造业双边贸易分解与失衡分析 [J]. 统计与信息论坛，2016，31 (3)：21－27.

[200] 尹彦罡，李晓华. 中国制造业全球价值链地位研究 [J]. 财经问题研究，2015 (11)：18－26.

[201] 尤飞，韩增林. 高速公路产业——经济带形成演化研究 [J]. 中国软科学，2000 (5)：99－103.

[202] 于津平，邓娟. 垂直专业化、出口技术含量与全球价值链分工地位 [J]. 世界经济与政治论坛，2014 (2)：44－62.

[203] 于永达，闫盛枫. 邻近性与自主合作创新网络演进：以集成电路产业链为例 [J]. 科技进步与对策，2017，34 (14)：66－76.

［204］余东华，信婧．信息技术扩散、生产性服务业集聚与制造业全要素生产率［J］．经济与管理研究，2018，39（12）：63－76.

［205］袁安贵．成渝城市群经济空间发展研究［D］［博士学位论文］．成都：西南财经大学，2008.

［206］袁恩桢，万曾炜．浦东开发的八大经济效应［J］．浦东开发，2002（4）：11－16.

［207］袁丰，魏也华，陈雯，等．苏州市区信息通讯企业空间集聚与新企业选址［J］．地理学报，2010，65（2）：153－163.

［208］袁晓玲，仲云云．我国区域经济发展效率的时空变化及影响因素分析——基于超效率 DEA 模型的实证分析［J］．商业经济与管理，2010（7）：81－90.

［209］曾德明，任浩，戴海闻，等．组织邻近和组织背景对组织合作创新地理距离的影响［J］．管理科学，2014，27（4）：12－22.

［210］曾浩，余瑞祥，左桠菲，等．长江经济带市域经济格局演变及其影响因素［J］．经济地理，2015，35（5）：25－31.

［211］曾绅生．论区域经济动态协调发展［J］．中国软科学，2000（4）：120－125.

［212］张殿发，欧阳自远，王世杰．中国西南喀斯特地区人口、资源、环境与可持续发展［J］．中国人口·资源与环境，2001（1）：78－82.

［213］张光南，洪国志，陈广汉．基础设施、空间溢出与制造业成本效应［J］．经济学（季刊），2014，13（1）：285－304.

［214］张海峰．基于区域空间结构的中心城市流量经济效应研究［D］［博士学位论文］．兰州：西北师范大学，2009.

［215］张红历，周勤，王成璋．信息技术、网络效应与区域经济增长：基于空间视角的实证分析［J］．中国软科学，2010（10）：112－123，179.

［216］张辉．全球价值链理论与我国产业发展研究［J］．中国工业经济，2004（5）：38－46.

［217］张惠萍．信息服务业的空间分布、区位策略与集聚——以福建省为例［J］．华东经济管理，2013，27（7）：79－84.

[218] 张军，吴桂英，张吉鹏. 中国省际物质资本存量估算：1952—2000 [J]. 经济研究，2004 (10)：35 - 44.

[219] 张军，章元. 对中国资本存量 K 的再估计 [J]. 经济研究，2003 (7)：35 - 43.

[220] 张可. 经济集聚与区域创新的交互影响及空间溢出 [J]. 金融研究，2019 (5)：96 - 114.

[221] 张磊，徐琳. 全球价值链分工下国际贸易统计研究 [J]. 世界经济研究，2013 (2)：48 - 53，88.

[222] 张龙鹏，汤志伟. 企业信息技术应用对开放式创新的影响：交易成本视角 [J]. 科技进步与对策，2018，35 (20)：79 - 87.

[223] 张少军，刘志彪. 产业升级与区域协调发展：从全球价值链走向国内价值链 [J]. 经济管理，2013，35 (8)：30 - 40.

[224] 张少军，张少华. 中国国际收支双顺差形成的微观机理探究——基于全球价值链视角的实证分析 [J]. 当代财经，2008 (9)：107 - 111.

[225] 张文尝. 交通经济带 [M]. 北京：科学出版社，2002.

[226] 张小平. 京石高速公路对河北省经济社会影响研究 [D] [博士学位论文]. 天津：天津大学，2010.

[227] 张晓慧. 金砖四国制造业全球价值链分工地位比较研究 [J]. 山西能源学院 报，2017，30 (4)：144 - 146.

[228] 张晓旭，冯宗宪. 中国人均 GDP 的空间相关与地区收敛：1978—2003 [J]. 经济学季刊，2008，7 (2)：399 - 414.

[229] 张馨之，何江. 劳动生产率、产业结构与 σ 收敛——基于珠江三角洲地区 9 个城市的研究 [J]. 软科学，2012，26 (9)：84 - 88.

[230] 张学良. 中国交通基础设施促进了区域经济增长吗——兼论交通基础设施的空间溢出效应 [J]. 中国社会科学，2012 (3)：60 - 77，206.

[231] 张应武，李董林. 基于动态因子分析法的区域开放型经济发展水平测度研究 [J]. 工业技术经济，2017，36 (3)：123 - 130.

[232] 张战仁，方文君. 信息成本、集聚经济与新晋对外投资企业区位 [J]. 世界经济研究，2015 (12)：112 - 123，126.

[233] 张之光，蔡建峰．国家层面信息技术价值及“生产率悖论”研究[J]．科研管理，2013，34（7）：154-160.

[234] 长江上游地区联动发展的体制机制创新（上）改革传媒发行人、编辑总监王佳宁深度对话三位专家学者[J]．改革，2016（6）：40-50.

[235] 赵宏波，张鹏，邵田田，等．吉林省中部城市群城市流强度的时空演变及影响因素分析[J]．云南师范大学学报（哲学社会科学版），2015（4）：80-87.

[236] 赵琳，徐廷廷，徐长乐．长江经济带经济演进的时空分析[J]．长江流域资源与环境，2013，22（7）：846-851.

[237] 赵儒煜，刘畅．日本都道府县劳动力流动与区域经济集聚——基于空间计量经济学的实证研究[J]．人口学刊，2012（2）：32-42.

[238] 赵伟，王春晖．区域开放与产业集聚：一个基于交易费用视角的模型[J]．国际贸易问题，2013（7）：40-51.

[239] 赵雪冉，周文通．交通基础设施与区域经济空间格局差异分析——以丝绸之路经济带西北五省区为例[J]．商业经济研究，2016（10）：209-211.

[240] 郑世林，周黎安，何维达．电信基础设施与中国经济增长[J]．经济研究，2014，49（5）：77-90.

[241] 郑玉，戴一鑫．全球价值链背景下制造业投入服务化对产业国际竞争力的提升效应——基于跨国—行业面板数据的经验研究[J]．财经论丛，2018（10）：3-10.

[242] 中国经济增长与宏观稳定课题组，张平，刘霞辉，张晓晶，张自然，王宏淼，袁富华．资本化扩张与赶超型经济的技术进步[J]．经济研究，2010，45（5）：4-20，122.

[243] 钟根元，王方华，行喜欢．信息技术、经济增长与劳动生产率增长[J]．管理工程学报，2005（4）：16-21.

[244] 周民良．经济重心、区域差距与协调发展[J]．中国社会科学，2000（2）：42-53.

[245] 周勤，张红历，王成璋．信息技术对经济增长的影响——一个新

兴古典微观模型［J］. 贵州社会科学，2012（12）：105－110.

［246］周升起，兰珍先，付华. 中国制造业在全球价值链国际分工地位再考察——基于Koopman等的“GVC地位指数”［J］. 国际贸易问题，2014（2）：3－12.

［247］周文，赵果庆. 中国的区域经济协调发展：空间集聚与政策效应——基于2136个市县1999年、2010年数据［J］. 经济科学，2016（4）：17－29.

［248］周星. 我国上市银行效率——基于因子分析与DEA模型的实证研究［J］. 中国经济问题，2009（2）：43－49.

［249］周彦霞，郭一文. 中日制造业全球价值链地位测度及其比较分析［J］. 财经理论究，2017（2）：22－30.

［250］周艳春. 信息技术环境下组织创新的模式选择［J］. 科技管理研究，2007（6）：224－227.

［251］周玉翠，陆玉麒，邓祖涛. 外商直接投资的区域差异［J］. 经济问题探索，2006（3）：41－45.

［252］周振华，韩汉君. 流量经济及其理论体系［J］. 上海经济研究，2002（1）：21－31.

［253］朱承亮，师萍，岳宏志，等. 人力资本、人力资本结构与区域经济增长效率［J］. 中国软科学，2011（2）：110－119.

［254］朱江丽，李子联. 长三角城市群产业－人口－空间耦合协调发展研究［J］. 中国人口·资源与环境，2015，25（2）：75－82.

［255］朱其现. 交通通道：通道经济的基本载体分析——通道经济理论研究之三［J］. 广西民族师范学院学报，2010，27（3）：70－73.

［256］宗刚，张雪薇，张江朋. 空间视角下交通基础设施对经济集聚的影响分析［J］. 经济问题探索，2018（8）：67－74.

［257］Aghion P，Howitt P. A Model of Growth Through Creative Destruction［J］. Econometrica，1992，60（2）：323－351.

［258］Albino V，Carbonara N，Messeni Petruzzelli A. Technology districts：proximity and knowledge access［J］. Journal of Knowledge Management，2007，11

(5): 98 - 114.

[259] Alwyn Young. Gold into base Metals: productivity growth in the People's Republic of China during reform period. Journal of Plitical Economy, 2003, 111 (1): 1220 - 1261.

[260] Andrada, I. P. & Timothy, J. T. Testing spatial patterns and growth spillover effects in clusters of cities [J]. Journal of Geographical Systems, 2002 (4): 275 - 285.

[261] Anselin L, Griffith D A. Do spatial effecfs really matter in regression analysis? [J]. Papers in Regional Science, 1988, 65 (1): 11 - 34.

[262] Arellano, M. and S. Bond. Some tests of specification for panel data: Monte Carl evidence and an application to employment equations. Review of Economic Studies, 1991, 58: 277 - 297.

[263] Arrow K J. The economic implications of learning by doing [J]. The Review of Economic Studies, 1962, 29: 131 - 149.

[264] B. S. Hoyle, R. D. Knowles. Modern Transport Geography London [M]. Belhaven Press, 1992.

[265] Banister D, Berechman Y. Transport investment and the promotion of economic growth [J]. Journal of Tranport Geograph, 2001, 9 (3): 209 - 218.

[266] Boschma R A. Proximity and innovation: acriticalassessment [J]. Regional Studies, 2005, 39 (1): 61 - 74.

[267] Boschma R, Frenken K. The Spatial Evolution of Innovation Networks. A proximity Perspective [M]. Handbook of Evolutionary Economic Geography, 2010: 120 - 135.

[268] Breschi S, Lissoni F. Mobility of skilled workers and coinvention networks: an anatomy of localized knowledge flows [J]. Journal of Economic Geography, 2009, 9 (4): 439 - 468.

[269] Cohen J P, Morrison P. Public infrastructure investment, interstate spatial spillovers, and manufacturing cost [J]. Review of Economic and statistics, 2001, 86 (2): 551 - 560.

[270] Cohen W M, Levinthal D A. Absorptive capacity: A new perspective on learning and innovation [J]. Administrative Science Quarterly, 1990, 35 (1): 128 -152.

[271] Coppi R., Zannella F. L'AnalisiFattoriale di una Serie Temporale Multipla relativa allo Stesso Insieme di Unità Statistiche [R]. XXIX Meeting of the Italian Stat. Soc, Bologna, 1978 (1): 61 -79.

[272] Eduardo, A. C. & Chris J. B. Demand for information and communication technology - based services and regional economic development [J]. Papers in Regional Science, 2003 (82): 27 -50.

[273] Ejermo O, Karlsson C. Interregional inventor networks as studied by patent coinventor - ships [J]. Research Policy, 2006, 35 (3): 412 -430.

[274] Francois Perroux. Economic Space: Theory and Applications [M]. Quarterly Journal of Economics, 1950.

[275] Gereffi G, Kaplinsky R. The Value of Value Chains: Spreading the Gains from Globalisation [C]. IDS Bulletin, 2001.

[276] Gereffi, Korzeniewcz M. Commodity chains and global capitalism [M]. West Port: PRAGER, 1994: 98 -102.

[277] Grossman G M, Helpman E. Endogenous innovation in the theory of growth [J]. National Bureau of Economic Research Working Paper Series, 1994, 8 (1): 23 -44.

[278] H. Nakamura. The economic evaluation of transport infrastructure: needs for international comparisons [J]. Transport Policy, 2000, 7 (1): 3 -6.

[279] Hayek F A. The Use of Knowledge in Society [J]. The American Economic Review, 1945, 35 (4): 519 -530.

[280] Howells J R L. Tacit knowledge, innovation and economic geography [J]. Urban Studies, 2002, 39 (5/6): 871 -874.

[281] Hulten C, Schwah R M. Public capital formation and the growth of regional manufacturing industries. National Tax Journal, 1991, 44 (4): 121 -134.

[282] Hummels D, Ishii J, Yi K M. The nature and growth of vertical spe-

cialization in world trade [J]. Journal of International Economice, 2001, 54 (1): 75 -96.

[283] Jaffe A B, Rajtenberg M, Henderson R. Geographical location of knowledge spillovers as evidenced by patent citations. Quarterly Journal of Economics, 1993 (108): 576 -598.

[284] James P. LeSage, R. Kelley Pace. Spatial Econometric Models [M]. Handbook of Applied Spatial Analysis, 2010.

[285] Jorgen, A. Structure and strategy for regional learning and innovation: challenges for regional planning [J]. European Planning Studies, 2003, 11 (4): 439 -459.

[286] Knoben J, Oerlemans L A G. Proximity and interorganizational collaboration: a literature review [J]. International Journal of Management Reviews, 2006, 8 (2): 71 -89.

[287] Kogut B. Designing Global Strategies: Comparative and Competitive Value - Added Chains [J]. 1985, 26: 15 -28.

[288] Koopman R, Powers W, Wang Z, Wei S J. Give Credit to Where Credit is Due: Tracing Value Added in Global Production Chains [R]. NBER Working Papers, No. 16426, 2010.

[289] Koopman R, Wang Z, Wei S J. How Much of Chinese Exports is Really Made In China? Assessing Domestic Value - Added When Processing Trade is Pervasive [J]. Nber Working Papers, 2008.

[290] Krugman P. Increasing returns and economic geography Journal of Plitical Economy, 1991, 99 (3): 483 -499.

[291] Lall, Somik V, Shalizi Z, et al. Agglomeration economics and productivity in indian industry [J]. Journal of Development Economics, 2004, 73: 643 -674.

[292] Lucas Jr R E. On the mechanics of economic development [J]. Journal of Monetary, 2009, 6: 35 -37.

[293] Luis A Guzmana, Danie De La Hozb, Giovani Cirlla. Evolution of syn-

ergies from transportation policy pakages using a social welfare maximization approach: A case study for Madrid, Spain. Case Study of Transport Policy, 2014 (9): 1 -12.

[294] Malmberg A, Maskell P. Towards an explanation of regional specialization and industry agglomeration [J]. European Planning Studies, 1997, 5 (1): 25 -41.

[295] Mankiw N G, Romer D, Weil D. A Contribution to the Empirics of Economic Growth [J]. Quarterly Journal of Economics, 1992 (107): 407 -437.

[296] Mike, C. & Stephen, R. Local learning from multinational plants: knowledge transfers in the supply chain [J]. Regional Studies, 2001, 35 (6): 535 -548.

[297] Najoua Boufaden, Anne Plunket. Inventigating technological and geographic proximity on firms' innovation in an immature cluster: the Paris Area biotech cluster [C]. Copenhagen: DRUID Conference, 2005.

[298] Nigel, H. Cities in a global economy: structural change and policy reactions [J]. Urban Studies, 1997, 34 (10): 1693 -1703.

[299] Nikos Benosa, Stelios Karagiannisb, Sotiris Karkalakos. Proximity and growth spillovers in European regions: The role of geographical, economic and technological linkages [J]. Journal of Macroeconomics, 2015, 43: 124 -139.

[300] North D C. Institutions [J]. Journal of Economic Perspectives, 1991, 5 (1): 97 -112.

[301] Parr, J. B. The development of spatial structure and regional economic growth [J]. Land Economics, 1987 (63): 113 -127.

[302] Porter, M. Competitive Advantage, New York: The Free press, 1985.

[303] Prebisch R. The economic development of Latin America and its principal problems [J]. Economic Bulletin for Latin America, 1949, 7 (1): 1 -22.

[304] RIGVC UIBE, 2016, UIBE GVC Index, http: //rigvc. uibe. edu. cn/english/D_E/database_database/index. htm.

[305] Robert, C. K. & Sako M. The polycentric urban region: towards a

research agenda [J]. Urban Studies, 2001, 38 (4): 623 -633.

[306] Romer P M. Increasing returns and long - run growth [J]. Journal of Political Economy, 1986, 94 (5): 1002 -1037.

[307] Romer P M. Endogenous Technological Change [J]. Journal of Political Economy, 1990, 98, S71 - S102.

[308] Schumpeter J A. Capitalism, Socialism, and Democracy [J]. American Economic Review, 1942, 3 (4): 594 -602.

[309] Solow R M. A contribution to the theory of economic growth [J]. The Quarterly Journal of Economics, 1956, 70 (1): 65 -94.

[310] Torre A, Gilly J P. On the analytical dimension of proximity dynamics [J]. Regional Studies, 2000, 34 (2): 169 -180.

[311] Wang Z, Wei S, ZHU K. Quantifying international production sharing at the bilateral and sector levels [Z]. NBER Working Paper, 2013.

[312] Welfens P. Interneteconomics. net [M]. New York: Springer - Verlag Heidlberg, 2002, 78 -110.

[313] Williamson J G. Regional inequality and the process of national development: a description of the patterns [J]. Economic Development and Cultural Change, 1965, 13 (4): 1 -84.

[314] Zhigang, T. & Richard, W. Hong Kong: from an industrialized city to a centre of manufacturing - related services [J]. Urban Studies, 2002, 39 (12): 2345 -2358.

